현대인을 위한 신학총서 5
# 장로교 기본교리

현대인을 위한 신학총서 5

# 장로교 기본교리

김광열 지음

대한예수교장로회총회

# 발간사

　이 땅에 복음이 들어온 지 불과 한 세기가 넘는 동안 한국교회는 하나님의 크신 은총으로 괄목할 만한 성장을 이루어 세계 교회의 찬사를 받고 있습니다. 신앙의 열심과 세계 선교에 대한 큰 열정을 볼 때, 한국교회를 통해 하나님께로부터 받은 사명이 꽃피워지고 있다는 사실에 감사하지 않을 수 없습니다. 그러나 또 한편으로 한국교회는 양적인 급성장에 비하여 질적인 성숙도가 부족하다고 우려하는 자성의 소리도 크게 들려옵니다.

　각양 사상과 문화가 혼탁해지고 있고 상대주의, 다원주의의 물결이 넘쳐나는 혼돈의 시대에 그 어느 때보다도 성경적인 사고와 생활이 내면화되도록 지도자들과 평신도들을 질적으로 교육시키는 것이 시급하다고 판단됩니다. 그런 관점에서 총회 교육부가 기획한 신학총서는 개혁주의 신앙과 신학을 정립하고 성경적 삶을 살아가는 데 많은 도움을 줄 수 있다고 생각합니다.

　즉 하나님의 형상으로 창조되고 예수 그리스도의 피로 구속함을 입은 우리들은 이제 성경으로 돌아가 성경대로 사는 것을 구심점으로 삼아야 할 것입니다. '모든 성경은 하나님의 감동으로 된 것으로 교훈과 책망과 바르게 함과 의로 교육하기에 유익하니 이는 하나님의 사람으로 온전하게 하며 모든 선한 일을 행할 능력을 갖추게 하려 함이라'(딤후 3:16~17)는 말씀처럼 철저하게 성경을 근거로 세계관을 확립하고, 바른 신앙과 신학을 정립하여 성경적인 삶의 열매를 맺는 데 본 신학총서가 도움이 되기를 바랍니다.

따라서 이 신학총서는 성도들이 효과적으로 신학을 이해할 수 있는 개론적 성격을 띠고 있습니다. 성경을 쉽게 이해할 수 있도록 하는 『구약개론』, 『신약개론』, 초대교회 이후의 교회의 역사를 다룬 『기독교 교회사』와 개혁주의 핵심 진리를 다룬 『장로교 기본교리』, 예배와 교회행정 그리고 섬김의 진정한 의미를 깨닫게 하는 『예배학』, 『교회행정학』, 『청지기론』, 말씀을 지켜 살아야 할 현대 그리스도인들의 사명과 윤리를 다룬 『기독교인의 생활윤리』 등을 주요 과목으로 선정, 발행하게 되었습니다. 금번 교재는 1998년에 출간된 초판 교재의 오탈자와 일부 내용을 바로잡아 새로운 디자인으로 출간하게 되었습니다.

신학생들과 평신도들이 본 신학총서를 숙독함으로 교회를 바르게 섬기고 나아가 한국의 복음화에 기여하는 선한 일꾼들이 되기를 간절히 기원합니다.

2017년 9월
대한예수교장로회총회
교육부장

## 저자서문

총신대학교의 종합관이 웅장하게 세워졌다. 먼저는 하나님의 은혜요, 둘째로는 전국 교회와 동문들의 희생어린 지원의 결과이다. 종합관의 현관을 들어설 때마다 하나님께 감사하고, 전국 교회 성도들을 위해 기도하며, 이제는 또다시 이 건물을 드나드는 이들이 그들을 위해 무엇인가 해야 한다는 생각이 강하게 드는 것이 사실이다.

신학교와 교회는 서로 다른 방식의 노력을 수행하나, 궁극적으로는 이 땅에 하나님 나라를 세우려는 공동의 목표를 향해 연합 전선을 펼쳐야 하는 불가분의 관계에 있다. 신학교는 21세기 한국교회의 영적 지도자를 배출하는 일뿐만 아니라 전국 교회 성도들의 신학적 방향과 신앙의 기틀을 제공하는 학문적 열매들을 지속적으로 제공해야 하며, 전국 교회는 그러한 작업이 더욱 원활하게 수행되도록 지원을 아끼지 말아야 할 것이다.

이번에 저술된 『장로교 기본교리』는 미흡하나마 늘 기도하며 물질로 지원해주시는 전국 교회 성도님들에 대한 자그마한 감사의 표시이다. 지금 당장 나에게 어떠한 감동과 느낌을 가져다주는 것만을 중요시하는 현대 풍조 속에서 형이상학적인 논의로만 여겨지기 쉬운 '성경의 교리'는 현대 교인들에게 외면당하기 쉬운 부분이다. 놀라운 영적 체험과 휘황찬란한 은사, 열렬한 헌신의 삶도 중요하지만, 그러한 사건들이 과연 성경 말씀과 원리에 기초된 것인지를 차분히 숙고해야 한다. 왜냐하면 나 나름대로의 헌신 혹은 주관적인 놀라운 체험들은 하나님 나라의 진리와는 다른 것일 수 있으며, 그렇다면 결국 큰 낭패를 보고 말 것이기 때문이다(마 7:21~23).

본서는 전통적인 교리 전개의 순서를 따랐다. 그러나 전통적인 교과서에서 취급되는 모든 문제들을 다 논의하려 하지 않고, 오늘의 성도들이 신앙생활을 영위함에 있어서 기본적으로 알고 있어야 하는 부분들을 중심으로 논의하였다. 교리연구를 해야 하는 이유와 어떠한 자세로 임해야 하는지에 대한 논의에서 시작하여 지향하고 있는 개혁주의 신앙과 신학의 관점이 무엇인지를 먼저 설명하고 그러한 개혁주의 신학에 입각한 교리 내용들을 제시하였다.

지난 20세기 동안에 수많은 교부들과 신학자들의 오류들과 논의들을 통하여 형성된 기독교 신앙의 진수들을 오늘 우리가 간단히 파악할 수 있게 된 것은 정말 감사한 일이다. 그러나 중요한 것은 우리 주님께서 그를 따르는 제자들에게 주신 교훈과 성경의 진리들은 결국 우리의 신앙생활에 적용하기 위해서 주어진 것이라는 점이다. 올바른 성경 지식이 없는 신앙생활도 문제지만, 생활로 표현되지 못하는 지식만 가지고 있는 것도 또 다른 오류가 되기 때문이다.

이제 부족하나마 본서의 기본적인 성경원리들의 지침 아래서 우리들의 신앙이 바른 궤도 위에 올라서며, 하나님께서 기뻐 받으실 만한 향기로운 삶의 제사가 더욱 풍성하게 오직 그분께만 드려지는 역사가 있기를 바랄 뿐이다.

1998년 7월
김광열

# 차례

발간사 · 4
저자서문 · 6

**1 개혁주의 교리 이해**
성경 교리를 연구하는 이유 · 12
성경 교리를 연구하는 자세 · 19
개혁주의란 무엇인가? · 23

**2 개혁주의 성경관**
계시란 무엇인가? · 38
성경 말씀이란 무엇인가? · 43
성경은 영감된 하나님의 말씀 · 51
정확무오한 말씀 · 58

**3 하나님의 속성**
하나님을 아는 지식의 중요성 · 68
하나님에 관한 지식을 얻는 방법 · 71
하나님을 아는 지식의 성격 · 74
하나님의 이름 · 77
하나님의 속성 · 81
삼위일체의 하나님 · 96
하나님의 영원한 계획 · 103

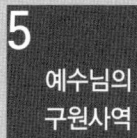

**4 성경적 인간 이해**

우주의 기원과 하나님의 창조사역 · 116
에덴동산에서의 삶 · 120
하나님의 형상 · 122
아담의 타락과 죄 · 125
아담의 죄와 인류의 죄 · 133
자유의지론 · 136
성경적 자아상 · 141

**5 예수님의 구원사역**

하나님의 구원 계획 · 148
예수 그리스도의 위격 · 156
예수 그리스도의 신분 · 166
예수 그리스도의 사역 · 170
예수님은 우리를 어떻게 속죄하셨는가? · 177

## 6 구원론

성령 하나님은 누구신가? · 184
구원의 적용과 성취 · 198

## 7 교회론

교회의 속성과 표지 · 228
성례론 · 233

## 8 종말에 대한 가르침

개인적인 종말 · 244
일반적인 종말론 · 249

# 제1장
# 개혁주의 교리 이해

우리는 본 교재를 통하여 칼빈주의 전통에 입각한 개혁주의적 성경 교리를 이해하기 위한 학습을 하게 될 것이다. 그런데 그에 앞서 왜 그러한 교리의 내용들을 연구해야 하며, 또 어떠한 자세로 이러한 학습에 임해야 하는지 그리고 칼빈주의적 개혁주의란 무엇을 의미하는지 생각해 보게 될 것이다.

# 제1장 | 개혁주의 교리 이해

## 성경 교리를 연구하는 이유

교리 연구 하면 우리의 마음속에 떠오르게 되는 의문은 '주일에 교회에 가서 예배드리고 기도회에 참석하고 전도에 열심을 가지면 되는 것이지 무엇 때문에 복잡한 교리 내용들로 골머리를 앓아야 하는가?' 하는 것일 것이다. 그러나 다음과 같은 이유 때문에 우리는 하나님을 아는 지식에서 더욱 자라가야 한다.

### 성경 말씀의 대중화를 위하여

우리는 중세 기독교가 암흑시대로 전락했던 이유로 하나님의 말씀이 대중화되지 못하고, 일부 사제계층에게만 소유되었던 점을 들 수 있다. 당시에 일반 평신도들은 하나님의 말씀을 직접 읽고 은혜 받는 특권에서 배제되고 신부가 라틴어로 읽고 해석해 주는 내용대로만 그들의 신앙(Blind faith)이 형성되었다. 그런 상황에서 종교개혁자들은 하나님 말씀의 대중화를 강조했고, 교회의 제도나 사제와 같은 중개자를 통한 신앙에서 벗어나 평신도 각자가 말씀을 통해 직접적으로 얻게 되는 '개인적인 신앙'(Personal faith)을 강조했던 것이다. 하나님의 말씀을 직접 읽고 그 말씀 속에서 얻어진 복음에 대한 개인적인 믿음을 통해서만 구원이 주어지는 것임을 말했던 것이다.

오늘 한국교회의 평신도들이 말씀을 읽는 것과 아울러 말씀에 대한 연구를 게을리하고 교역자들에게만 맡겨두게 될 때, 중세와 같은 암흑의 시대가 다시 반복되지 않을 것이라고 누가 장담할 수 있겠는가?

구원의 은총이 교회의 제도적 신앙으로 주어지는 것이 아니라 자신의 개인적인 믿음으로 말미암는다는 그 고귀한 개신교회의 교훈은 더욱 확고하게 세워져야 한다. 그러기 위해서는 성경 말씀이 일부 교역자들에게만이 아니라 모든 하나님의 자녀들에게 읽혀지고 소유되어야 한다는 종교개혁자들의 외침대로 되어야 할 것이다. 그리고 단지 성경을 읽을 뿐만 아니라 내가 가지고 있는 그 '믿음'의 내용에 대한 체계적이고 균형 있는 이해가 모든 평신도들의 신앙 속에서 온전히 뒷받침되어야 한다.

**근본주의적 태도를 극복하기 위하여**

복잡한 현대사회를 살아가는 그리스도인들에게는 복음에 대한 단순한 신앙이 강조되곤 한다. 복음의 진리란 복잡한 사고를 통해서 이해되는 것이 아니라 단순한 믿음으로 체득되는 것이라는 것이다. 그러나 동시에 놓쳐서는 안 될 부분은 단순한 믿음으로 복음의 세계에 진입한 그리스도인은 또한 그 믿음의 풍성한 의미들을 올바르게 이해해야 할 필요가 있다. 우리 주변에는 예수님을 영접한 이후에 여러 해 동안 신앙생활을 했으므로 여러 가지 복음의 가르침을 당연히 알고 있으리라고 생각하는 이들이 있다. 그러나 실상은 영적으로는 어린아이와 같이 미약한 정도의 복음 이해에만 머무르고 있는 경우가 많은 것이 사실이다.

신앙인들이 교묘하게 빠져들기 쉬운 태도 중의 하나는 '성경으로만' 만족하려는 태도이다. 이러한 주장은 일차적으로 종교개혁자들의 외침인 '오직 성경'(Sola Scriptura!)과 맥을 같이 하고 있으며, 또한 하나님의 자녀란 원리적으로 모든 세속적인 방식을 배제하고 하나님께서 주신 말씀만을 의지하며 살아가는 존재여야 한다는 점에서 바람직한 태도라고 생각할 수 있다. 또 성경에는 하나님의 자녀가 구원받는 데 필요한 모든 계시의 내용이 충분히 담겨 있으며, 그 구원의 메시지가 누구에게나 명료하게 제시되고 있으므로 이것을 '성경의 명료성'이라 부른다. 따라서 성경 말씀만을 읽고 묵상하는 것으로만 만족해도 된다고 생각하기 쉽다. 그러나 참 신앙인의 삶이란 성경의 가르침대로 온전히 지배받는 삶이어야 한다. 단순히 성경을 읽는 것만으로는 충분할 수 없다.

성경의 온전한 가르침에 온전히 인도받는 삶을 살기 위해서는 성경 속의 복음의 내용들을 단순히 읽을 뿐만 아니라, 그 말씀의 의미들을 올바르게 이해하되 성경계시 전체의 빛 아래서 균형 있게 파악할 수 있어야 한다. 복음의 세계로의 진입은 복음에 대한 단순한 신앙으로 가능하지만, 그 복음의 세계 속에서 올바른 신앙생활을 영위하기 위해서는 복음의 내용에 대한 체계적인 이해와 그 함축적인 의미에 대한 종합적인 안목과 이해가 요구된다. 그런데 이러한 균형과 안목이 부족하기 때문에 때때로 교회를 어지럽히는 일들이 교회 밖에서 활동하는 이들에 의해서가 아닌 교회 안에서 발생되는 것이다.

**성경적인 경건에 이르기 위하여**

앞에서 언급한 대로 성경 말씀에 대한 균형 있고 체계적인 이해가 결여될 때, 우리는 성경이 제시하는 경건한 신앙과는 거리가 먼 신앙의 모습으로 떨어질 수 있다. 사실 단순한 신앙만을 강조하는 이들 중에는 교리란 별로 유익한 것도, 실제적으로 신앙생활에 도움이 되는 것도 아니라고 생각하는 이들이 있다. 그리고 그들은 '우리 기독교인들이 초대교회 이래로 교회 안에서 너무나 많은 논쟁들을 벌이면서 쓸데없이 시간만 낭비해왔다'는 생각을 하기도 한다. 그러면서 '하나님이 한 분이면 어떠하며, 혹은 세 분이라고 말한다면 어떠하리'라고 하며 '기독교 신앙의 핵심은 이론적인 교리에 있는 것이 아니라 얼마나 말씀의 내용대로 살아가는가 하는 실천적인 삶에 있다'고 반박하기도 한다. 물론 야고보서의 주된 설명과 같이 행함이 없는 믿음이란 죽은 것이며, 예수님의 사랑으로 역사하지 못하는 믿음은 참으로 구원하는 믿음일 수 없다. 그리고 이러한 지적은 실천적인 부분에 약한 보수주의자들에게는 참으로 필요한 지적이 아닐 수 없다.

그러나 동시에 균형을 갖추어 강조해야 할 부분은 성경 말씀에 대한 바른 지식이 없다면 아무리 열정적으로 헌신한다 하더라도 성경적으로 올바른 경건의 삶을 영위하지 못할 수 있다는 사실이다. 자신의 생각으로는 경건한 삶을 산다고 하지만 그것이 성경의 가르침에 기초한 것이 아닐 때 그것은 성경의 하나님과는 상관없는 자신의 인간적인 경건에만 머무르게 될 수 있다. 우리는 기독교회의 역사 속에서 많은 이단들이 그들의 열심이 부족해서가 아니라 오히려 그들의 지나친 열심이 성경적인 바른 가르침의 기초 위에 있지 못하여 이단으로 정죄되었음을 보게 된다. 따라서 열심 있는 행동도 중요하고 헌신적인 삶도 필요한 것이지만 성경적인 기초를 간과한 열심과 헌신은 위험성이 있음을 기억해야 한다.

**신앙생활에 도움을 주는 핵심 요소이므로**

신자의 삶에서 그가 가진 신앙지식은 그의 신앙생활에 지대한 영향을 끼치게 된다. 우리가 이해하고 있는 하나님의 모습은 우리의 신앙 태도에 직접적인 영향을 주게 되며 심지어 신학내용에도 영향을 줄 수 있다. 또한 우리가 예수님을 어떻게 이해하고 있느냐에 따라 우리의 신앙생활도 서로 다른 형태를 취하게 되며 마찬가지로 종말, 인간, 구원, 성령님에 대한 이해 등은 우리의 신앙인격 및 신앙태도 형성에 지배적인 영향을 끼치게 되는 것이다.

예를 들어 예수님을 위대한 성인들 중의 하나라고 믿지만 그는 그저 단순히 인간에 불과하다고 생각하는 이의 신앙생활과, 예수님이 없이는 하나님의 영원한 형벌을 피할 수 없으며 그분만이 자신에게 영원한 생명을 주시는 메시야 하나님이라고 믿고 있는 자의 신앙생활은 전혀 다른 모습을 띠게 될 것이다. 그리고 이러한 상황은 기독교의 교리 중 종말 이해나 혹은 그 밖의 다른 많은 기독교의 가르침들에 대한 이해에서도 동일한 방식의 결과를 가져오게 될 것이 분명하다. 그런데 이러한 기독교 교리 이해의 실제적인 중요성은 예수님의 가르침 속에서도 찾아볼 수 있다.

예수님의 많은 설교들은 일상생활 속의 실제적인 교훈들을 취급하고 있다. 예를 들면, 산상수훈의 내용도 어떻게 우리가 행동해야 할 것인가, 우리의 행동 배후에 있는 동기를 어떻게 이해할 것인가 그리고 기도, 근심 등의 많은 실질적인 신앙의 문제들에 대해 가르침을 주고 있다. 그런데 그러한 많은 실제적인 가르침들은 하나님과 그의 성품 그리고 인간을 취급하시는 그의 방식에 대한 이해에 기초하여 주어진다. 예를 들어 우리가 하나님께 드리는 기도의 동기는 그분이 우리의 아버지로서 우리가 요구하기 전에 이미 우리의 필요를 알고 계신다는 사실에 대한 확신에서부터 주어진다. 즉 산상수훈에서의 많은 실제적인 교훈들을 실천하는 기초가 되는 것은 하나님께서 우리의 아버지가 되신다는 사실에 대한 올바른 이해인 것이다.

또한 마태복음 24:1~25, 마가복음 13장 그리고 누가복음 21:5~36에서는 예수님께서 종말에 관한 교훈들을 주시는데, 그것은 단순히 지식을 위한 가르침이 아니라 어떠한 환경에서라도 참된 신자의 삶을 살아가도록 격려하기 위해서 주어지고 있음을 볼 수 있다. 마찬가지로 요한복음 13~17장에 나오는 다락방의 설교도 아주 심각한 슬픔과 괴로운 마음에 사로잡혀 있는 제자들에게 용기를 주시려 했던 예수님의 말씀이었다. 그런데 그 내용들이 단순히 감정적으로 위로하려는 격려의 말씀 정도가 아니라 삼위일체 교리에 관한 말씀(요 14:7, 9, 10, 15~17; 17:1, 24)이었다는 사실을 확인하게 되는 것은 다소 놀라운 일이다.

그러나 그 사실을 그렇게 이상하게 여길 필요가 없는 것은 그리스도에 의해서 보냄을 받게 될 성령님과 그의 사역에 대한 올바른 이해는 두려움에 싸여 있을 성도들에게 크나큰 위로의 소식이 될 것이기 때문이다. 그리고 예수님과 성부 하나님과의 친밀한 교제와 그로 인해 영광스럽게 될 구속사역의 성취 등에 대한 이해는 삼위일체 하나님에 대한 단순한 교리내용의 차원에만 머무르고 있는 것이 아니라 아주 심각한 고민에 빠져 있던 제자들을 위로하고 격려해주는 원리적인 진리가 되는 것이기 때문이다. 그러한 예수님의 가르침을 멀리한다면 그의 제자들은 사실상 주님을 올바르게 섬기며 순종할 수 없었을 것이다. 이러한 측면에서 우리는 올바른 교리 이해가 건전한 신앙생활을 영위하기 위하여 필수적인 요소라고 말할 수밖에 없다.

**이단을 분변할 수 있게 하므로**

또한 교리 이해의 필요성은 그것이 교회 역사 속에서 지속적으로 반복해서 등장하고 있는 왜곡된 복음의 형태들을 분간할 수 있는 안목을 제공해 주기 때문이다. 이러한 유익은 특히 교리의 역사를 연구할 때 얻게 되는 부분으로 어떤 이는 "역사란 신학의 실험실과 같다."고 했다. 오늘 우리가 과거의 교회 역사 속에서 실험되었던 많은 교리적인 오류들과 이단들의 오류에 또다시 빠지지 않을 수 있는 것은 오늘날의 이단들이란 단지 같은 내용의 문제들을 새로운 옷으로 갈아입고 나타나는 무리들일 뿐이기 때문이다.

그러므로 우리가 그 새로 입은 옷 속에 담겨진 내용들을 확인해 낼 수 있는 교리적인 안목을 확보할 때 동일한 오류를 가지고 오늘 새롭게 나타나는 왜곡된 복음을 뛰어넘을 수 있게 될 것이다. 종교개혁자들의 외침들 중의 하나는 성경이 신부 계급의 사람들에게만이 아니라 일반 평신도들을 포함한 모든 하나님의 자녀들에게 읽혀지고 소유되어야 한다는 것이었다. 이미 지적했던 바와 같이 그럴 때에야 교회는 중세와 같은 암흑시대를 극복할 수 있는 자질을 소유하게 되며, 같은 종류의 비성경적인 복음의 형태들을 또다시 반복하지 않게 될 것이기 때문이다.

**효과적인 복음전도를 위하여**

끝으로 우리들이 성경 속에서 전달받은 복음의 내용에 대한 체계적인 교리 이해를 확보해야 할 또 다른 이유는 불신자들에게 예수 그리스도의 복음의 메시지를 통일된 모습으로 증거하여 좀 더 효과적으로 복음화 사역을 감당하기 위해서이다. 주님께서 그의 제자들의 눈앞에서 하늘로 올리우시기 전에 마지막으로 주신 유언적인 명령은 "땅 끝까지 이르러 내 증인이 되라"는 말씀이었다. 그런데 만일 제자들의 증언이 서로 상충된다면 복음을 전해 듣는 세상 사람들은 혼란을 겪게 될 것이며, 그만큼 복음화의 역사는 장애를 받게 된다. 우리가 이웃들에게 주의 말씀을 들고 다가갈 때, 우리들의 믿음에 대한 이해가 체계적으로 확보되어 하나의 통일되고 일관된 내용으로 전파되어야 더욱 효과적인 복음사역이 성취될 것이 분명하기 때문이다.

## 성경 교리를 연구하는 자세

성경 교리의 내용을 올바르게 이해하고 파악하기 위해서 다음으로 요구되는 것은 성경의 가르침에 대한 올바른 연구자세 혹은 올바른 접근 방법이라고 할 수 있다. 교리 연구의 필요성에 대해서 아무리 심각하게 인식하고 있다 하더라도 올바른 연구방법이 적용되지 않는다면 그릇된 성경 이해와 잘못된 신앙생활의 방향으로 나아가게 될 것이기 때문이다. 사실 어떠한 자세 혹은 어떠한 연구방법을 가지고 성경의 교훈들을 연구하는가에 따라서 어느 정도 서로 다른 내용의 연구결과가 나오게 되는 것이 사실이다. 따라서 올바른 교리 연구의 자세를 확보하는 것이 중요한데, 이를 위한 원리를 살펴보면 다음과 같다.

### 성경을 최종적인 기준과 권위로 삼는 자세

성경의 가르침을 가장 올바르게 이해하기 위해서는 그 가르침의 내용을 성경의 세계관 속에서 그리고 성경의 개념들로서 이해하려 해야 한다. 우리가 간혹 범하기 쉬운 실수 중의 하나는 우리가 지금까지 살아 왔던 세속적인 개념들과 그 구조들 속에서 성경의 교훈도 바라보려 하는 태도이다. 즉 성경이 분명히 '가'라고 말할 때에도 그것이 세상의 개념 속에서 '나'라고 통용되고 있으면 그것을 '나'라고 받아들여 기독교 교리의 내용을 정리하려고 하는 것이다. 그러나 기독교 교리의 내용을 형성하기 위한 원자료(Original sources)는 하나님의 계시 말씀인 성경이며, 교리 내용을 구성하는 모든 개념들에 대한 올바른 해석의

최종 참조점(Final reference point)도 성경이어야 한다.[1)]

따라서 기독교가 말하는 신론이란 하나님의 계시 말씀인 성경이 하나님에 대해 어떻게 말하는지 정리한 것이며, 마찬가지로 성경이 인간에 관해 정리해 놓은 것이 인간론인 것이다. 또한 구원론, 기독론, 종말론 등도 같은 방식으로 설명되어야 한다. 예를 들면, 우리가 종말론의 교리를 세우기 위해서 노스트라다무스의 책을 연구하지 않으며 오직 성경이 설명하고 있는 종말에 대한 교훈들을 정리하여 말하는 것이다. 왜냐하면 우리는 종말에 대한 모든 다른 자료들의 설명들보다 성경에서 제시되는 가르침이 참으로 종말을 바르게 설명해주고 있으며, 또 가장 권위 있는 진리적 이해라고 간주하며 믿고 있기 때문이다.

이처럼 다른 모든 교리의 내용들도 성경의 내용으로부터 주어져야 하며, 또 그 내용을 형성하는 개념이나 전개시키는 방법도 성경의 가르침에 의해서 최종적으로 결정되어야 한다는 것이 기독교 교리 연구에서 가장 기본적인 자세가 되어야 한다. 만일 그러한 성경관이 거부되면 그 이외의 모든 다른 교리 내용들도 흔들리게 될 것이 분명하다. 따라서 우리는 성경의 가르침들을 성경적으로 바르게 이해하기 위해서 가장 최우선적으로 성경을 성경 연구의 최종적인 원리와 참조점으로

---

1) 여기에서 의미하는 바는 반틸의 전제주의적 신학 개념으로 설명될 수 있다. 졸고, "기독교 윤리의 기초" 총신대학교수 논문집 제13집, 총신대학교, 1994, p.47 이하. 반틸은 기독교 변증학자로서 특히 개혁주의 변증학을 확립하려고 노력한 신학자이다. 그의 신학적인 입장을 가리키는 전제주의(Presuppositionalism)란 성경을 전제하지 않고는 역사 속의 모든 사실들(Facts), 모든 인간의 경험들에 대한 올바른 해석이 주어질 수 없다는 주장이다. 이전의 구 프린스톤 신학자들이 중험주의적인 입장에서 불신자의 세계관과의 타협 속에서 변증학을 전개한 것을 알미니안적인 입장이라고 비판하고, 불신자와의 대화의 영역에 해당하는 것으로 여겨지는 변증학의 분야에서도 성경의 세계관, 가치관 등 모든 사물들에 대한 성경의 설명이 진리임을 인정하는 입장을 취함이 더 일관성 있는 개혁주의 변증학이라고 하였다.

삼는 자세를 놓치지 않도록 해야 한다.

　이러한 의미에서 볼 때, 기독교 교리 연구의 가장 주춧돌이 되는 분야는 성경론의 영역이다. 왜냐하면 성경을 정확무오한 하나님의 계시 말씀으로 믿고 모든 사물들과 경험들에 대한 참되고 또 최종적인 진리 진술로 수납하는 성경관이 확립되었을 때에만 성경의 가르침을 진정으로 하나님의 시각에서 바라보며 올바르게 이해할 수 있게 될 것이기 때문이다.

**피조물로서의 겸허한 자세와 회개하는 마음**
성경을 올바르게 접근하기 위해 가져야 할 또 다른 자세들 중의 하나는 하나님 앞에서 우리 자신을 하나의 피조물 된 존재로 인식함으로써 성경의 가르침을 겸허하게 받아들이는 것이다. 이것은 바로 앞의 항목에서 지적한 바대로 '성경의 가르침을 성경의 개념으로 이해하려 한다'고 할 때 먼저 교리 연구의 주체인 인간을 성경의 문맥 속에서 정의하는 일이 우선되어야 함을 말하는 것이다. 즉 우리는 성경적 교리의 내용을 이해하려는 주체인 인간에 대해서 먼저 성경의 설명대로 이해되는 정의를 받아들이도록 해야 하는 것이다.

　성경이 말하는 인간에 대한 기본적인 설명은 '피조물'이라는 사실이다. 우리가 기독교의 가르침들을 대할 때 충돌하게 되는 경우들 중의 하나는 우리를 창조자 되신 절대자와 동등한 위치에 놓고 논의하게 될 때이다. 가장 비근한 예로는 선택 교리를 들 수 있다. 하나님이 우주 만물의 주권자 되신 사실을 배제하고 그 교리를 들여다보면 그 교리에 대해서 반론의 여지가 많을 수밖에 없다. 그러나 그러한 반론이 가지고 있는 잘못된 자세는 그것을 문제시하고 있는 바로 그 사람이 자신의 위치를 오해하고 있다는 점에서 찾을 수 있다. 선택 교리를 말하는 로마서 9장의 설명과 같이 우리는 토기장이의 손에 들려진 하나의 토기와 같은 피조물에 불과하며, 그분은 우리의 존재를 다른 모든 우주만물과 함께 한 손에 들고 계신 절대적 주권자이시다. 이러한 분명한 인식을 갖게 될 때 우리는 그 교리를 겸손히 수용할 수 있게 되는 것이다.

성경이 말하는 인간에 대한 또 다른 하나의 중요한 가르침은 아담 이후의 모든 인간은 하나님 앞에서 죄인이라는 사실이다. 이러한 사실을 망각하고 기독교 교리를 접근하려 할 때에도 마찬가지로 우리는 이해할 수 없는 문제점들에 부딪히게 될 수 있다. 우리가 하나님의 무서운 심판을 받을 만한 죄인이라는 사실을 분명히 인식하지 못하고서는 오늘 우리가 당하는 어려운 상황이나 고통을 수용하거나 이해하기 어려울 것이다. 그러나 우리가 하나님의 큰 심판과 형벌을 받아 마땅한 죄인임에도 불구하고 하나님의 일반은총 아래서 그 무서운 심판이 단지 지연되고 있다는 사실을 알게 되면 우리는 오히려 감사할 수 있게 된다. 결국 요약해서 말한다면, 성경적인 개념과 존재 이해의 구조틀에서 접근할 때만이 성경의 가르침을 올바르게 이해할 수 있게 된다는 것이다. 칼빈이 말했듯이 우리 인간들은 이미 자신의 생각대로 자신이 그려놓은 하나님의 모습만을 말하려는 경향이 있다. 그러나 참된 구도자의 자세는 하나님 자신이 말씀하신 대로 하나님과 인간 그리고 모든 만물에 대한 의미를 결정하고 수용하는 태도인 것이다.

**경배와 사랑의 참된 지식을 취하려는 자세**

하나님에 관한 지식은 두 가지로 구분될 수 있다. 하나는 하나님의 존재나 사역에 대한 여러 가지 내용을 알고 설명할 수 있는 지식(Knowledge about God)이며, 또 다른 하나는 하나님 자신을 인격적으로 만나서 인격적으로 아는 지식(Knowledge of God)을 말한다. 전자는 하나님을 믿지 않고서도 소유할 수 있는 성격의 지식이나, 후자는 개인적으로 그분을 믿고 또 날마다 그분과 인격적인 교제를 나누는 자만이 소유할 수 있는 성격의 것이다. 사실 우리 주변에는 하나님에 관해서 여러 가지 이론들을 제시하며 신의 존재를 논하고 신의 사역에 대해서 설명할 수는 있으나, 그분과의 인격적인 만남은 없는 종교인들도 있는 것이 사실이다.

그러나 하나님에 관한 참된 지식이란 그 지식이 많아지면 많아질수록 하나님께 대한 경배와 사랑의 마음이 더욱 풍성해지는 지식이다. 창세전에 하나님께서 이처럼 죄 많고 쓸모없는 벌레만도 못한 죄인을 주목하시고 사랑하셔서 택정해 주셨다는 선택 교리는 우리의 마음 깊숙한 곳으로부터 감사와 찬송이 우러나게 한다. 그리고 그 선택은 무조건적이라는 사실, 즉 다른 어떤 이유가 있어서가 아니라 오직 나를 사랑하셔서 선택하신 것이라는 선택 교리에 대한 이해는 우리로 하여금 그분에 대한 더욱 깊은 사랑으로 나아가도록 해준다.

이처럼 성경의 교리들을 접근함에 있어서 우리는 그 내용을 단순히 우리의 지적 호기심을 만족시키기 위한 차원에서만 받아들이려는 태도를 지양해야 한다. 그리고 인격적인 하나님, 나의 구세주 되신 주 예수 그리스도, 오늘도 나와 함께 계셔서 나를 위로하시고 확신케 하시며 권고하시는 성령 하나님과 더욱 풍성한 교제를 이루어내는 산 지식이 되도록 노력할 때만이 하나님을 아는 참된 지식으로 나아갈 수 있다.


## 개혁주의란 무엇인가?

그러면 우리가 여기에서 파악하려고 하는 '개혁주의 교리 이해'란 과연 어떠한 의미를 갖는 것인가? 칼빈주의적 개혁신앙이란 과연 어떠한 성격의 내용들인가? 오늘 우리가 받아들이고 있는 개혁주의의 현주소를 찾아내기 위해서 우리는 기독교회(Christianity)라는 전체의 범주 안에서 우리의 위치를 찾아봐야 할 것이다. 개신교회는 기독교회 안에 속한 하나의 종파인 서방교회의 흐름 중 하나이며, 개혁주의란 개신교회 안에 속한 복음주의 중의 한 흐름이다. 따라서 먼저 우리는 초대교회 이후에 형성된 서방교회에서부터 출발하여 그 이후에 전개되어온 개신교회 안의 여러 모습을 살펴본 후 그 개신교의 범주 안에서 개혁주의의 성격을 정리해 보기로 하자.

## 개신교 이해

**초대교회 이후 기독교의 흐름**

기독교회 안에는 크게 세 가지 종파가 있다. 예수님께서 이 땅 위에 복음을 전파하신 이후로 교회는 11세기경에 동방교회와 서방교회로 갈라졌다. 희랍 정교회(Greek Orthodoxy)라고도 부르는 동방교회는 주로 동구유럽과 러시아에 퍼져 있게 된 반면, 서방교회는 오늘날의 서방세계와 그 밖의 여러 지역에 흩어진 개신교회의 모체가 되었다. 그리고 서방교회가 중세시대를 거쳐 16세기에 발생된 종교개혁을 통하여 로마 가톨릭과 개신교회로 갈라지게 된 것이다. 물론 개신교회란 가톨릭의 문제점을 비판하고 성경적인 교회를 세우려 했던 종교개혁자들의 후예라고 할 수 있다.

**개신교의 기원**

개신교란 개혁자들의 정신을 추종하는 무리들의 모임이라고 할 수 있는데 그 용어가 처음으로 사용된 것은 1529년 독일에서였다. 제2차 슈파이어(Speyer) 국회에서 과거에 가톨릭에 속했던 제후들이 루터를 지지했던 제후들에게 불리한 판결을 내리자 그에 대하여 항거했던 이들을 프로테스탄트(Protestant)라고 불렀던 것이다.

**개신교의 기본적인 원리**

- 오직 하나님께만 영광을!(Soli Deo Gloria) : 하나님만이 우주 만물과 인류 역사의 주권자 되시므로 오직 그분께만 영광을 돌려야 한다는 사상으로 당시에 교회와 사제층에게로 돌려졌던 영적 권위를 오직 하나님과 그분의 말씀인 성경에로만 돌리려 한 개혁자들의 외침이다.
- 오직 은혜(Sola Gratia) : 가톨릭의 율법주의적인 구원관에 대항하여 오직 은혜로 말미암는 '이신칭의'(Justification by faith)와 같은 종교개혁의 핵심적인 가르침이 이에 속한다. 이는 또한 '오직 하나님께만 영광(Soli Deo Gloria)'을 구원론의 영역에 적용했을 때 도출될 수 있는 원리이기도 하다. 왜냐하면 오직 은혜 안에서 믿음으로 칭의받고 구원될 때 오직 하나님께만 영광을 돌릴 수 있기 때문이다.
- 오직 성경(Sola Scriptura) : 개혁자들은 교회의 전통을 하나님의 말씀인 성경과 같은 권위로 받거나 혹은 그 이상의 권위 있는 내용으로 수납하려는 가톨릭의 입장을 거부하였다. 그리고 오직 성경만을 최고의 권위로서 신자의 삶과 구원을 위한 하나님의 유일한 계시 말씀으로 받았다.
- 만인제사장직 : 인간의 구원을 위해서 하나님과 인간 사이에 중보적인 위치로서 사제직을 두어 특권층화했던 중세의 교회 계급구조를 거부하고, 신자는 모두가 개인적으로 오직 예수 그리스도의 구속적 은총 안에서 열려진 '새롭고 산 길'을 통하여 하나님과 직접적인 교제와 영적 교통을 할 수 있는 것으로 보았다. 이는 교회 안에서 목사나 평신도 사이에 구분이 없다는 것을 의미하는 것은 아니다. 모든 신자는 그들이 받은 달란트대로 여러 직분을 받아 구별되이 섬기게 되어 있다. 그러나 그들 모두가 존재론적으로 평등하다는 뜻으로 영적 가치에 있어서 하나님 앞에서 우열이 없다는 의미로 이해해야 한다.
- 성례관 : 성례에 관한 이해, 특히 성찬에서 그리스도의 임재에 대하

여 가톨릭은 성례 자체를 중요시하는 화체설(Transubstantiation)을 가르쳤다. 반면에 개혁자들은 공재설(Consubstantiation : 루터), 영적 임재설(Spiritual real presence : 칼빈) 혹은 기념설(Memorial view)을 말했다.

## 개신교 안의 복음주의와 개혁주의 신학

앞에서 언급한 종교개혁자들의 기본적인 신학의 원리들을 공유하는 많은 분파들이 있는데, 그중 복음주의는 다음과 같은 성경의 복음적인 가르침을 고백하는 대부분의 역사적 기독교회 무리들로 구성된다.

**복음주의의 가르침**
- 성경에 관하여 : 성경은 성령의 영감으로 기록된 정확무오한 하나님의 말씀이며, 우리를 구원으로 인도하고 신자의 삶을 이끌어주는 데 있어서 유일하고도 온전한 지침을 제시하는 하나님의 계시된 말씀이다.
- 하나님에 관하여 : 하나님은 우주 만물의 창조주로서 인격적인 삼위일체의 하나님이시며, 거룩하시고 선하시며 의롭고 전지전능하신 분이시다.
- 인간에 관하여 : 인간은 하나님에 의해서 하나님의 형상으로 창조되었으나, 아담의 타락 이후로 원죄의 영향 아래서 범죄하여 하나님의 심판 아래 놓이게 되었다.
- 예수님에 관하여 : 제2 위격이신 온전하신 하나님께서 온전한 인간이 되시어 그의 백성들을 대신하여 은혜언약의 대표로서 십자가에 죽으시고 3일 만에 부활하셨다. 그리고 마지막 날에 다시 강림하셔서 그의 백성들의 구속을 완성하시고 인류를 심판하실 것이다.
- 구원에 관하여 : 은혜언약의 대표자이신 그리스도를 믿음으로 구원을 얻게 되며, 그 믿음은 신자들로 하여금 사랑으로 역사하며 열매

맺는 삶으로 나아가도록 한다.

　이외에도 종말론, 교회론 등에 대한 성경적 가르침들이 추가되어야 하지만 이후에 좀 더 자세히 알아가도록 하자. 여기에서는 우리가 일반적으로 교회에서 이해되는 역사적 기독교회의 신앙이 대체적으로 복음주의 신앙의 내용이라고 봄으로써 그 대체적인 윤곽만 설정하고 넘어가기로 한다.

**모든 개신교회가 다 복음주의는 아니다.**
종교개혁 이후로 개신교회 안에서 형성된 분파들 중에는 앞에서 설명한 것과는 다른 내용의 신앙을 추구했던 분파들이 있어 왔다. 예를 들면 성경관에 있어서 자유주의자들은 성경을 인간의 저술로서 오류가 있는 책으로 이해했으며, 18세기 영국에 있었던 이신교(Deism)는 창조주 하나님을 말하기는 하나 그가 창조 후에는 더 이상 피조물과 관계하시지 않는다고 함으로써 오늘도 만나고 대화할 수 있는 인격적인 하나님을 거부했다. 이러한 분파들은 복음주의라 할 수 없다. 또 예수님이 십자가에서 진짜로 죽음을 맞으신 것이 아니라고 하거나, 죽은 지 3일 만에 부활하신 사실을 부인하거나, 마지막 날의 재림이나 신자의 육체적 부활을 거부하는 것도 역시 복음주의라고 할 수 없다. 이렇게 볼 때 개신교에 속한 모든 무리들이 다 복음주의라고 할 수는 없는 것이다.

**모든 복음주의가 다 개혁주의도 아니다.**
그렇다고 모든 복음주의가 다 개혁주의는 아니다. 복음적 신앙의 요소들을 받아들이는 분파 중에도 개혁주의적 전통을 수용하지 않는 교파들이 있기 때문이다. 복음적인 감리교회나 침례교회 그리고 순복음교회나 성결교회도 모두 성경적인 복음의 가르침을 수용하는 복음주의 임에는 틀림없으나, 개혁주의 전통에는 서 있지 않기 때문이다. 개혁주의는 앞에서 나열한 복음주의의 신앙내용들을 공유하면서도 좀 더 독특한 신학을 제시하고 있으므로 구별되는 것이다.

**한 몸임을 강조할 필요가 있다.**
복음주의자들이 다 개혁주의의 전통을 수용하는 것은 아니나 그들도 모두 성경적인 복음을 수용하여 예수 그리스도를 그들의 구세주로 믿고 있는 한 그들과 우리는 그리스도를 머리로 하는 한 몸의 지체들임에 틀림없다. 예수 그리스도를 믿고 따르는 방식에서 차이가 있을 뿐이지, 그분을 믿고 의지하여 하나님의 백성이 된 점에서는 동일하다. 따라서 다른 복음주의자들을 비개혁주의자라고 배척하는 극단적인 혹은 분리주의적인 태도보다는 개혁주의의 독특성은 유지하면서도 복음주의자들 모두가 그리스도 안에서 하나임을 강조하는 것이 필요하다.

물론 이 말이 개혁주의 신학이 무의미하며 그 중요성이 없다는 뜻은 아니다. 분명히 다른 신학의 체계들보다 성경의 가르침에 충실하며 더 성경적 원리를 일관성 있게 제시해주는 신학임에 틀림없으므로 개혁주의를 추구하는 것이다.

## ▎개혁주의 신앙

그러면 개혁주의의 독특한 신학적 특징은 무엇인가?

전통적으로 그것은 '칼빈주의 5대 교리'라는 이름으로 표현되어왔다. 즉 인간의 전적 부패(Total Depravity), 하나님의 무조건적인 선택(Unconditional Election), 그리스도의 제한속죄(Limited Atonement), 불가항력적인 은혜(Irresistible Grace) 그리고 성도의 견인(Perseverance of the

Saints)으로 나열되는 하나님의 주권적 구원역사를 강조하는 내용들이다(이것을 그 영문 단어 각각의 첫 글자를 따서 'TULIP'이라고도 한다).

그러나 그것이 과연 개혁주의의 기본적인 원리들을 말해주는가? 사실 칼빈주의의 5대 교리란 17세기 네덜란드의 알미니우스를 추종하던 이들에 의해서 야기되었던 신학적인 논쟁에 정통교회의 답변으로서 형성된 내용들일 뿐이지, 근본적으로 개혁주의의 근본원리를 제시하기 위하여 제출된 것은 아니다. 물론 그 내용들이 칼빈주의적 장로교회의 중요한 원리들을 말해주고 있는 것은 사실이지만 몇 가지의 신학적 표현으로 그 전부를 대신한다고 할 수는 없다.

개혁주의 신앙을 정의한다고 할 때 우리가 몇 가지의 신학적 원리만을 설정해 놓고 그것으로 그 전부를 대신하려고 한다면 미흡한 설명이 될 수밖에 없다. 예를 들면, 우리가 칼빈주의라고 할 때 제일 먼저 떠오르는 개념 중 하나가 선택 교리라고 할 수 있다. 그러나 칼빈주의의 창시자인 칼빈도 자신의 주저인 『기독교강요』에서 결코 선택 교리라는 하나의 교리를 먼저 확립시키고 그 교리 위에서 나머지 내용을 전개시키고 있지 않다. 오히려 그는 『기독교강요』를 통하여 성경의 전체적인 가르침을 온전히 제시하려고 했던 것이다. 따라서 역사 가운데 어느 한 나라에서 야기된 신학적 논쟁에 대하여 그 답변으로 형성된 내용들로만 개혁주의의 의미를 국한시킬 수 없으며 좀 더 포괄적인 서술이 요청되는 것이다.

이러한 의미에서 개혁주의의 신앙내용을 좀 더 포괄적으로 정리해 본다면 다음과 같은 원리들로 간략히 요약해볼 수 있다.

**오직 성경 말씀을 최고의 권위로 삼는 원리**
이 원리는 종교개혁자들의 가르침을 따르는 개신교회의 중심적인 원리로서 이미 본 장의 서두에서 교리 연구의 자세를 언급할 때 지적된 내용이다. 기독교의 교리내용을 연구하는 과정이나 그 연구방법을 결정하는 과정에서 성경이 그 모든 사고와 판단의 기준으로서 진리 되신 하나님의 진리적 말씀으로 인정되고 받아들여져야 한다는 것이다.

그런데 사실 이러한 원리는 좀 더 포괄적인 성격을 지닌다. 즉 개혁주의에서는 하나님의 말씀의 권위에 대하여 전 포괄적인 성격을 강조한다. 하나님의 말씀의 권위란 기독교의 신학을 형성하는 과정에서뿐만 아니라 우리 인간의 모든 학문과 삶의 모든 국면 속에서 적용되어야 한다는 것이다. 신학적인 영역에서뿐만 아니라 상담학이나 철학 그리고 일반 자연과학의 영역 속에서도 성경이 그 모든 판단과 사고의 기준이 되어야 하는 것은 이 우주의 어느 한 영역도 하나님의 주권적 섭리와 통치 밖에 있는 것이 없기 때문이다. 즉 신학을 논할 때 하나님께서 성경 속에서 인간의 존재와 그들의 삶에 대해서 진술하신 내용을 진리적 표현이라고 볼 뿐만 아니라, 다른 학문들 그리고 인간의 모든 경험과 사고의 의미를 정리하고 해석함에 있어서도 성경의 내용이 최종적인 기준과 최고의 권위 있는 말씀으로 간주되어야 한다고 보는 것이다.

**하나님의 절대주권**

이 원리도 '말씀의 권위의 전 포괄적인 성격'에 대한 가르침과 맞물려 있는 것으로서 근본적으로 하나님께서 온 우주 만물의 창조자가 되신다는 사실에 기초한다. 어느 신학자의 말과 같이 온 우주 만물이 하나님에 의해서 창조되고 또 섭리, 운행되고 있으므로 우주의 어느 한 구석도 그분의 숨결과 손길이 닿지 않는 곳이 없다. 달리 표현하자면 지구를 포함한 우주의 땅덩어리 중에서 하나님의 부동산에 등록되지 않은 곳은 한 평도 없는 것이다.

물론 이러한 하나님의 주인 되심(Lordship)은 그러한 가시적인 부동산에 대한 주권으로만 국한되는 것이 아니라 인간의 사고의 영역, 즉 학문과 사상 등을 포함한 불가시적 세계의 모든 것까지도 그분의 주권 아래 있는 것으로 이해되어야 한다. 그런데 우리는 오늘의 현대사회가 아담의 타락 이후로 하나님의 주권에 대해 왜곡된 이해를 지니고 있는 것을 보게 된다. 그러므로 이러한 의미에서 개혁주의자들이란 "모든 이론을 무너뜨리며 하나님 아는 것을 대적하여 높아진 것을 다 무너뜨리고 모든 생각을 사로잡아 그리스도에게 복종하게"(고후 10:4~5) 해야 할 사명을 지닌 자들이다. 그 모든 왜곡된 오해들을 바로잡아 인간의 모든 삶의 영역 속에서 진정한 주(Lord) 되신 하나님의 위치를 바르게 세우고 확인하도록 해야 할 것이다.

**무궁하신 하나님의 은총**
개혁주의의 또 다른 중요한 특징은 하나님의 은총의 무궁하심을 강조하는 것이다. 인간에게 베풀어주신 하나님의 은혜는 넘치도록 풍성하다. 이러한 특징은 앞에서 언급한 '칼빈주의 5대 교리'에서 더욱 분명히 드러나고 있다.

첫째 항목은 인간의 전적 부패를 말한다. 그런데 이 사실에 대한 분명한 이해는 하나님의 은총의 절대적인 필요성을 깨닫게 한다. 사도 바울이 복음의 필요성을 말하기 위해 로마서 1장부터 3장까지 인간의 죄인 된 사실의 심각성을 철저하게 파헤쳤던 것은 인간들로 하여금 그들의 불가능성을 분명히 깨닫게 하기 위해서였다. 인간이 전적으로 부패했다는 사실은 그가 하나님께로 나아가는 일이 그의 자연적인 능력 안에서는 전혀 불가능함을 말해준다. 전적으로 하나님의 은혜에 의해서만 그 길이 열리게 된다는 것을 의미하는 것이다. 따라서 하나님의 무궁하신 은총의 풍성함은 전적 부패의 교리에 함축되어 있음을 알 수 있다.

'5대 교리'의 둘째 항목인 '하나님의 무조건적인 선택'도 하나님의 무궁하신 은총을 말하고 있다. 왜냐하면 하나님의 자녀로 택함을 받게 되는 것은 우리 인간 편에서의 어떠한 공로나 노력에 의해서 결정된 것이 아니고, 전적으로 하나님의 무조건적인 사랑에 의한 것이기 때문이다. 나와 같은 죄인이 구속함 받은 것을 진정으로 감사하게 되는 것은 하나님의 무조건적인 선택 속에서 드러난 그분의 무궁하신 은총 때문이다.

'제한 속죄'를 말하는 셋째 항목과 '불가항력적인 은혜'를 말하는 넷째 항목 그리고 '성도의 견인'을 말하는 다섯째 항목도 모두 하나님의 무궁하신 은총에 의해서 신자들의 구원이 준비되고 시작되었으며 또 진행되고 완성된다는 전적인 하나님의 은혜의 사실을 말해주고 있다.

### 신자의 삶에 대한 강조

개혁주의에서 강조되는 또 다른 내용은 이 세상에서 신자는 삶에 대하여 긍정적인 자세로 참여해야 한다는 것이다. 기독교회의 역사 속에는 인간의 기본적인 삶의 영역들을 부정하고 금욕주의적인 신앙태도를 가졌던 무리들도 있었고, 이 세상을 떠나 산속에서 하나님과의 교제를 추구하는 도피주의적인 신앙도 있었다.

그러나 성경은 인간의 모든 기본적인 삶의 영역들을 모두 하나님께 영광을 돌려드릴 수 있는 긍정적인 도구로 바라보도록 해준다. "이 세상과 멍에를 같이 메지 말라"는 교훈은 세속적인 삶의 방식이나 불신자의 불신앙적 정신과 타협하고 살지 말라는 것이지 이 세상을 떠나라는 말은 아닌 것이다.

오히려 성경은 하나님의 백성들로 하여금 이 세상을 떠나지 않되 동시에 이 세상에 속해 있지 않으면서 '이 세상에서' 소금과 빛이 되어야 한다고 말한다. 이 어두운 세상을 비추기 위해서는 이 세상에 있어야 하기 때문이다.

**문화의 위엄**

신자의 삶에 대하여 한 걸음 더 나아가 강조하게 되면, 신자의 '기독교 문화 건설'이라는 개혁주의의 중요한 특성으로 발전하게 된다. 도피주의적 신앙인이나 종교개혁 시대의 재세례파처럼 세상 문화와 기독교 문화를 분리시키는 태도나 기독교의 독특성을 상실한 채 세상의 문화에 동화되어 버리는 현대 세속신학들과는 달리 개혁주의 신앙은 기독교 신앙의 독특성을 보유한 채 그리스도의 복음의 정신으로 이 세상을 변혁시키고자 한다. 그리하여 "모든 이론을 무너뜨리며 하나님 아는 것을 대적하여 높아진 것을 다 무너뜨리고 모든 생각을 사로잡아 그리스도에게 복종하게"(고후 10:4~5) 해야 할 사명을 강조한다.

개혁주의 전통 위에 서 있었던 많은 뛰어난 신앙인들은 바로 이러한 사명을 수행하기 위한 노력을 일생 동안 아끼지 않았다. 예를 들면, 제네바 시에서 개혁활동을 했던 칼빈도 교회 안에서만의 개혁에 머무르지 않고 그 도시의 정치, 경제, 사회의 모든 분야에서 성경의 원리대로 개혁이 이루어지도록 노력했다. 또 그 외에도 영국으로부터 '등대와 같은 사회'를 세우기 위해 신대륙으로 향했던 청교도들, 올리버 크롬웰(Oliver Cromwell), 존 위더스푼(John Witherspoon), 오렌지공(Prince of Orange) 그리고 스코틀랜드의 존 낙스(John Knox)와 같은 이들이 있었다.

**율법과 복음의 관계**

율법과 복음의 관계에 대한 논의에서 우리는 율법주의적 구원관의 오류에 떨어졌던 중세 가톨릭에 대하여 개신교에서는 복음에 대한 믿음으로 인한 구원을 강조했던 것을 먼저 상기해볼 수 있다. 그런데 복음에 대한 강조는 개신교 안의 무리들 간에 다소 다르게 해석되었던 것을 볼 수 있다. 이에 대한 개혁주의의 독특성은 그것과 루터나 웨슬리안의 이해를 비교해 봄으로써 설명될 수 있다.

루터는 '오직 믿음으로'(Sola Fide)라는 종교개혁의 외침을 강조한 나머지 복음만을 강조하여 율법에 대해서는 부정적인 이해에만 머무른 것으로 여겨진다. 그는 율법의 정신은 복음의 정신과 상충되는 것으로서 자연인으로 자신의 불가능성을 깨닫고 그리스도의 복음의 절대적 필요성을 깨닫게 하는 초등선생으로서의 기능이 있음만을 강조했다. 그러므로 중생한 이후에는 복음의 세계에 속한 백성으로서 율법이 더 이상 신자들에게는 중요성을 갖지 못한다고 보았다. 그러나 성경은 하나님의 율법 자체는 선한 것이며 단지 '율법주의'가 문제가 된다고 말한다. 칼빈도 '율법의 제3의 용도'를 말함으로써 신자가 된 이후에도 하나님의 율법은 그들의 삶 속에서 하나님의 거룩과 형상을 회복하기 위한 좋은 안내자가 되고 있음을 옳게 지적했다. 그리고 개혁주의는 바로 이 칼빈의 균형 잡힌 성경적 율법 이해를 복음의 정신 아래서 받아들이는 것이다.

웨슬레에 의해서 창시된 감리교회는 또 다른 방향으로 치우쳐 있는 것을 볼 수 있다. 신자의 거룩한 삶을 더욱 촉진하려 했던 웨슬레의 동기는 귀한 것이지만 그는 신자의 구원이 예수 그리스도의 거룩과 신자의 거룩이 함께 근거가 되어서 주어지는 것이라고 보았다. 그리하여 신자가 된 이후의 삶 속에서 그가 이루어낸 성취의 여부에 따라 최종적인 구원이 결정된다고 본 것이다. 그러나 신자의 구원은 십자가에서 흘리신 예수님의 보혈의 능력만을 절대적으로 의존하며, 오직 그의 구속사역의 공로로만 주어진다는 예수님의 구속사역의 완전성(완전한 성취)을 강조하는 것이 개혁주의의 전통이다. 신자의 거룩한 삶의 모습이 강조되어야 함은 사실이나 그것은 구원 신앙을 지닌 자에게서 맺히는 열매인 것이지 그것이 구원의 근거나 조건이 될 수는 없다.

결국 개혁주의는 루터교회와는 달리 하나님의 율법의 중요성을 신자가 된 후에도 인정하는 입장이며, 또 웨슬리안과는 다르게 그 중요성이 복음의 구조 안에서 복음의 완전성이 허물어지지 않는 범위 안에서 제시되고 있는 것이다.

**능력 있는 말씀 선포에 대한 강조**

끝으로 개혁주의는 '하나님의 말씀의 권위'를 신자의 실제적 삶 속에 뿌리 내리게 하는 과정으로서 '능력 있는 말씀의 선포'의 중요성을 인식하고 있다. 이 말씀에 대한 강조는 예배에서부터 드러난다. 가톨릭에서 드리는 미사는 주로 의식적인 내용들이 주종을 이루는 반면에, 개신교회의 예배에서는 말씀이 예배시간의 대부분을 차지하고 있다.

이러한 의미에서 하나님의 말씀을 선포하는 '설교'의 중요성이 강조되는데, 설교란 단순히 하나님의 말씀을 해석하는 차원만이 아니라 그 말씀이 신자의 삶의 모든 영역에 적용되도록 하기 위해서 증거되는 행위이기 때문이다. 더 나아가 하나님의 말씀이 이해되고 설득되도록 '부탁'하는 차원을 넘어 설교란 하나님의 권위로서 그분의 뜻을 그의 백성들과 이 세상에 '선포' 하는 것이다. 교회 안과 밖에서 드러나는 불신앙적이고 세속적인 생각이나 행동에 대해서도 과감하게 하나님의 말씀을 가지고 외치고 지적하여 말씀으로 이 땅을 고치며 변혁시키려는 선지자적 사명을 강조하는 것이 개혁주의의 특징이라고 할 수 있다. 즉 하나님의 말씀에 의한 통치가 개개인의 삶과 사회 속에 구현될 것을 추구하는 것이다.

### 생각해 볼 문제

1. 성경의 교리를 연구해야 하는 이유는 무엇인가?

2. 성경적인 경건에 이를 수 없다는 말은 무슨 뜻인가?

3. 어떠한 자세로 성경의 가르침을 대하고 연구해야 하는가?

4. 성경의 가르침을 연구함에 있어서 가장 기준이 되는 것은 무엇인가?

5. 하나님을 아는 참된 지식이란 어떠한 성격의 것인가?

6. 개신교회의 기본 원리에는 어떠한 것들이 있는가?

7. 모든 개신교회의 무리들을 다 복음주의자라고 할 수 있는가?

8. 복음주의와 개혁주의의 관계는 어떻게 이해되는가?

9. 칼빈주의 5대 교리란 무엇인가?

10. 개혁주의의 특징적인 요소들은 무엇인가?

**제2장**

# 개혁주의 성경관

성경의 성격 및 그 의미에 대한 이해는 모든 신학의 기초이며, 다른 교리들을 이해하는 데에도 지대한 영향을 끼치게 된다. 따라서 우리는 교리 연구에 있어 가장 먼저 성경관에 대한 내용 정리가 필요하다.

# 제2장 | 개혁주의 성경관

## 계시란 무엇인가?

성경의 의미를 이해하기 위해서는 '계시'의 의미를 먼저 파악해야 한다. 계시란 '비밀한 것을 벗겨 드러낸 것'이라는 의미로서 하나님께서 숨기셨던 자신에 관한 것들을 알려주시는 것을 뜻하는데 성경은 바로 그러한 하나님의 계시 중의 하나인 것이다. 그러면 성경을 포함하여 하나님의 계시에는 어떠한 것들이 있는가? 하나님께서 사용하시는 모든 계시는 두 가지 방법으로 분류될 수 있다.

### 계시 전달방식에 의한 분류
사실 모든 계시란 하나님으로부터 주어지므로 근본적으로는 모두 초자연적인 성격을 띠고 있다고 할 수 있다. 그러나 실제적인 전달 방법에 따라 자연계시와 초자연계시로 분류되는데, 자연계시란 인간의 구조와 자연현상을 통해서 전달되는 것이다. 인간은 하나님의 형상으로 지음을 받았으므로 그 인간의 구조와 모습을 통해서 우리는 하나님의 존재에 관한 지식을 얻게 된다(시 94:9, 10; 행 17:27~28; 롬 2:14, 15). 또한 자연만물도 하나님의 손길에 의해서 지음을 받았으므로 하나님의 지혜와 능력과 신성을 계시해 준다(롬 1:20; 시 19:1 이하). 반면에 초자연계시란 자연현상이나 인간의 구조를 통한 간접적인 계시가 아니라 하나님의 직접적인 말씀과 나타나심, 이적 등의 초자연적인 방법으로 계시하신 내용을 가리킨다.

**계시의 성격과 그 대상에 의한 분류**

계시는 또한 그 성격과 대상에 따라 일반계시와 특별계시로 분류된다. 일반계시는 창조에 기초하여 하나님께서 창조하신 모든 인류를 대상으로 인간 창조의 목적을 실현하려는 목표를 가지고 있는 반면에, 특별계시는 재창조(구속사역)에 기초하여 하나님의 선택받은 백성들만을 대상으로 주어진 계시로서 죄인 된 인간들을 구원하려는 목적을 위해 주어진 것이다. 이 특별계시는 하나님 자신의 직접적인 현현(시 80:1, 99:1; 창 15:17; 출 3:2, 19:9) 혹은 음성이나 꿈, 환상을 통해 이루어지며 예수님의 성육신과 같은 이적도 또 다른 특별계시의 통로이다.

일반적으로 자연계시와 일반계시 그리고 초자연계시와 특별계시를 연결해서 이해할 수 있으나 특별계시가 죄인을 구원하기 위한 것이라는 구속적인 성격을 지니고 있는 것이라고 말한다면, 특별계시와 초자연계시가 항상 동일한 것이라고 할 수는 없다. 왜냐하면 초자연계시 중에는 구속적인 성격을 지니고 있지 않은 것도 있기 때문이다. 이것을 '타락전 초자연계시'(Pre-redemptive supernatural Revelation)라고 부르는데, 그것은 인류가 타락하기 전이므로 아직까지는 구속적인 성격을 띠지 않지만, 초자연적인 성격을 가진 계시를 말한다. 구체적으로 말하면, 이

계시는 에덴동산에서 처음의 인류에게 주셨던 하나님의 말씀의 계시 (창 2:16~17)를 가리킨다. 그런데 사실 이 타락 전 초자연계시에 대해서 많은 현대 신학자들은 그 내용을 성경의 문자적인 의미로 받지 않고, 하나의 원시적·신화적 양식의 종교적 진리 표현으로 간주하는 경향이 있다. 그러나 에덴동산에서의 하나님의 말씀과 거기에서 전개된 사건들은 성경에서 서술된 대로 인간의 역사 속에서 발생된 사건이다. 특히 창세기 2:16~17의 내용은 추상적이거나 신화적인 표현이 아니라 하나의 구체적인 하나님의 명령을 담고 있는 것으로 인류에 대한 하나님의 언약적 행정원리를 구체적으로 표현하고 있는 말씀인 것이다. 그러한 하나님의 직접적인 말씀의 계시가 없었다면 인간은 그 말씀이 담고 있는 인류에 대한 하나님의 계획과 역사 방향에 대한 뜻[2]을 자연계시로부터 전혀 파악할 수 없었을 것이다. 이러한 관점에서 우리는 타락 전 초자연계시의 필요성, 역사성 그리고 진정성을 말할 수밖에 없다.

### 일반계시와 특별계시의 관계

칼빈은 그의 『기독교강요』 제1권에서 특별계시의 필요성을 말하기 위해 일반계시에 대해 설명하고 있다. 먼저 일반계시의 확실성을 말하는데 이는 자연과 인간의 모습 그리고 온 우주와 인류 역사의 섭리 속에

---

2) 창세기 2:16~17의 말씀은 인류가 처음부터 하나님 앞에서 언약적인 존재로 부름받았음을 말해주며, 특히 그 내용을 통해서 인간은 에덴동산에서 하나의 시험기간 중에 있었음을 알 수 있다. 그 말은 만일 처음의 인류가 에덴동산에서 선악과를 따먹지 않고 하나님의 명령에 순종하였다면, 그들은 생명나무로 나아가 영생할 수도 있었음을 내포하고 있는 것이다(창 3:23~24). 그러나 범죄함으로 예수 그리스도를 통한 구속의 길로 나아가게 되었는데, 결국 이 구절은 인류 역사에 대한 하나님의 전체적인 계획 구도와 하나님의 구체적인 뜻이 담긴 계시 말씀인 것이다. 이것을 단지 하나의 신화적 양식의 표현이라고만 하기에는 너무나도 구체적이고 중요한 하나님의 뜻이 표현되어 있는 것이다.

서 하나님에 관한 계시가 분명하게 제시됨을 설명한다. 그것은 종교의 씨(Seed of Religion)로서 모든 자연인들의 마음속에서 그 씨로 말미암아 종교성이 유발되고 여러 가지 종교적 현상들이 일어나게 하는 근원이 된다.

그런데 그 일반계시의 내용은 인간의 죄의 영향 아래서 자연인들에게 왜곡되이 수용되어 불의로 진리를 대신하는 현상이 벌어진다(롬 1:18). 따라서 일반계시의 확실성이 있음에도 불구하고 인간은 그 계시만으로는 구원에 이르는 지식에 도달하지 못하게 되는 것이다.

그리하여 하나님은 그러한 절망의 상황에 처한 인류에게 하나의 해결책으로서 특별계시를 주셨으며 그 특별계시를 통해 인간은 죄의 권세로부터 구속되어 치료받게 된다. 그럼으로써 자연과 인류의 모습 속에서 드러나는 일반계시의 원래적 의미를 올바르게 파악하게 되며 하나님과의 영적 교제를 회복하게 된다.

**특별계시와 성경의 관계**

특별계시와 성경의 주체는 모두 하나님이시며 또한 둘 다 인간의 구원을 위한 목적을 가지고 있다는 점에서 공통점을 지니고 있다고 말할 수 있다. 그러나 특별계시가 직접적으로 전달되는 것이라면 성경은 인간저자의 문자기록 행위를 통해서 간접적으로 전달된다는 점, 전자가 하나님의 현현이나 환상, 언어행위 등의 임시적 매체를 통해서 전달되는 반면에 후자는 문자의 기록이라는 항구적 매체를 통해서 보존된다는 점, 또한 전자는 하나님의 뜻이 그때마다 부분적으로 전달되는 반면에 후자는 하나님의 구원계획이 종합적으로 전달된다는 점, 마지막으로 전자는 제한된 수의 수신자들로만 국한되나 후자는 전 인류를 대상으로 주어진다는 점 등에서 차이가 있다고 할 수 있다.

## 계시와 구속사

구속사적인 관점에서 하나님의 계시는 타락 전 계시와 타락 후 계시로 나누어 볼 수 있는데, 하나님께서 인간들에게 전달하신 모든 계시 사건을 포괄적으로 설명해주는 말씀으로 히브리서 1:1~2을 잠시 생각해 보자. "옛적에 선지자들을 통하여 여러 부분과 여러 모양으로 우리 조상들에게 말씀하신 하나님이 이 모든 날 마지막에는 아들을 통하여 우리에게 말씀하셨으니."

이 구절의 중심주제는 "하나님께서 말씀하셨다"는 사실, 즉 계시이다. 옛적(구약시대)에는 구약의 선지자들을 통해서 이스라엘의 조상들에게 말씀하셨고, 이제 말세에는 그의 아들 예수 그리스도를 통하여 오늘의 신약의 백성들에게 말씀하셨다고 말하고 있다. 여기에서 우리는 계시에 관한 몇 가지 사실들을 지적해 볼 수 있다.

첫째로 모든 계시는 옛적이나 지금이나 오직 한 하나님에 의해서 주어지는 것이므로 전체적인 통일성을 갖게 된다는 것이다. 본문 속에서 주어는 '하나님' 한 분뿐이시기 때문에 그 한 분에 의해서 계시된 내용은 신약이든지 구약이든지 간에 하나의 통일된 메시지가 주어질 수밖에 없는 것이다.

또한 계시란 시공간의 인간 역사 속에서 주어지고 형성된 것이라는 계시의 역사적 성격을 그리고 끝으로 계시의 중심 되시며 최종적 완성자 되신 그리스도의 중심성을 말해준다. 구약의 계시는 예수님의 오심을 가리키고 있으며, 신약의 계시의 중심도 오신 메시야의 삶과 사역이다. 구약에 많은 선지자들이 하나님의 계시를 전달했지만 그것은 부분적인 계시였을 뿐이며, 오직 예수님의 생애와 사역을 통해서만 온전한 구원의 진리가 인류에게 최종적으로 계시되었다.

이러한 의미에서 우리는 지금도 계시가 계속되고 있다고 말하는 신비주의적 신앙은 예수 그리스도의 생애와 사역 그리고 그의 교훈을 통해서 최종적으로 완성된 하나님의 계시의 성격을 오해하고 있는 것이라고 볼 수 있다. 예수님의 복음의 교훈과 그 복음의 기초로서 그의 생애와 사역을 제시하는 신구약 성경을 통한 하나님의 계시는 예수 그리스도 안에서 최종적으로 마감된 것으로 보아야 한다. 어떠한 형태로 주장되든지 간에 '새로운' 계시에 대한 견해는 이미 기록된 성경의 계시 말씀의 충족성[3]을 거부하는 문제를 낳게 되기 때문이다.

## 성경 말씀이란 무엇인가?

이제까지 우리는 하나님의 계시에 대한 전반적인 내용을 정리해 보았다. 그리고 성경은 하나님의 특별계시라는 사실을 확인했다. 그러면 이제 특별계시인 하나님의 말씀이란 어떠한 성격의 말씀인가에 대해서 살펴보려 한다. 여기에서 우리는 하나님의 말씀이 지니고 있는 속성에 관한 내용도 간략히 언급하게 될 것이다.

### ▌하나님의 말씀의 성격

#### 능력으로 역사하는 말씀

시편 기자는 "여호와의 말씀으로 하늘이 지음이 되었으며 그 만상을 그의 입기운으로 이루었도다"라고 설명한다(시 33:6). 하나님의 말씀은 헛되이 끝나는 경우가 없이 언제나 효과적으로 그 의도하신 바가 성취되는 말씀이다. 따라서 우리가 하나님의 말씀을 공부할 때 사실은 하나님의 능력과 대면하고 있는 것이며, 복음 전도자란 바로 그러한 하나

---

[3] 성경의 충족성이란 성경의 속성 중의 하나로서 바로 다음에 취급될 것이다.

님의 능력을 전달하는 자인 것이다(롬 1:16).

### 의미 있는 능력의 말씀

하나님의 말씀은 그냥 무의미한 초능력의 말은 아니다. 그것은 하나님의 지혜를 전달해주는 '의미 있는' 능력이다. 능력이 하나님의 말씀을 이루는 것에 관한 것이라고 한다면, 의미란 하나님의 말씀이 뜻하는 바인 것이다. 아무리 위대한 역사를 이루었다고 하더라도 그 역사의 진정한 의미가 파악되지 못한다면 무의미한 일이 될 수 있다. 하나님은 말씀으로 역사하시지만 '의미 있는', '내용 있는' 말씀으로 역사하신다. 그러므로 그저 신비하고 휘황찬란한 이적만을 추구하는 신앙은 성경 말씀과는 상관없는 신앙으로 전락될 위험성이 많다. 위대한 역사들과 아울러 그러한 역사들을 통해서 하나님이 주시고자 하시는 그분의 뜻과 계시내용에 대한 올바른 이해를 하나님의 말씀을 통해서 얻어야 한다.

### 하나님 자신을 나타내주는 말씀

우리들도 우리의 말을 통해서 우리 자신의 성격, 사상, 인품을 드러내게 되듯이, 하나님의 말씀은 하나님 자신의 표현이며 그의 성품이 나타나게 되는 계시내용이다. 그러므로 우리는 그의 말씀을 통하여 그분을 알게 되고 그의 말씀과 늘 함께하시는 주의 영을 만나게 된다(살전 1:5; 딤후 3:16; 벧후 1:21). 즉 하나님의 말씀과 함께 하는 것이 곧 그분을 가까이하는 것이 된다. 우리는 결코 하나님의 말씀을 인간의 글로서만 설명하려는 자유주의자들의 주장을 수용할 수 없다. 성경 말씀을 읽을 때 우리는 마태나 누가나 바울만을 만나지 않고, 그들을 통해서 말씀하고 계시는 전능하신 하나님의 면전 앞에 서게 되며, 따라서 초월자 앞에 서 있는 피조물로서의 경외심으로 가득 차게 되는 것이다. 그러나 성경 말씀의 내용이 적힌 성경책의 '종잇장'이 하나님은 아니며,

그것은 단지 하나님의 말씀을 전달하는 매개체일 뿐이다. 성경책 자체는 결코 하나님의 존재에 필수적인 속성이 아니며, '성경책'의 공간 안에 어떠한 거룩한 성소가 세워진 것도 아니기 때문이다. 우리는 인격적인 여호와 하나님을 섬기며 경배하도록 부름을 받은 자들이지, 책을 숭배하는 자들은 아니다. 물론 하나님의 말씀이 인쇄된 책을 소중히 다루어야 하지만 그 책의 종이를 하나님과 동일시해서는 안 된다.

**살아 있는 하나님의 말씀**

성경 안에 기록된 말씀들의 의미와 내용까지도 인간의 소산으로 보는 자유주의나 신정통주의자들의 비판까지 옳다는 것은 아니다. 성경을 통해서 전달되는 그 구절들의 의미내용을 하나님의 음성으로 믿고 듣는 것조차도 '성경책 숭배'(Bibliolatry)라고 비판하는 현대 신학자들의 입장을 우리는 거부한다. 성경책의 종이를 신성시하는 것은 우상숭배일 수 있으나 성경이 가르치는 내용과 그 일차적인 의미를 하나님의 음성으로 받는 것은 결코 우상숭배일 수 없다. 그 말씀은 오늘도 죽은 영혼들을 소생케 하는 능력의 말씀이며 살아 있고 운동력 있어 좌우에 날선 어떤 검보다도 더 예리한 역사를 일으키는 하나님의 말씀이기 때문이다.

## 성경의 속성

일반적으로 성경의 속성에는 필요성, 명료성, 충족성 그리고 성경의 권위가 있다고 볼 수 있다. 그 각각의 의미를 하나씩 살펴보기로 하자.

**성경의 필요성**

성경의 속성에 대한 논의는 종교개혁 시대의 상황 속에서 이해될 필요가 있다. 그 당시 로마가톨릭과 좌익 세력이었던 재세례파의 입장은 성경의 속성에 대한 이해에서 개혁자들의 가르침과 대조를 이룬다. 가톨릭도 성경의 중요성과 그 유용성을 말하기는 했으나 성경의 절대적 필요성을 간과했다. 성경의 절대적 필요성보다는 교회의 절대적 필요성을 강조하여 교회가 성경의 기초 위에 서 있기보다는 성경이 교회의 기초 위에 서 있는 것으로 보았다. 반면에 재세례파는 객관적인 성경의 말씀보다 주관적으로 감지되는 '내적 말씀'을 강조했다. 즉 성경의 글들은 죽은 글자에 불과하다고 여기며 마음속에 부딪히는 신비한 음성만을 강조했다. 이러한 양쪽의 극단적인 태도에 대해서 개혁자들은 교회의 권위나 해석 또는 개인적으로 주어지는 신비한 음성보다도 성령의 감동으로 기록된 성경의 객관적인 계시 내용의 절대적 필요성을 주장했다.

오늘날 현대신학의 흐름 중의 하나도 이 말씀계시의 절대적 필요성을 무시하려는 태도이다. 바르트와 같은 신학자는 하나님의 주권을 강조한다고 하면서 구체적인 내용이 담긴 '명제적'(Propositional) 계시를 인정하기를 꺼려한다.[4] 그러나 사실 하나님과 인간의 관계에서 말씀계시의 절대적 필요성은 부인하기 어렵다. 왜냐하면 말씀계시가 없다면 인류의 범죄 이전에도 인간은 하나님과의 언약적인 관계의 중요성을 올바로 파악할 수 없었으며[5] 아담의 범죄 이후의 인류도 말씀계

---

4) 하나님에 관해서 구체적인 내용이 없이 말하는 것이 하나님의 주권을 제약하지 않는 것이라고 보아 규범적, 명제적 계시를 거부한다. 왜냐하면 초월적인 하나님의 진리가 시공간 속의 인간의 글 속에 가두어질 수 없다고 보기 때문이다.
5) 에덴동산에서 처음의 인류는 자연계시만으로는 하나님과의 행위언약적 관계의 구체적 내용을 파악할 수 없었다. 창세기 2:15, 17에 나오는 타락 전 초자연계시, 즉 말씀계시의 구체적인 명령의 내용에 의해서 그들은 그 의미를 파악할 수 있었던 것이다.

시의 구체적인 내용이 없이는 예수를 그리스도라 부를 자가 없기 때문이다. 말씀계시의 내용을 통해서만 죄의 참의미를 깨닫게 되고 또 진정한 회개를 통해 참 거룩에 이를 수 있는 것이다. 즉 말씀계시가 없이는 참된 구원이 있을 수 없는 것이다. 신비주의적인 체험도, 교회의 회의와 해석과 권위도 그리고 어떠한 실존주의적 용어들로 채색된 '만남'(Encounter)들도 그것이 기록된 말씀계시의 절대적 필요성을 대체할 수 없는 것이다.

### 성경의 명료성

성경의 명료성을 포함한 나머지 속성들은 모두 성경의 필요성에 대한 맥락에서 이해될 수 있다. 성경의 명료성이란 누구든지 진실하게 구원의 진리를 추구하는 자에게 성경을 통해 그 구원의 진리가 명료하게 제시된다는 뜻이다. 그런데 중세 가톨릭에서는 성경만으로는 구원의 진리가 평신도들에게 명료하게 제시되지 못하므로 교회의 무오한 해석이 있어야 하며, 그것을 통해서만 신자들이 구원의 진리를 명확하게 알게 된다고 주장했다. 그러나 개혁자들은 구원에 필요한 지식은 누구에게나 단순히 전달되므로 오직 성령의 역사가 있는 한 성경은 교회의 해석이 없어도 명료하게 구원의 진리를 전달한다고 강조했다.

물론 여기에서 말하는 성경의 명료성이란 죄의 영향 아래 있는 불신자의 상태를 간과해도 좋다는 것은 아니다. 불신의 죄 때문에 야기되는 영적 어두움이 걸림돌이 되는 것은 사실이나, 그것이 성경의 명료성 자체를 무너뜨릴 수는 없다. 성경의 구원의 진리는 남녀노소, 신분이나 지위 혹은 학벌의 차별 없이 단순하고도 명백하게 오직 성령의 역사를 통해서 전달되는 것이다.

명료성에 관하여 지적할 또 다른 한 가지는 성경의 명료성을 빙자하여 성경 주변의 학문들, 예를 들면 성경의 배경 연구나 원어(헬라어, 히브리어) 혹은 교회사나 교리역사 그리고 성경 해석사 등에 대한 이해 없이 성경 본문에 대한 단순한 이해만으로 만족하려는 태도의 위험성이다.[6] 베드로후서 3:16도 성경에는 쉽게 이해될 수 없는 어려운 부분들이 있음을 말해준다. 성경의 명료성을 말한다고 해서 우리가 얻은 구원의 함축된 의미를 바르게 파악하기 위하여 더 많은 연구와 성경 주변 학문들에 대한 이해가 필요하지 않다는 것을 뜻하는 것은 아니다.

**성경의 충족성**

이 속성도 위의 다른 속성들에 대한 설명과 같은 맥락에서 설명될 수 있다. 이는 성경이 신자의 구원과 신앙생활을 위한 충분하고도 온전한 하나님의 계시 말씀이라고 보는 것을 의미한다. 그러므로 교회의 전통과 구전의 내용들이 보충되어야 충족한 설명이 된다고 보는 중세 가톨릭의 입장이나, 개인적으로 받은 신비한 음성으로 보충되어야 한다고 보는 재세례파의 입장은 성경의 충족성을 거부하고 있는 것이라고 볼 수 있다.

물론 개혁자들도 교회회의의 결정이나 성령께서 조명하시는 역사들의 중요성을 간과했던 것은 아니다. 그것들도 있어야 하는 것이지만, 하나님께서는 인간의 구원에 필요한 계시 내용들을 성경 안에 충분하게 온전히 계시하셨으므로, 어떠한 새로운 계시나 교회의 전통이 추가되어야 죄인을 구원으로 충분히 인도할 수 있다고 보는 것은 성경의 충족성을 거부하는 결과를 가져오게 된다.

---

[6] 이 부분은 이미 교리연구의 필요성을 언급한 앞부분에서 지적되었다.

이 충족성과 관련해서 몇 가지 사실들이 지적될 필요가 있다. 먼저 성경의 충족성이란 어떠한 제한된 의미에서의 '영적'[7] 생활과 '영적' 구원에 관한 부분에 대해서만 하나님의 말씀이 충족한 가르침을 제시해준다는 것으로 이해해서는 안 된다. 개혁주의 신앙의 첫 번째 특징을 설명할 때 앞장에서도 언급했듯이 성경은 전 포괄적인 권위(Comrehensive authority)를 갖고 있는 책이다. 성경은 인간의 삶의 모든 영역에서 필요한 하나님의 뜻을 담고 있다. 그것은 근본적으로 우리의 구원이 전 포괄적인 성격을 띠고 있기 때문이다. 우리의 영혼과 육체 그리고 전 우주적인 갱신의 역사로 구원이 이해되기 때문에 그 모든 영역에서 권위 있는 하나님의 말씀으로 그리고 신자로서 살아가는 데 필요한 하나님의 뜻을 충분히 제시해 주고 있는 말씀으로 성경은 이해되는 것이다.

그러나 이 말이 성경 안에 인간 문명 안에서 발견되는 모든 정보가 다 들어 있다는 뜻은 아니다. 단지 성경은 인간의 모든 삶의 영역에서 실천해야 할 기본적인 삶의 원리들을 충분히 제공해 주는 것이다. 또한 신비주의적 신앙과 관련해서 성경의 충족성이 결코 성령의 조명하시는 역사나 감동하시고 책망하시는 역사를 배제함을 뜻하지 않는다. 성령의 내적 조명의 역사가 성경 말씀을 올바르게 이해하는 데 중요한 영향을 주는 것이 사실이다. 그러나 그 성령의 역사가 성경의 내용과 무관하게 혹은 상충되거나 독립적으로 역사하는 것으로 보는, 그래서

---

[7] 여기에서 필자는 일반적으로 지적되는 영·육 이원론적인 구조 속에서 이해되는 '영적' 생활 혹은 '영적' 구원을 염두에 둔 것이다. 육신의 삶의 영역은 하나님과는 상관없는 비영적인(non-spiritual) 부분의 범주로 이해하며, 기도나 전도 혹은 예배와 같은 것들만 하나님 앞에서 가치 있는 것으로 간주하려는 이원론적 구조 속에서 이해되는 '영적 생활'에 관한 내용들에 대해서만 성경의 충족성이 적용된다고 보는 태도를 말하려는 것이다.

성경의 계시 이외의 또 다른 계시가 추가되어야 한다고 말하는 신비주의는 배제되어야 한다.

**성경의 신적 권위**

성경은 하나님의 권위 있는 말씀이다. 그런데 그 신적 권위란 교회의 권위에 의해서 세워지는 것이 아니라 성령의 영감된 역사에 기초하여 세워진 성경 고유의 권위이다. 교회의 권위에 기초한 성경의 권위를 말하는 가톨릭의 입장에 대하여 종교개혁자들은 성경이 하나님의 말씀이 되게 하는 것은 교회회의의 결정이나 교회의 증거가 아니라 성경 그 자체이며 성경 안에서 말씀하고 계시는 하나님 자신이라고 했다. 성경의 권위는 그 말씀이 하나님께서 말씀하신 내용이라는 사실에서만 찾을 수 있다.

웨스트민스터 신앙고백 제1장 4절에 보면, "······성경의 권위는 어느 사람이나 교회의 증거에 의한 것이 아니고 오직 진리 자체이시며 저자이신 하나님께 전적으로 의거한다. 따라서 성경은 하나님의 말씀이므로 그렇게 받아들여야 한다"고 설명한다. 즉 성경의 권위란 어떠한 인간의 결정이나 확인 혹은 감화 여부에 의해서 세워지는 것이 아니라 하나님께서 말씀하셨다는 사실에 기초한다는 것이다. 성경에서도 보면 에덴동산에서 아담에게 명하셨던 하나님의 말씀이 그의 행동을 구속하는 권위 있는 말씀이었던 이유는 그 명령이 하나님께서 말씀하신 것이었기 때문이다. 십계명의 권위도 그 계명을 주신 이가 구속자 되신 하나님 자신이라고 밝히신 사실에서 찾을 수 있다(출 20:2).

성경의 권위란 그 내용이 무오하다는 사실 위에서 세워지는 것도 아니며 그 성경의 내용에 대해서 독자가 주관적으로 감동되고 감화받은 사실에 기초하는 것도 아니다. 오히려 그러한 것들은 성경이 영감된 하나님의 권위 있는 말씀이라는 사실로부터 주어지는 결과들일 뿐이다.

즉 진리의 하나님이 말씀하신 내용들은 정확무오한 말씀임에 틀림없고 따라서 그 말씀을 읽는 자들의 영혼에 감동과 감화를 끼치게 되는 것은 사실이지만, 그러한 사실 때문에 성경의 권위가 세워지는 것은 아닌 것이다. 신앙고백서의 내용처럼 성경은 성령의 감동으로 기록된 '하나님의 말씀'이므로 그렇게 받아들여져야 하는 것이다.

따라서 이 신적 권위가 있는 말씀으로서의 성경의 속성은 그것이 하나님의 영감된 말씀이라는 사실로부터 주어지는 것이다.

## 성경은 영감된 하나님의 말씀

성경에 관한 교리의 내용을 제공해주는 자료는 하나님의 말씀이다. 왜냐하면 성경만이 모든 신학 연구의 유일한 원천이 되기 때문이다. 우리는 예수 그리스도의 사역을 말하는 기독론을 이해하기 위하여 세상 역사책을 연구하지 않으며 종말론의 가르침을 정립하기 위하여 노스트라다무스의 책을 연구하지 않는다. 기독교의 모든 교리는 하나님의 말씀인 성경이 말하는 것을 정리한 것이다. 그렇다면 기독교 교리들 중의 하나인 성경에 대한 교리를 말할 때에도 우리는 고고학의 자료를 먼저 살피거나 과학적 증거들을 먼저 연구하지 않고 성경이 말하는 바를 먼저 살펴야 한다. 그리하여 그 가르침의 내용들을 정리하고 이해하여 수용하는 것이 바르고 일관성 있는 태도인 것이다. 성경 말씀을 모든 사실과 인간의 사고 및 경험에 대한 진리 판단의 최종적인 기준으로 삼는 신학적인 입장을 일관성 있게 적용한다면 그것이 성경에 대해서 말하고 있는 바에 대해서도 같은 방향에서 이해하도록 해야 할 것이다. 즉 성경이 성경에 대해서 서술한 바가 성경에 대한 가장 진리적 설명이라고 봐야 하는 것이다. 따라서 우리는 먼저 성경 영감에 대한 성경의 증거를 살펴보려 한다.

## 성경 영감에 대한 성경의 증거

성경 영감과 관련된 대표적인 성구로는 디모데후서 3:16 "모든 성경은 하나님의 감동으로 된 것으로……"와 베드로후서 1:21 "예언은 언제든지 사람의 뜻으로 낸 것이 아니요 오직 성령의 감동하심을 받은 사람들이 하나님께 받아 말한 것임이라"를 들 수 있다. 전자의 말씀은 성경 중에 어떠한 부분은 성령의 감동으로 된 것이고, 다른 부분은 하나님의 말씀이 아닌 사람의 말이라는 견해를 분명히 거부하고 있다. 후자의 말씀도 예언으로 대표된 성경 말씀이 주어진 성격에 대해서 설명하는데, 성경이란 인간들이 제 마음대로 지어낸 말이 아니라 성령의 감동을 받은 사람들이 하나님으로부터 받은 내용을 기록한 것이라고 설명한다.

그러나 이렇게 신약성경의 구절들만을 나열하는 것만으로는 부족함을 느낄 수도 있다. 왜냐하면 그러한 구절들에서 언급된 '성경'이란 사실상 기독교회의 역사 속에서 신·구약성경이 최종적으로 확정되기 이전에 언급된 것이므로 오늘날 우리가 가지고 있는 성경을 모두 가리키는 것이라고 보기는 어렵다는 반론이 제기될 수 있기 때문이다. 그러나 그러한 반론은 신약성경의 저자들이 자신들을 통하여 기록된 말씀이 옛 언약의 계시 말씀과 같은 차원의 새 언약의 말씀계시로서 전 인류를 위한 하나님의 구원계시 말씀임을 인식하고 있었다는 사실을 지적함으로써 극복될 수 있다.

우리는 먼저 구약성경의 내용을 통해서 구약의 하나님의 백성들은 그들의 삶을 인도하는 절대적인 기준이 되는 '하나님의 영감된 말씀'이 그들에게 주어진다는 사실을 인식하고 있었음을 지적할 수 있다. 여호와 하나님과의 언약적 관계 속에서 그 언약적 삶의 기본적인 방향과 기준으로서의 권위 있는 하나님의 계시 말씀이 그들에게 주어진 사실에 대하여 분명히 인식하고 있었다는 것이다. 출애굽기 17:5, 14과 신명기 5:22, 32; 29:9; 30:9~10 등에서 나타나는 하나님의 말씀에 대한 그들의 태도는 언약적 백성으로서 그들의 삶의 규범으로 주어진 하나님의 계시 말씀이라는 분명한 이해가 있었음을 보여준다.

다음으로 구약 백성들이 하나님과의 언약적 관계 속에서 계시 받았던 권위 있는 말씀으로서 구약성경에 대한 인식은 신약시대를 살았던 신약의 백성들에게도 여전히 수용되었던 진리라는 점을 주목해야 한다. 이러한 인식은 신약 성도들이 그들의 신앙생활 속에서 발생된 문제들을 해결하기 위하여 구약의 말씀에 호소하려 했다는 사실로 입증된다. 그들은 그때마다 "기록되었으되(It is written……)", "성경에 일렀으되(Scripture says……)"와 같은 고정된 용어를 사용함으로써 구약의 말씀이 권위 있는 하나님의 말씀임을 공통적으로 인정하였다. 따라서 그 말씀에 호소했던 것이라고 볼 수 있는 것이다.

더 나아가 신약의 저자들은 자기들이 기록하고 있는 글이 구약성경 말씀과 적어도 동등한 권위의 말씀이라는 사실을 인식하고 있었다.

예를 들면, 사도 요한은 그의 복음서에서 위에서 언급한 "기록되었으되"라는 문구를 구약성경을 가리킬 때에도 사용했을 뿐 아니라(6:31; 8:17) 자신의 글에 대해서도 동일하게 적용하여 사용하고 있다(20:31).[8] 또 데살로니가전서 2:13에 보면 신약성경의 저자들이 전한 말씀은 사람의 말이 아니라 믿는 자 속에서 역사하는 하나님의 말씀임

---

8) 우리말 성경에는 이 구절이 "오직 이것을 기록함은"이라고 번역되었으나, 원문상으로는 '게그라프타이'라는 헬라어 단어가 사용되고 있다.

을 강조하고 있다. 또한 신약의 저자들은 그들이 말한 바가 사람의 지혜의 가르친 말로 한 것이 아니며 오직 성령이 가르쳐주신 바대로 한 것임을 주장한다(고전 2:11~13). 데살로니가후서 3:14에서는 사도 바울이 그들이 전한 말씀을 구약성경의 권위와 동등하게 보고 그들의 말에 불순종하면 출교시킬 것을 강력하게 명하고 있다. 이처럼 신약성경의 저자들이 자신의 글에 대하여 가졌던 신적 권위에 대한 확신은 성경 안에 매우 분명하게 제시되고 있다.

마지막으로 신약성경의 저자들은 자신들의 글의 신적 권위뿐만 아니라 자신들과 함께 새 언약을 받아 기록하고 있는 다른 동료들의 글도 자신의 글과 같은 신적 권위를 지닌 계시 말씀임을 인식하고 있었다는 사실이다. 그 예로 디모데전서 5:18에 보면 바울은 두 구절을 성경이라고 부르면서 인용하고 있는데, 하나는 신명기 25:4의 말씀이고 또 다른 구절은 누가복음 10:7의 말씀이다. 즉 구약의 신명기와 신약의 누가복음을 공히 하나님의 성경으로 인식하였음을 알 수 있다. 또한 베드로후서 3:14~16에 보면 베드로 사도는 바울의 글을 다른 성경과 같은 위치에서 평가하고 있다.

따라서 신약성경의 저자들이 '성경'이라고 불렀을 때 비록 공식적으로 교회회의에서는 확정되지 않았을지라도, 그들이 기록하고 있는 글들이 구약성경이 지니고 있는 신적 권위와 같은 권위를 지닌 새 언약으로서 하나님의 계시 말씀이라는 분명한 인식 속에서 기록되었음을 알 수 있다. 그러므로 신약의 저자들이 지칭하는 '성경'이란 하나님께서 그들에게 계시하시고 있는 (옛 언약의 말씀과 동등한 신적 권위를 지닌) 하나님의 새 언약의 말씀들을 의미했다는 사실이 분명해지는 것이다. 그리고 앞에서 보았듯이 성경이 하나님의 권위 있는 말씀이라는 사실은 교회회의의 결정에 의해서 세워지는 것이 아니라 그 말씀이 성령의 감동을 입은 영감된 사람들을 통하여 하나님께서 말씀하신 내용이라는 사실 위에서 확보되는 것이다. 이러한 점을 고려해 볼 때 그들이 말했던 '성경'이란 오늘 우리들의 손에 쥐어진 옛 언약과 새 언약의 말씀인 신·구약성경을 의미했던 것이라고 말할 수 있는 것이다.

## 성경 영감에 대한 다양한 견해들

성경 영감의 사실을 인정하고 말한다 하더라도 어떠한 방식으로 설명하느냐에 따라 여러 가지 견해가 제시될 수 있다. 이를 간단히 두 가지 방식으로 분류해 보면 영감의 성질에 따른 분류와 영감의 정도에 따른 분류로 나누어 볼 수 있다. 먼저 영감의 성질에 따라 분류하게 될 때 세 가지 견해를 지적해 볼 수 있다.

### 기계적 영감설

이 견해는 인간 저자들이 성경을 기록할 때 하나의 수동적 매개체로서만 그 기능을 감당한 것으로 보는 입장이다. 개혁주의에서 말하는 성경 완전 영감의 가르침에 대한 오해들 중의 하나이다. 완전 영감 교리는 인간 저자가 반드시 수동적 매개체로 남아야 할 것을 주장하지 않기 때문이다. 물론 구약의 선지자들에게 말씀하셨던 것처럼 단순한 받아쓰기(Dictation)의 방식으로 계시된 부분이 있음도 부인해서는 안 될 것이다. 그러나 대체적으로 하나님께서는 인간 저자의 성격, 자라온 배경, 지식 정도 등을 정지시키지 않고 성경을 기록하게 하셨다.

### 동력적 영감설

기계적 영감설이 영감의 방식에 있어서 신적 요소를 강조한 입장이라고 한다면 이 견해는 인적 요소를 강조한 입장이라고 볼 수 있다. 이 견해는 성경의 내용이 어떠한 종교적 통찰력이 뛰어난 사람들에 의해서 기록되었다고 보는 것이다. 즉 성경은 인간 저자의 종교적 체험이나 종교적 감정의 소산일 뿐 어떠한 초자연적인 요소도 개입되어 있지 않다고 보는 입장이다. 그렇게 볼 때 성경은 전적으로 인간의 주관적인 경험과 사고의 산물이 되므로 오류가 있을 수밖에 없는 유한한 인간의 글이 되고 만다.

**유기적 영감설**
가장 올바른 견해는 신적 요소와 인적 요소를 균형 있게 성경적으로 연결시킨 유기적 영감설이다. 하나님께서는 그의 예시를 인간들에게 주실 때 그냥 하늘로부터 던져주신 것이 아니다. 예외적인 경우를 제외하고는 인간 저자들의 교육 정도, 자라온 배경, 재능, 언어구사 방식, 인격 등을 정지시키지 않고 오히려 그것들을 유기적으로 활용하셔서 성경을 기록하게 하셨다. 그러므로 다윗이 쓴 시편에는 다윗의 생애의 경험들이 나타나고, 바울서신 속에서는 바울의 문체가 드러나며, 누가복음 속에는 의사였던 누가의 기술방식이 드러나게 되는 것이다.

그러나 물론 그것들을 사용해서 기록하신 궁극적인 주체는 하나님이시므로 그분이 인간적인 요소들을 충분히 활용하시되 모든 죄와 오류의 영향으로부터 보호하셔서 그의 뜻이 온전히 계시되도록 기록하게 하신 것이다. 이처럼 성경은 그 영감의 방식에 있어서 신적 요소의 분명한 주도적인 역사를 잃지 않으면서도 그 신적 요소가 인적 요소를 배척하는 것이 아니라 오히려 포함하며 유기적으로 연결되어 기록된 것으로 이해해야 한다.

다음으로 영감된 정도에 따라 분류하게 될 때도 다음과 같이 세 가지 견해를 제시할 수 있다.

**부분영감**

성경의 영감된 범위를 제한하여 설명하려는 입장으로 성경에서 서술되는 내용들 중에서 지리적 사실이나 역사적 사실 혹은 문화적 내용들에 대한 영감은 거부하고 어떠한 제한된 내용들만 영감을 인정하는 것이다. 예를 들면, 예수님께서 직접적으로 진술하신 구절이나 교리적인 진술 내용들만이 하나님의 영감된 말씀이라는 것이다. 그러나 성경은 '모든 성경'이 하나님의 감동으로 기록된 것이라고 말하고 있다(딤후 3:16). 또한 부분적인 내용들로만 제한한다고 할 때에도 그 구체적인 경계선을 긋는 기준을 어떻게 객관적으로 확보하느냐 하는 문제가 제기된다.

**사상만의 영감**

이 견해도 부분영감의 성격을 띠고 있는데, 특히 성경의 핵심적인 사상들만 영감된 것으로 말하려는 입장이다. 사상과 단어를 구별하여 하나님의 영감이란 성경을 통하여 제시하려는 하나님의 핵심적인 사상(주장)에만 역사한 것이지 그 사상이 표현되는 단어 하나하나에까지 영감된 것은 아니라는 것이다. 그 표현된 단어들은 인간들이 마음대로 취사선택하여 기록된 것으로 간주함으로써 역시 오류된 표현이 포함될 가능성이 있는 것으로 말하는 위험한 견해이다. 사실 어떠한 사상 내용과 그 사상을 표현하는 단어들은 분리하여 생각할 수 없다. 그 표현되는 단어의 개념들에 의해서 그 전체적인 사상의 의미가 형성되는 것이므로 그 사상은 영감되나 그 사상을 표현하는 단어들은 영감되지 않은 채로 남아 있을 수 없기 때문이다.

**완전축자영감**

이 견해는 성경의 핵심적인 사상이나 교리적인 주장들뿐만 아니라 그것들을 표현하는 단어 하나하나까지 모두 하나님의 영감으로 기록되었다고 보는 입장이다. 모든 성경이 하나님의 감동으로 된 것이라는 말씀(딤후 3:16), 성경에 기록된 것들 외에 조금이라도 더하거나 감할 수 없다는 말씀(계 22:18~19), 성경은 폐하여질 수 없다는 말씀(요 10:35) 등의 가르침들은 모든 성경 내용이 다 하나님의 감동으로 기록된 말씀임을 말하고 있다. 따라서 이 견해가 영감에 대한 가장 성경적인 이해인 셈이다.

## 정확무오한 말씀

역사적 기독교회는 성경을 하나님의 영감으로 기록된 정확무오한 말씀이라는 신앙고백을 해왔다. 그런데 현대 자유주의 신학의 물결이 들어오면서 성경의 권위에 대한 심각한 도전이 있어왔다. 그 도전들은 복음주의자들 중에서도 발견될 정도로 역사적 기독교회에 끼친 폐해가 심각하다. 따라서 역사적 기독교회가 소유해왔던 사도적 신앙고백적 가르침에 대한 현대의 도전들을 역사적으로 간단히 살펴보고 성경적인 입장에서 평가해보면서 올바른 개혁주의적 입장을 정리해 보려 한다.

### ▎19세기 현대성서비평

19세기 독일의 자유주의 신학은 성경에 대한 비평적 연구를 시도했다. 인간의 이성을 절대시하는 세속적 합리주의 사고의 영향 아래서 성경도 여느 역사책들과 다름없는 인간의 저술이라고 보고, 인간의 이성과 과학적 기준의 수술대 위에서 평가되고 심판받게 하였다. 인간의 이성이 모든 진리 판단의 최종적인 기준이 되므로 성경의 권위는 거부되고 이성의 판단에 의해서 성경의 내용들이 평가되었다. 세속적, 합리주의적 사고방식으로만 세상을 바라볼 때 인간의 세상에는 어떠한 초자연적인 역사도 발생될 수 없는 것이며, 따라서 초자연적인 계시의 가능성도 수용되지 못하였다. 성경에 기술된 어떠한 초자연적인 이적의 역사나 성령의 초자연적인 계시의 역사도 불가능한 것으로 간주되므로 신적 영감의 사실도 수용될 수 없으며, 성경은 단지 동력적 영감의 차원 정도로밖에 설명될 수 없게 되었다. 그러므로 성경은 성령의 감동으로 기록된 무오한 하나님의 말씀일 수 없으며 단지 인간의 종교적 감정이나 통찰력의 산물로서 전적으로 인간의 작품으로만 여겨지게 되었다. 결코 신적 영감에 의한 무오성의 개념이 수용될 수 없는 결과를 가져왔던 것이다.

## 바르트로 대변되는 신정통주의

신정통주의란 위에서 설명된 19세기 현대성서비평을 시도한 구 자유주의의 입장을 반박하고 성경으로 돌아갈 것을 주장한 신학이었다. 그러나 그들은 역사적 기독교회의 가르침으로 돌아온 것이 아니라 정통신학의 입장도 비판했다. 그래서 신정통(Neo-orthodoxy)이라 불리게 된 것이다.

그들은 구 자유주의의 입장이 기독교의 독특성을 제거시키고 특히 하나님의 초월성을 무너뜨려 인간 중심의 신학으로 전락시켰다고 비판했다. 또한 구 자유주의가 말하는 신학 속에는 초월적인 하나님의 계시 말씀이 들려지지 않으며 단지 인간의 사상과 인간의 음성만이 들릴 뿐이라고 비판했다.

그런데 동시에 바르트는 정통주의자들에 대해서도 초월적인 하나님의 계시를 인간의 글과 동일시하는 어리석음을 범한다고 비판했다. 하나님의 영원한 구원의 계시는 인간의 글 안에 갇혀 있을 수 없으며 단지 인간이 증언할 뿐이라고 주장했다. 즉 우리가 가지고 있는 성경책은 유한한 인간의 글일 뿐이며, 따라서 구 자유주의자들이 제시한 성경비평의 타당성을 인정하였다. 그럼으로써 그 오류가 있는 인간의 글들을 하나님의 계시와 동일시한 정통주의자들의 입장을 성경책 숭배의 오류에 빠진 것으로 보고 비판했던 것이다.

그리고 성경은 하나님의 계시 말씀(Word of God)이 아니며 단지 그 계시에 대한 인간의 증언(Witness)에 불과하므로 그 성경 말씀(Words of God)을 비판하고 비평하는 구 자유주의의 입장에는 문제가 없는 것으로 보았다. 단지 그 성경 말씀을 통해서 하나님의 초월적 계시 말씀을 듣지 못하고 있는 것이 문제라는 것이다. 결국 이 입장은 구 자유주의의 성경비평의 전제들은 수용하면서도 성경이 하나님의 말씀이 될 수 있다는 주장을 가능케 했다고 평가해 볼 수도 있다.

그러나 이것은 결국 성경이 인간의 글이며, 따라서 제한되고 유한한 인간의 지식과 이해에 의해서 기록되었으므로 오류가 있을 수밖에 없다고 결론짓는 것에 문제가 있는 것이다. 성경 말씀은 하나님의 말씀이 될 때가 있을 뿐 보통 때에는 인간의 글로서만 남게 되기 때문이다. 바르트의 문제점은 성경이 유한한 인간을 통하여 기록되었으나, 성령의 감동과 인도하심을 따라 기록된 것이므로 인간 저자의 오류나 죄의 영향에서 보호되었으며 오류 없는 진리의 말씀으로 기록될 수 있었다는 사실을 거부하는 데 있는 것이다.

그러므로 바르트는 하나님의 계시 말씀의 초월성만을 강조한 나머지 성경이 성령의 감동으로 기록된 하나님의 말씀임을, 즉 소위 말하는 '그리스도 사건(Christ-Event)'이 발생되지 않을 때에도 언제나 하나님의 말씀인 사실을 거부한 것이라고 볼 수 있다. 바르트는 성령의 조명하심과 영감을 혼동했다고 볼 수 있다. 성령의 깨닫게 하시는 조명의 역사로 우리는 말씀에 감동하고 체험을 얻게 되는 것이 사실이다. 그러나 그러한 조명의 역사가 있을 때에만 성경이 하나님의 말씀이 되는 것은 아니다. 우리에게 감동이 되지 않을 때에도 그것은 하나님의 영감으로 기록된 하나님의 계시 말씀인 것이다. 조명하심은 오늘도 계속되는 성령의 역사이지만, 영감이란 성경이 기록될 때 완료된 성령의 역사로서 그 완료된 영감의 역사에 의해서 성경은 언제나 하나님의 영감된 말씀인 것이고 따라서 정확무오한 말씀이 되는 것이다.

## ▎복음주의 안에서 변형된 견해들

정확무오한 하나님의 말씀에 대한 도전들은 현대 자유주의 신학자들이나 신정통주의자들에 의해서만 제기되었던 것은 아니다. 심지어 복음적 신앙을 공유한다고 간주되었던 복음주의자들까지도 정확무오한 하나님의 말씀을 믿는 이러한 역사적 기독교회의 신앙을 왜곡시키기 시작했다.

예를 들면 네덜란드의 개혁주의 신학자 벌카우어는 그의 사상이 초기와 후기로 나뉘는데 초기의 신학은 전통적인 개혁주의 신앙에 서 있었으나, 후기에 와서는 전통적인 개혁주의 신앙을 떠난 주장들을 제시하고 있다. 그의 변형된 후기 사상 중에 바로 여기에서 논의되고 있는 성경의 무오성을 거부한 그의 견해가 포함된다.

그는 성경을 마치 하늘에서 던져진 것처럼 여기려는 근본주의적인 성경 이해를 비판했다. 성경이 전적으로 하나님의 역사라는 점만을 강조하면 그것이 무오한 말씀임을 말하는 데는 효과적인 주장이 되지만, 인간 저자의 중요성을 인식하는 데는 바람직하지 못한 주장이 된다는 것이다. 그는 전통적인 성경관 속에는 인간 저자의 중요성이 분명하게 인식되고 있지 못하다고 보았다. 성경의 인간 저자들은 유한한 존재이므로 그들의 지식이나 기술 정도에 있어서 당시의 문화적 상황 속에 갇혀 있는 시대 제약적인 존재일 뿐이라는 것이다. 따라서 그 인간 저자에 의해서 기록된 성경의 계시 말씀은 각각의 시대상황의 제약 아래 있으므로, 그 말씀을 영원한 진리로만 이해하려는 것은 인간 저자의 중요성을 간과하는 실수를 범하는 것이라고 생각했다.

그러므로 인간 저자들이 사용한 역사적 표현들은 유한한 인간 차원에서의 진술로 이해해야 하며, 우리가 중요시해야 하는 것은 성경이 전달하고자 하는 핵심적인 목적과 의도라는 것이다. 성경은 결코 과학적으로 정밀하게 입증하기 위해 쓰인 책이 아니며 단지 종교적, 영적 진리를 전달해주려는 책일 뿐이다. 그러므로 성경을 통해서 하나님께서 전달하고자 의도하셨던 구속적인 진리를 표현하는 한에서만 무오하다는 주장을 해야 한다고 보았다.

우리는 이와 유사한 가르침들을 미국의 복음주의자들에 의해서도 듣게 된다. 로저스와 맥킴과 같은 신학자들도 불오(Infallibility)와 무오(Inerrancy)의 개념을 구별하여 벌카우어와 같은 이분법적인 방식으로 성경을 갈라놓는다. 불오란 성경 안에서 종교적이고 영적인 내용에 관한 한 성경이 오류가 없다고 말하는 것이고, 무오란 성경의 모든 내용, 즉 성경의 영적 메시지와는 직접적인 연관이 없는 것으로 여겨지는 역사적 사실, 지리적·과학적 사실들까지 포함하여 성경 안에 기록된 모든 내용이 정확무오한 하나님의 말씀이라고 보는 개념이다. 그들에 의하면 후자의 입장은 17세기 정통주의의 산물일 뿐 역사적인 기독교회의 입장이 아니라고 주장하여 전자의 입장만을 수용하려 했다.

## 개혁주의의 답변

역사적 기독교회의 신앙을 보존하려는 개혁주의 신학자들은 벌카우어나 일부 복음주의자들의 왜곡된 이분법적 성경관에 대해서 그것이 왜 불가능한 입장이며 성경적인 견해가 될 수 없는지를 다음과 같이 설명하고 있다.

첫째, 이러한 이분법적인 접근방식은 핵심적인 복음의 메시지 내용과 그 주변의 역사적인 형식을 분리해서 말하려 한다. 그러나 사실 기독교는 복음의 내용과 그 복음이 형성된 역사적 상황과 분리될 수 없는 성격의 종교이다. 기독교의 복음은 갈보리 언덕에서의 역사적 상황 속에서 형성된 것이며, 구약 이스라엘의 역사 속에서 하나님과의 언약적 관계가 형성된 것이다. 즉 구속사적 사건들은 모두 인간역사의 현장에서 주어졌던 것이다.

둘째, 그러므로 우리는 복음의 메시지 내용과 그 내용을 형성하는 역사적 상황에 대한 성경의 기록 모두가 온전히 신적 기원을 갖고 있으며, 또한 인간 저자의 요소가 있음을 말해야 한다. 성경의 어떤 부분은 인간적인 요소로만 기록되었고, 어떤 부분은 신적 기원을 갖고 있다고 보는 것은 잘못된 이분법이며, 성령님은 성경의 원저자로서 '형식'과 '내용' 모두에 관계하신 것으로 보아야 한다. 즉 성경의 어떠한 부분도 성령님의 영감역사에서 제외되어 인간 저자의 손에만 맡겨져서 기록된 것은 없다.

셋째, 근본적으로 과학의 영역과 구원의 영역은 분리될 수 없다. 우리가 앞에서도 지적했듯이 하나님의 말씀은 전 포괄적인 권위를 지니고 있다. 그런데 그것은 사실상 하나님의 주권의 전 포괄성에 기초해 있는 것이며, 우리가 우주 만물과 모든 인간 영역을 주관하시는 하나님의 전 포괄적인 주권을 수용한다면, 그분이 성경을 기록하게 하실 때 영적인 영역에만 관여하셔서 그 영역에서만 오류가 없게 하셨고, 그 밖의 다른 영역에서는 관여하실 수 없었다고 말할 수 없다. 만일 하나님께서 다른 영역에서 무오함을 보장하실 수 없다면 어떻게 그가 영적인 영역에서도 무오함을 보장하실 수 있다고 말할 수 있겠는가? 성령의 감동이란 성경의 모든 부분에까지 미친 것으로 보아야 한다. 하나님의 계시 말씀은 소위 '구원'의 영역에서만 의미 있는 말씀이 아니며 과학적, 역사적, 그 밖의 모든 영역에서 의미 있는 계시여야 하기 때문이다.

끝으로 성경의 권위를 핵심적인 내용과 형식적인 부분으로 나누어 신자들이 성경 속에서 핵심적인 내용의 부분들만을 유일한 하나님의 계시 말씀으로 받는다고 한다면, 그들은 성경을 대할 때마다 성경 속에서 어느 부분이 하나님의 참 말씀인지를 결정해야 하는 문제점이 발생하게 된다. 그리고 그러한 결정이 결국 신자 자신의 주관적인 판단에 의해 이루어지게 된다고 하면, 결국 하나님의 말씀은 인간의 결정에 의해 좌우되는 결과를 가져오게 된다.

따라서 성경의 핵심적인 메시지를 판단할 수 있게 하는 또 다른 제3의 하나님의 객관적인 계시 말씀이 주어지지 않는 한 그러한 이분법적인 접근방식은 그 핵심적인 내용의 타당성 및 한계설정을 인간 자율이성에 호소하게 되는 결과를 가져오게 된다. 그리고 결국 성경의 권위는 인간의 자율적 이성의 결정에 의해 좌우되는 결과를 낳게 되는 것이다.

결론적으로 현대 자유주의자들, 신정통주의자들 그리고 일부 복음주의자들로 이어지는 성경 말씀에 대한 불신적 태도들은 성경의 영감 및 권위에 대한 인본주의적인 접근 방식에 기인한다고 볼 수 있다. 성경의 모든 내용을 하나님의 영감된 정확무오한 말씀으로 받느냐의 문제는 결국 성경의 증거를 성경 교리 이해를 포함한 인간의 모든 사고와 진리판단 등에 대한 최종적인 기준과 설명으로 수용할 수 있는가의 문제인 것이다. 우리가 삼위일체의 교리나 성육신의 교리를 진리로 받는 것은 그 교리의 모든 내용들에 대해서 과학적이거나 충분히 납득될 만한 설명이 제시되어서가 아니라 성경이 그것을 말하고 증거하기 때문이다. 과학적이고 객관적인 증거들은 부차적인 요소일 뿐이다. 그렇다고 한다면 성경을 영감되고 정확무오한 말씀으로 말하는 성경의 가르침도 그것이 성경에서 증거되고 제시된 내용이라고 할 때, 그것을 그대로 믿고 수용하는 것이 일관성 있는 신앙인의 태도가 되는 것이다.

## 생각해 볼 문제

1. 자연계시와 초자연계시는 어떻게 다른가?

2. 특별계시는 왜 주어져야만 했는가?

3. 히브리서 1:1~2의 말씀은 계시의 종결성을 어떻게 설명해주는가?

4. 하나님의 말씀은 어떠한 성격을 지니고 있는가?

5. 성경의 명료성이란 무슨 뜻인가?

6. 성경의 충족성이란 무슨 뜻인가?

7. 성경의 영감을 설명하는 성경구절들을 제시하라.

8. 유기적 영감설이란 무엇인가?

9. 사상만의 영감이란 왜 잘못된 견해인가?

10. 바르트의 성경관은 무엇이 잘못되었는가?

**제3장**

# 하나님의 속성

하나님의 말씀인 성경에 대한 이해를 기초로 하여 이제 성경이 제시하는 여러 가지 진리를 정리해보려 한다. 이를 위해 우주 만물과 모든 존재의 근원이 되시는 하나님은 어떠한 분이시며, 또 무슨 일을 계획하시고 진행시키셨는지 성경 말씀에 따라 살펴보자.

# 제3장 | 하나님의 속성

## 하나님을 아는 지식의 중요성

먼저 하나님을 아는 지식이 왜 인간 혹은 신자들에게 중요한 것인지에 대하여 몇 가지 방향에서 정리해 보자.

**근본적으로 인간의 본질적인 문제이다.**
어떤 신학자는 모든 인간은 신학자로서의 운명을 갖고 태어나게 된다고 말했다. 그 말은 칼빈이 말한 대로 인간은 누구나 종교의 씨(Seed of religion)를 갖고 있으므로 어떠한 방식으로든지 절대자에 대한 추구를 하게 된다는 의미에서 이해될 수 있다. 달리 말하면, 인간은 하나님의 형상으로 지음받은 존재이므로 하나님을 생각하고, 그분에 관해서 말하며 혹은 경배하게 되는 것이 인간의 근본적인 성향일 수밖에 없는 것이다.

이러한 의미에서 인간은 누구나 하나님을 아는 지식에서 도피할 수 없는 존재이며 어거스틴 역시 "당신은 우리를 창조하시되 당신을 위하여, 당신을 찬양하기 위하여 그렇게 하셨으며 그래서 우리들의 마음은 당신 안에서 안식을 얻을 때까지 안정할 수 없다"(Confession I.1.1.)라고 말했다. 더 나아가 우리는 하나님에 대한 올바른 지식이 없이는 자신을 올바르게 이해할 수 없다고 칼빈과 함께 말하게 되는 것이다(『기독교강요』 1권 1장).

**인간의 특권은 하나님을 바로 알고 이해하는 것이다.**
예레미야 선지자는 인간이 누릴 수 있는 최고의 특권은 인간의 지혜로움도 용사의 용맹도 부자의 부함도 아니며, 오히려 하나님을 아는 지식이라고 했다(렘 9:23). 특히 언약관계 속에 계신 하나님을 아는 지식을 갖는 것을 강조한다(렘 31:31~34). 인간의 구원이란 아담의 범죄로 말미암아 깨어진 신 지식(Knowledge of God)을 회복하는 것으로 설명될 수 있다. 새 사람으로 지음받는 내용들 중의 하나는 '지식에까지'도 새롭게 되는 것이다(골 3:10). 물론 여기에서 말하는 신 지식이란 좁은 의미에서의 신론(Doctrine of God)만을 뜻하는 것은 아니다.
  하나님의 계시의 말씀인 성경이 제시하는 많은 진리들은 모두 그 진리를 알고 사는 인생들로 하여금 진정으로 의미 있는 인생을 사는 복을 누리게 한다는 것이다.

**예수님의 구원 내용과 신자의 신앙생활의 핵심 요소이다.**
예수 그리스도의 계시의 핵심적인 내용은 하나님에 관한 지식이다(마 11:27). 요한복음에서 예수님은 그의 기도를 통하여 영생의 의미를 하나님과 그의 보내신 자 예수 그리스도를 아는 것으로 설명하고 있다. 데살로니가전서 4:5에 의하면 이방인이란 하나님을 모르는 자들이다.

신자들의 진정한 영적 성장은 "하나님을 하는 것에서 자라나는 것"으로 표현된다(골 1:10). 그들의 영혼이 하나님의 평강과 은혜를 아는 복으로 채워질 때 영적으로 성숙한 신앙인으로 나아가게 되는 것이다.

**하나님에 관한 잘못된 지식은 문제를 일으킨다.**
자유주의자들의 잘못된 성경관은 그들이 성경의 하나님을 초자연적인 역사를 일으킬 수 없는 존재로 제한시켜 바라보기 때문이라고 할 수 있다. 신정통주의자들의 잘못된 성경관도 그들이 성경의 하나님을 초월자로만 이해할 뿐 동시에 인류 역사의 현장에 들어와 머무를 수는 없는 존재로 제한시켜 바라보기 때문이다. 따라서 성경적인 바른 신관을 확립하는 것은 성경적인 신학내용 형성에 중요한 영향을 주게 되며 또한 실제적인 신자의 신앙생활에도 중요한 영향을 끼치게 된다.

예를 들면 마태복음 6장에서 예수님께서 지적하시는 바리새인들의 잘못된 기도생활, 구제와 금식생활은 은밀한 중에 보시는 하나님에 대한 분명한 이해가 없었기 때문이었다. 탕자의 비유에 나오는 큰아들의 불평하는 태도도 자식의 실수를 용납하시는 은혜 많으신 아버지 하나님에 대한 올바른 이해의 결여에 기인하는 것이라고 하겠다. 근원적으로 인간은 에덴동산에서 그들의 조상 때부터 하나님의 말씀을 절대적인 진리의 기준으로 생각하지 않고, 자신의 생각과 판단을 더 진리라고 보았다. 이렇게 절대적 진리 되신 분으로서의 하나님에 대한 올바른 이해의 결여로 말미암아 인간은 하나님의 극심한 진노 아래 놓이게 되었던 것이다.

이렇게 볼 때 하나님을 아는 지식은 넓게는 인간 존재의 근본적인 문제와 관련해서 그리고 좁게는 신자의 구원과 구원받은 이후의 삶에 있어서 핵심적이고도 중요한 부분이 된다고 볼 수 있다.

## 하나님에 관한 지식을 얻는 방법

그러면 그렇게 인간의 삶과 신앙생활에 핵심적이고 중요한 요소가 되는 신 지식은 무엇으로부터 주어지는가? 그것은 하나님의 계시를 통하지 않고는 주어질 수 없다. 먼저 자연계시를 통하여 주어지는 신 지식에 대해 살펴보고 그 후에 초자연계시를 통한 신 지식에 대해서 생각해보자.

### ▎자연계시

위대한 개혁주의 신학자들은 모든 우주가 바로 하나님의 계시 내용이라고 했다. 특히 칼빈은 모든 우주는 하나님의 영광을 선포하는 연극장의 무대와 같다고 했다. 우주 만물이 하나님의 피조세계라고 한다면 그 만물들로부터 우리는 그분의 손길과 창조자의 숨결을 느낄 수 있을 것이기 때문이다. 이러한 자연 만물로 말미암는 계시에는 인간 자신과 인간 이외의 다른 피조세계가 포함된다고 볼 수 있다.

#### 인간 자신

인간이 하나님의 형상으로 지음을 받았다고 한다면 인간 자신은 하나님의 존재를 표현해주는 통로 중 하나임에 틀림없다. 왜냐하면 하나님의 형상으로 존재하는 인간의 모습 속에서 우리는 하나님 존재의 성격들을 발견하게 될 것이기 때문이다. 의로움과 진리와 거룩함으로 이해되는 하나님의 형상이 그리스도의 복음으로 말미암아 인간 안에 회복될 내용들이라면(엡 4:24), 비록 아담의 타락 이후로 깨어지기는 하였을지라도 그러한 요소들을 불완전하게라도 지니고 있는 인간의 모습은 하나님의 존재의 성격들 중의 일부를 표현해주고 있는 것이 된다. 즉 하나님의 진리 되심과 의로우시고 거룩하신 존재 되신 사실을 알 수 있게 되는 것이다.

또한 인간의 인격적인 부분이나 만물의 통치자로서의 위치(창 1:26) 등은 하나님 존재의 인격적인 성격과 우주 만물의 통치자로서의 위치를 반영해주고 있다. 이렇게 볼 때 인간은 하나님의 형상이므로 그의 존재 자체가 바로 하나님의 존재의 성격을 나타내주는 하나님의 계시 중의 하나가 된다.

**모든 자연과 우주 만물**

인간들로 하여금 다스리라고 주어진 모든 자연과 우주 만물도 모두 하나님의 지식과 손길이 어떠함을 전달해 준다. 시편 기자의 말과 같이 하늘은 하나님의 영광을 선포하고, 궁창은 그 손으로 하신 일들을 나타내고 있다(시 19:1), 우주의 어느 한 구석도 인류 역사의 어느 한 시점도 하나님의 손길과 숨결 그리고 통치에서 제외될 수 없다. 사도 바울의 말과 같이 창세로부터 그의 보이지 아니하는 것들 곧 그의 영원하신 신성이 그 만드신 만물에 분명히 보여 알게 되었다(롬 1:20). 인간들의 죄와 하나님에 대한 반역의 마음 때문에 그들이 최초의 조상과 같이 하나님의 통치를 거부하고 있을 뿐이지 그들이 결코 핑계할 수 없는 하나님의 분명한 계시가 자연 만물로부터 모든 인간들에게 제시되고 있는 것이다(롬 1:20).

## ▌ 초자연계시

앞에서 언급했듯이 인간은 자연계시만으로는 하나님에 관한 지식을 온전히 파악할 수 없고, 특히 아담의 타락 이후로 인간의 흐려진 양심의 상태에서는 구원에 이르는 지식을 소유할 수 없게 되었다. 그래서 그러한 불행한 상황에 놓인 인류를 구원하기 위하여 초자연계시가 주어지게 되었다.

### 타락 전 초자연계시

타락 전 초자연계시란 에덴동산에서 아담이 범죄하기 전에 하나님께서 음성으로 전해주신 계시로서 소위 말하는 '행위언약'의 내용을 담고 있는 창세기 2:16~17의 말씀이다. 이 계시도 자연계시가 전해줄 수 없는 인류에 대한 하나님의 구체적인 계획과 뜻을 담고 있는 것은 사실이나 아직까지는 범죄하기 이전이므로 구속적인 성격은 갖고 있지 않다. 그러나 그 계시의 내용 속에는 생명과 죽음에 대한 약속이 제시되고 있다.

### 타락 후 초자연계시

초자연계시란 일반적으로 타락 후에 멸망으로 향하는 인류를 구원하기 위한 목적으로 주어진 특별계시와 연관하여 이해된다. 창세기 3:15의 원시복음의 내용과 같이 그것은 타락한 인류를 구원하기 위한 구속적인 성격을 띠고 있다. 근본적으로 인간의 죄 문제를 해결하는 것이라고 표현되지만 그 죄의 문제를 해결하는 내용 속에는 하나님에 관한 지식의 회복도 포함된다(골 3:10). 자연을 통해서 전달되는 하나님의 영원하신 능력과 신성에 대한 올바른 이해가 이전까지는 불가능했으나 이제 가능하게 되는 역사가 이 타락 후 초자연계시를 통해서 성취되는 것이다. 그리고 바로 이러한 역사를 일으키는 초자연계시의 가장 중요한 부분이 하나님의 계시 말씀인 성경인 것이다.

## 하나님을 아는 지식의 성격

여기에서 우리는 하나님을 아는 지식과 일반적인 학문적 지식의 차이점을 간단히 지적하고 넘어가려 한다. 왜냐하면 하나님에 관한 지식은 일반적인 학문의 지식과는 다른 독특한 성격을 가지고 있기 때문이다. 그러면 신 지식이 가지고 있는 독특한 성격은 무엇인가?

**인격적인 관계를 포함하는 지식이다.**
하나님을 아는 지식이란 그분과의 인격적인 관계를 포함하는 지식이다. 단순히 하나님에 관해 지식적으로 알고 있는 지식(knowledge about God)은 그분과 인격적인 신뢰 관계가 형성되지 않았을 때에도 가능하다.[9] 그러나 참된 신 지식이란 하나님을 인격적으로 만나 그분을 알게 되는 지식이다(Knowledge of God). 즉 그분을 나의 주, 나의 하나님으로 고백하고 그분을 모시고 경배하며 사랑하는 인격적인 관계를 맺는 차원이 포함된 지식이다.[10]

**유한한 성격을 갖고 있는 지식이다.**
먼저 우리가 구별해야 할 것은 하나님께서 갖고 계신 신 지식과 인간이 갖고 있는 신 지식의 차이이다. 그리고 여기에서 지적되는 유한한 성격이란 인간이 갖고 있는 신 지식에만 관련된 것이다. 하나님의 신 지식은 완전한 것이지만, 인간이 가지고 있는 신 지식은 한계가 있는 지식

---

9) 여기에서 말하는 인격적인 신뢰의 관계를 성경에서는 '언약적 관계'라고도 하는데 그러한 언약적 관계 안으로 들어오지 않고서도 하나님에 관한 여러 가지 사실들을 지식적으로 가질 수 있다.
10) 마태복음 7:23에서 "내가 너희를 도무지 알지 못한다"고 하신 예수님의 말씀을 이러한 각도에서 이해할 수 있다.

이다. 물론 그 제한된 범위 안에서 주어진 내용은 참된 것이나 하나님께서 자신에 대해서 알고 계신 것과 동일한 만큼의 완전한 지식은 아닌 것이다. 즉 우리는 하나님께서 자신에 대해서 알고 계신 것만큼 완전한 이해를 할 수 없으므로 우리의 신 지식은 유한한 성격을 갖게 되는 것이다. 이러한 의미에서 우리는 성경의 교리가 말하는 내용들 중에 온전히 설명되기 어려운 부분들이 있는 이유를 이해하게 된다.[11]

### 구속계시사적으로 특징지어진 지식이다.

이 말은 하나님에 관한 지식이란 구속사적으로 주어진 하나님의 계시를 통해서만이 형성되는 지식이라는 것이다. 즉 인간은 인간 스스로 하나님을 알 수 있는 체계를 세울 수 없다. 오직 하나님이 계시하는 길로만 따라갈 뿐이다. 더욱이 죄 가운데 처해 있는 인간이 하나님께서 제시하신 방법을 배제하게 되면, 왜곡된 지식만을 형성하게 될 뿐이다. 인간은 창조, 타락, 구원으로 이어지는 구속역사 속에서 주어진 하나님의 계시의 가르침이 제시하는 길로 따라갈 때에만 하나님을 아는 올바른 지식을 형성하게 된다.

### 유추적 방식으로 소유하게 되는 지식이다.

하나님 자신이 갖고 계신 지식이란 완전한 초월적인 절대자의 지식이다. 그리고 인간의 지식은 유한하고 제한된 피조물의 지식이다. 그런데 우리 인간 차원의 지식과 하나님의 지식의 차원을 완전히 별개의 것으로 이해한다면, 그래서 그 두 그룹 사이에 어떠한 접촉도 거부하

---

11) 우리는 흔히 '본체는 하나이나 삼위로 계신다'고 말하는 삼위일체의 교리나 '성육신' 혹은 '양성 1인격'을 말하는 예수님의 위격에 관한 교리를 신비의 교리라고 말한다. 그 교리의 내용들은 우리가 온전히 납득하도록 설명된다기보다는 단지 성경의 가르침을 정리하여 표현하는 정도에서 제시되고 있기 때문이다.

게 되면, 인간은 하나님에 대해서 전혀 알 수 없는 불가지론의 오류에 떨어지게 된다. 또한 반대로 그 두 그룹의 지식을 동일한 차원의 것으로 말하게 되면 하나님과 인간의 존재를 동일시하는 범신론적인 오류에 떨어지게 된다. 그러므로 인간이 갖게 되는 신 지식이란 그 두 그룹의 지식들이 유추적으로 관련 맺게 되는 유비적 성격의 지식이라고 해야 한다.[12] 신자는 하나님에 관한 지식을 하나님과 동일한 방식으로 소유하게 되는 것도,[13] 동일한 정도로 소유하게 되는 것도 아니다. 우리는 하나님께서 그의 계시를 통해서 제시해주신 것만큼만 그에 관해서 알게 되며 그의 계시 말씀이 드러낸 것만큼만 소유하게 된다. 그럼에도 불구하고 그것은 하나님께서 계시하신 것이므로 참되고 확실한 지식인 것이다. 즉 우리는 하나님을 참되게 알 수 있으나 완전히 모든 것을 이해하는 것은 아니고 그의 계시를 통해서 유추적으로만 알게 되는 것이다.

**하나님을 아는 지식에는 불가해적 성격이 있다.**

앞에서 언급한 신 지식의 '유한한 성격'과 '계시적 성격' 그리고 '유추적 성격'은 모두 여기에서 말하려는 불가해적 성격(Incomprehensibility)과 연관되어 있다. 인간은 유한한 존재이며 하나님의 계시 말씀을 통해서만 참된 신 지식을 소유하게 되므로 그것은 제한적일 수밖에 없기 때문

---

12) 부언하면 하나님의 지식과 인간의 지식 사이의 관계를 설명하는 방법으로 그 두 지식의 내용과 의미가 동일한 것으로 간주하는 일의적(univocal) 관계 그리고 완전히 중복되지도 않으나 완전히 다른 것으로 보지 않고, 어느 정도 중복되는 부분이 있어서 그 접촉점이 가능해지는 유비적 관계로 분류할 수 있다. 그런데 앞의 두 관계 속에서는 범신론적 오류나 불가지론적 오류에 떨어지게 되는 문제점을 갖게 된다.
13) 하나님의 지식은 한순간에 주어진 지식이라면, 인간의 지식은 점진적으로 축척되어 가는 지식이다. 즉 하나님은 시간이 흐름에 따라 그의 지식이 증대되지는 않는다.

이다(롬 11:33~36; 시 145:3; 147:5; 139:6). 그런데 여기에서 이 불가해성에 대해 몇 가지 주의해야 할 사항들이 있다.

첫째, 이 불가해성은 하나님께는 적용될 수 없는 말이다. 삼위의 하나님은 서로에 대해서 완벽한 지식을 갖고 계신다. 성부 하나님은 성자 예수님에 대하여 불가해한 부분이 있을 수 없다. 그리고 이 말은 삼위의 하나님 모두에게 진리이다. 즉 이 불가해성이란 인간이 하나님에 대해서 가지고 있는 지식에 대해서만 적용될 수 있는 말인 것이다.

둘째, 하나님의 지식에서의 불가해성과 우주 만물에 대한 온전한 지식 획득의 불가능성은 구별되어야 한다. 왜냐하면 전자는 원초적이고 항속적인 것이나, 후자는 상대적이며 파생적인 불가능성이기 때문이다. 즉 전자는 우리의 지식이 양적으로 증가된다 하더라도 근본적으로 질적인 차이가 있으므로 극복될 수 없는 성질의 것이지만, 후자는 질적 차이가 아니라 양적 차이이므로 지속적으로 노력한다면 극복될 수 있는 가능성을 생각할 수 있는 것이기 때문이다. 그들은 같은 피조물의 차원에 속하므로 그 불가능성은 항속적인 것이 아닌 것이나 전자의 경우는 근본적으로 피조물과 창조주 사이의 본질적인 차이가 존재하므로 항속적인 성격을 갖게 되는 것이다.

그러므로 이 불가해성이란 양적으로만 이해되는 것으로는 볼 수 없다. 그것은 본질적으로 창조자와 피조물이 다르다는 사실에 기초한 질적 차이로부터 야기되는 불가해성인 것이다.

## 하나님의 이름

하나님께서 자신을 계시하시는 방법 중에는 그의 말씀이나 구속적인 행동 외에도 자신의 이름을 통한 방법도 포함된다. 성경 속에서 어떤 사람의 이름이 등장할 때 그 이름은 그가 어떠한 인물인지를 나타내준다. 창세기 5:29에 보면 노아가 등장하는데 하나님께서 그 땅을 저주하실 때 그 사람들을 위로할 자로서 세움을 입었다는 점에서 그의 이름은 '안위함'이라는 의미를 갖게 된다. 또 창세기 17:4~6에서는 아브라함이 등장하는데 그 씨로 말미암아 만민이 복을 얻게 되는 '믿음의 조상'인 사실과 일치되게 그의 이름이 '열국의 아버지'라는 뜻을 지니게 되는 것을 볼 수 있다.

마찬가지로 하나님의 이름도 하나님의 존재를 나타내주는 계시방식들 중의 하나로 볼 수 있다. 그의 이름은 그 자신과 불가분의 관계로 이해되며, 따라서 제3계명은 그의 이름을 망령되게 일컫지 말라고 명하는 것이다(출 20:7). 그의 이름은 그의 존재의 신성과 권위를 나타내며 그의 능력과 영광을 표현해준다(삼상 17:45). 그러므로 그의 이름에 대한 이해를 통해서 우리는 그분의 존재를 더욱 알아가게 된다.

## 구약에서의 하나님의 이름

**엘로힘**

'엘로하'라는 히브리어의 복수 형태로 복수적으로 존재했던 이방신들을 가리킬 때에도 사용되었으나(출 20:3; 사 36:18; 렘 5:7) 대개는 유일하신 참 하나님 한 분을 지칭하는 용어로 사용되었다. 복수 형태이므로 성경의 하나님이 단일신론적인 존재가 아니라, 신약의 빛 아래서 봤을 때 삼위로 존재하시는 복수적인 존재임을 말해준다.

**엘**

이 이름은 하나님께서 그의 행사를 능력 있게 성취하시는 문맥 속에서 나타난다(신 7:21; 10:17; 느 9:32). 두렵고 떨리는 엄위하신 하나님을 말하며 그분의 능력과 통치를 강조해주는 이름이다.

**'엘'과 결합하여 만들어진 합성어**
- 엘샤다이 : 이 이름은 '전능하신 하나님'을 의미하는 것으로 그의 전능하신 능력과 충족하신 권능을 표현해준다. 창세기 17:1에서는 아브라함에게 그리고 28:3에서는 야곱에게 전능하신 하나님으로 나타나셨으며, 그 외에도 창세기 43:14; 48:3; 출애굽기 6:3; 에스겔 10:5에서도 표현되고 있다. '엘'과 결합된 '샤다이'라는 단어는 '엄마의 젖'이라는 의미의 '샤드'라는 단어에서 온 것으로 '젖을 아기에게 물리고 있는 어머니'의 모습을 나타내준다. 그의 자녀들에게 필요한 모든 양분과 환경을 전능하신 능력으로 충족하게 제공해주시는 하나님이심을 표현해주는 이름인 것이다.
- 엘 엘욘 : '지극히 높으신 하나님'이란 의미를 가진 이름으로 창세기 14:18~21에서 아브라함이 멜기세덱을 만났을 때 사용된 이름이다. 거기에서 멜기세덱은 '엘 엘욘'의 제사장으로 지극히 높으신 하나님의 제사장으로 등장한다.
- 기타 : '엘 올람'은 '영원하신 하나님'의 의미(창 21:33)로, '엘로이'는 '나를 감찰하시는 하나님'으로(창 16:13), '엘 벧엘'은 야곱에게 나타났던 '벧엘의 하나님'이라는 의미를 갖고 있다(창 31:13; 35:7).
- 야훼(YHWH) : 구약에서 상당히 자주 등장하는(7000번 이상) 또 다른 중요한 이름은 히브리어의 네 글자로 구성된 야훼라는 이름이다. 특히 출애굽기 3:1~17의 본문 속에서 하나님은 이 이름을 통하여 자존하시는 분[14]으로서 그의 초월적인 존재 되심을 나타내셨으며(출

---

14) 이 하나님의 자존성(Aseity)은 하나님의 절대적 속성들 중의 하나로 다음에 하나님의 속성들을 설명할 때 자세히 언급될 것이다.

3:14), 또한 하늘에서 그의 백성들의 고통을 들으시고 그들에게로 내려와 그들과 함께 동행해 주시는 '함께하시는 하나님'으로도 나타내셨다(출 3:6~12). 또한 출애굽기 6:2~8에서는 이 이름을 통하여 구원자로서의 하나님 그리고 언약의 하나님으로 자신을 나타내셨다.

- 아도나이 : '주님이라는 의미로 인간 주인들에게도 사용되었으나 그보다 우주 만물을 소유하시고 통치하시는 주(Lord) 되심을 나타내주는 이름이다.

## ▌신약에서의 하나님의 이름

### 데오스(Theos)

이 이름은 신약에서 가장 공통적으로 많이 사용된 이름으로 구약의 이름 중에서 엘로힘, 엘, 엘샤다이 등의 의미와 상호 교체될 수 있는 이름이다.

### 큐리오스(Kurios)

'주님'이라는 의미의 이름으로 예수님과 하나님에게 사용되었으며 아도나이와 야훼와 연결되는 이름이다.

그 밖에도 '아버지'라는 의미의 '파테르'(Pater), '구원자'라는 의미를 가진 '소테르'(Soter), '거룩한 자'라는 의미를 지닌 '호시오스'(Hosios) 그리고 '전능하신 자'라는 의미의 '판토크라토르'(Pantokrator) 등의 이름으로도 표현되었다.

# 하나님의 속성

하나님의 속성을 분류하는 방식에는 여러 가지가 있다. 형이상항적, 윤리적 속성으로 분류하기도 하고 공유적, 비공유적 속성으로 분류하기도 한다. 그 각각의 분류방식들이 나름대로의 문제점들을 갖고 있기는 하나[15] 여기에서는 일반적으로 통용되고 있는 분류방식인 고유적, 보편적 속성으로 분류하여 생각해 보도록 하겠다.

## ▌고유적 속성

이 범주에 속하는 속성들은 절대적 속성이라고도 불리는데, 그것은 하나님의 존재 이외에서는 발견될 수 없는 속성들이기 때문이다. 물론 후에 언급하게 될 보편적 속성들도 절대적인 의미에서는 다른 피조물들이 온전히 그 속성들을 소유하고 있는 것은 아니지만 그럼에도 불구하고 어느 정도 불완전하게나마 그러한 속성들을 나타내주고 있기 때문에 보편적 속성이라고 말하는 것이다. 그러나 여기에서 제시되는 고유적 속성이란 조금이라도 다른 피조물에게서는 발견될 수 없고 오직 하나님에게서만 발견되는 것이다.

이 범주 안에는 단순성, 자존성, 불변성 그리고 무한성의 속성들이 포함되는데 무한성은 또한 영원성, 편재성, 완전성으로 설명된다.

---

15) 예를 들면 그 후자의 방법은 공유적 속성이라는 표현 때문에 문제가 발생될 수 있다. 왜냐하면 하나님과 피조물이 공통적으로 지니게 되는 속성이라고 함으로써 성경이 말하는 창조주와 피조물 사이의 구별을 무너뜨리게 될 위험성이 내포되어 있기 때문이다.

### 자존성

하나님께서는 자신의 존재의 근원을 자신 안에 소유하고 계시다는 것을 뜻하는 속성이다. 즉 간단히 말하면 하나님은 스스로 존재하시는 분이라는 것이다. 이 세상의 모든 존재는 자신 이외의 것들로부터 지원을 받아 살아가기 마련이다. 스스로 자신의 생명을 유지하고 존재하는 것은 아무것도 없다. 오직 하나님만이 자신의 생명을 자신으로부터 유지시키는 존재이시다.

이러한 자존성은 출애굽기 3장에 나오는 모세의 소명과정에서 나타난 하나님의 모습 속에서 분명히 표현된다. 이스라엘 백성들의 질문에 대비해서 하나님은 자신을 '스스로 있는 자'(I am who I am)라고 모세에게 말씀하시는데(출 3:14), 사실은 그 말씀이 주어지기 전에 호렙산의 떨기나무 불꽃의 모습 속에서 그의 자존성은 이미 표현되고 있는 것을 볼 수 있다. 하나님께서 말씀하셨던 그 떨기나무 불꽃은 불이 계속 타올랐으나 그 나무는 타들어가지 않았다. 일반적으로 나무의 불꽃은 나무가 소화되면서 주어지는 에너지를 인하여 그 불꽃의 생명을 유지하게 되는데, 여기에서 하나님의 떨기나무 불꽃의 생명은 그 나무에 의존하지 않았으며 그 불꽃 자체로부터 주어졌다. 바로 스스로 존재하시는 하나님의 자존성의 속성을 표현해 준 불꽃이었던 것이다.

이 세상의 모든 만물 가운데서 하나님만이 스스로 존재하시며 외부의 어떠한 것에도 의존하지 않고 스스로 계신 분이신 것이다.

### 단순성

하나님은 복합된 존재가 아니라 단순성을 지닌 존재임을 가리키는 속성이다. 여러 부분들로 구성된 존재가 아니라는 것을 의미하는 말이다. 이 속성은 자존성과도 맞물려 있다. 왜냐하면 하나님이 만일 여러 부분들로 구성된 존재라면 하나님은 이미 존재하고 있는 부분들에 의존하여 존재하시는 것이 되므로 스스로 존재하는 분이 되지 못하시는 것이다.

이 단순성이 의미하는 바는 하나님의 속성과 본질은 서로 다른 무엇이어서 하나님은 그의 본질에 어떠한 속성들이 첨가됨으로 존재하시는 분이라고 간주하는 것은 잘못이라는 점이다. 만일 하나님의 본질에 속성들이 첨가된다면 하나님 이외에 또 다른 영원한 원리(속성)들이 있었다는 말이 되며 그는 그러한 속성들로 혼합되어 구성된 존재가 된다. 그러면 그의 존재는 자신 이외의 다른 속성들에 종속하게 되는 문제점을 가져오게 된다.

**무한성**

• 완전성 : 무한성의 속성은 세 가지 각도에서 표현될 수 있는데, 먼저 하나님 존재의 질적인 면에서 하나님의 무한하심을 적용시켜 생각해 볼 때 우리는 그가 완전하신 존재임을 말하게 된다. 그의 지식이나 거룩, 사랑과 능력 등에서 어떠한 부족함이나 제한도 없는 완전한 존재가 되신다는 것이다.

• 영원성 : 둘째로 시간의 영역에서 하나님의 무한하심을 논하게 되면 하나님의 영원성을 말할 수 있다. 그런데 사실 하나님의 영원하심이나 무한하심 같은 개념은 우리 인간의 사고 안에 자리하기 어려운 개념들이다. 왜냐하면 우리는 유한한 인간으로서 피조물의 시간적 차원에서 존재하고 사고하므로 초월자의 영원성에 대해서 바른 정의를 내리기가 어렵기 때문이다. 따라서 우리는 하나님의 영원성이 어떠하다는 적극적인 서술보다는 하나님의 영원성에 대해서 오해할 수 있는 부분들을 지적함으로써 간접적으로 그 영원성의 의미에 접근해보려 한다.

첫째, 하나님의 영원성이란 단순히 '끝없이 연장된 시간'의 개념과는 다르다는 점이다. 하나님의 영원성을 현재의 시간을 단순히 양쪽 방향으로 끝없이 연장시킨 정도로만 설명하려 한다면 하나님의 영원성의 근본적인 질적 차이를 간과한 것이라고 볼 수 있다. 왜냐하면 그렇게 말하게 되면 하나님의 영원과 피조계의 시간은 단순히 양적으로만 차이가 있는 것이 되어 질적으로는 같은 종류에 해당하는 것으로 이해될 위험성이 있기 때문이다.

그러나 하나님의 영원하심은 피조계의 어떠한 존재를 확대시킨다고 하더라도 도달할 수 없는 성질의 것이라고 보아야 한다. 왜냐하면 시간도 사실은 하나님의 피조대상 중의 하나이므로 피조대상의 존재 차원에 속한 시간과 창조주의 존재 차원에 속한 그의 영원성은 근본적으로 서로 다른 성격의 것이기 때문이다.

둘째, 하나님의 영원성은 피조물들의 영생과도 구별되는 것이다. 사실 하나님께서 택한 백성들이 영생하게 되는 것은 분명한 사실이다. 그러나 택자들이 영생하는 것과 하나님의 영원하심은 근본적으로 다른 것이다. 하나님의 영원하심은 그의 존재의 고유한 속성이지만 피조물의 영생은 택자들에게 주어진 것이다. 택자들에게 영생이란 시작이 있는 영생이며, 창조된 것이고 추가적으로 그에게 주어진 것이다. 그러나 하나님에게 영원은 근원적이며 원래적인 것이다.

셋째, 하나님은 시간의 제약을 초월하시는 분이며 동시에 모든 시간을 그분의 충만하심으로 채우시는 분이라는 점도 균형 있게 이해되어야 한다. 하나님의 영원하심은 그가 시간적인 한계를 뛰어넘는 분이심을 말해준다. 그러나 그의 시간적인 초월성은 그가 시간의 영역과 무관하신 분임을 말하는 것은 아니다. 오히려 인류의 역사 속의 모든 시간은 그분의 손길에 의해서만 진정한 의미를 부여받게 된다. 즉 하나님께서 시간에 종속되시는 분이 아니라 그 반대로 시간은 하나님의 피조물 중의 하나로서 그의 통치 아래 놓여 있는 대상으로 보아야 하는 것이다.

• **편재성** : 마지막으로 하나님의 무한하심을 공간의 영역에 적용시켜 생각해 볼 때 우리는 하나님의 편재성을 말할 수 있다. 하나님은 우주 공간으로도 포용될 수 없는 분이시다. 그는 모든 피조세계와 공간 위에 계신 분이시기 때문이다(왕상 8:27; 행 17:24). 이 속성에 대해서도 다음과 같은 몇 가지 사항들을 주의해야 한다.

첫째, 하나님의 편재성을 이해함에 있어서 그분이 우주 공간 안에 무한대로 퍼져 있는 존재인 것으로 생각해서는 안 된다는 것이다. 오히려 그는 유한한 피조물의 공간적인 제약을 초월한 존재로 이해되어야 한다.

사실 이 속성은 하나님께서 피조계를 지배하고 있는 공간의 법칙을 초월해 계심을 말해주고 있다. 공간의 법칙은 하나님께는 적용되지 않는다. 공간이란 어느 한 점과 다른 점 사이의 거리를 측정할 수 있는 것을 전제로 하는데, 우주의 어느 지점과 하나님 사이의 거리는 측정될 수 없기 때문이다. 즉 '거리'나 '연장' 등의 개념이 하나님에게는 적용되지 않는다. 그가 그러한 개념들을 사용하실 수는 있으나 그러한 개념들로 그의 존재와 그 존재의 활동을 측량할 수는 없는 것이다.

둘째, 시간의 영역에서 하나님의 영원성을 지적한 바와 같이 하나님의 광대하심 혹은 편재성은 어느 피조된 공간이 확대되어서 도달할 수 있는 것이라고 할 수 없는 성질의 것이다. 피조계의 공간이 아무리 확대된다 해도 하나님의 광대하심과는 근본적인 차이가 있는 것이다. 근본적으로 공간은 하나님의 피조대상 중의 하나이나, 편재성은 창조자의 원래적인 속성 중의 하나이기 때문이다.

셋째, 하나님의 공간적 초월성과 내재성의 조화, 하나님의 광대하심을 이해함에 있어서 그의 공간적 초월성만 강조한다거나, 반대로 그의 우주 만물에 충만히 내재하심만 강조하지 않도록 주의해야 한다. 전자의 경우는 신정통주의 신학자 칼 바르트의 경우와 같이 하나님을 인류 역사의 현장에서 발붙이지 못하게 하는 실수를 범하게 하며, 후자의 경우는 범신론의 경우와 같이 하나님의 초월성을 간과하고 우주 만물과 하나님을 동일시하는 오류에 떨어지게 한다.

그러나 성경은 하나님의 내재하심과 초월성을 동시에 말하고 있다. 즉 하나님은 측량할 수 없는 광대하신 분이시다. 그러나 동시에 그 광대하신 하나님께서는 하늘과 땅과 그의 백성 그리고 성전 안에 충만히 거하신다. 거꾸로 말하면, 하나님은 우리와 만물에 함께하시는 하나님이시다. 그러나 동시에 하늘들의 하늘들이라도 포용할 수 없는 분이라는 사실을 간과해서는 안 될 것이다.

넷째, 편재 교리의 실제적인 유익들을 살펴보자. 시편 139편에 다윗은 하늘 끝에 올라갈지라도 여호와께서 거기에 계시며, 음부로 내려가 있을지라도 거기에 계시고, 새벽날개를 치며 바다 끝에 가서 거할지라도 거기에 계심을 고백하는 것을 볼 수 있다(8~9절). 우주 만물 중에서 그의 시야를 벗어날 곳은 하나도 없다는 무소부재하신 하나님에 대한 고백을 하면서, 시편 기자는 그 시편의 마지막 부분에서 이렇게 결론짓고 있다.

"하나님이여 나를 살피사 내 마음을 아시며 나를 시험하사 내 뜻을 아옵소서 내게 무슨 악한 행위가 있나 보시고 나를 영원한 길로 인도하소서"(23~24절).

즉, 하나님의 편재하심을 분명히 이해하는 자는 언제나 하나님 앞에 서 있는 자신을 깨닫게 되며, 진실한 회개와 신앙의 삶으로 나아가게 된다.

뿐만 아니라 편재 교리는 자신이 그분의 양임을 확신하는 자들에게는 모든 공포로부터 해방된 삶을 가능하게 해준다. 사망의 음침한 골짜기로 다닐지라도 해를 두려워하지 않을 것은 주께서 나와 함께하시기 때문이라는 확신을 가질 수 있기 때문이다(시 23:4). 더 나아가 이 교리는 주의 함께하심의 확신 속에서 땅 끝까지 복음을 전하는 사명을 감당하게 해주며(마 28:19~20), 또한 세상적인 근심과 돈의 굴레로부터 해방된 삶을 가능하게 한다.

**불변성**

하나님의 속성들은 서로 유기적으로 연결되어 있다. 어느 한 속성에 대한 이해는 또 다른 속성에 대한 이해와 맞물려 있는 것을 보게 되는데 이 불변성의 경우가 바로 그것이다. 하나님의 불변하심의 속성은 하나님의 자존성이나 무한성과 연관되어 설명되기 때문이다.

• 무한성과의 관계 : 하나님의 무한성은 시간과의 관계 속에서 볼 때 그의 영원하심을 말하게 되며, 공간적인 차원에서 고려해보면 그의 편재성을 말하게 되고, 그의 존재의 질적인 면에서 고려하면 그의 완전하심을 말하게 된다고 했다. 그런데 그 모든 영원성, 편재성, 완전성의 개념을 종합적으로 포괄하여 설명한다면 하나님께서는 모든 시간과 공간에 동일하게 관계하신다고 표현할 수도 있다. 즉 그는 시공간의 변화에 따라 변화하지 않으시는 존재라는 것이다.

영원성이나 편재성의 속성이 함축하고 있는 의미 중의 하나는 시간과 공간의 변화가 그의 존재에 어떠한 영향을 미칠 수 없다는 것이다. 즉 그는 시간과 공간의 지배를 받는 분이 아니시라는 것이다. 좀 더 정확히 말한다면 시간과 공간의 원리들은 하나님에 의해서 그 의미가 부여되고, 그분에 의해서 통치되는 영역들 중의 하나인 것이다. 이러한 의미에서 우리는 그의 영원성이나 편재성으로 설명되는 무한하심의 속성은 그의 불변하심의 속성을 함축하고 있는 것이라고 말할 수 있다.

• 자존성과의 관계 : 자존성이란 하나님께서 스스로 존재하신다는 것을 말하는 속성이다. 그런데 그 말은 하나님은 자신 이외의 것으로 말미

암아 존재하시거나 외부의 영향이나 변화에 따라 변동하시지 않는 분이라는 것을 의미하고 있다. 즉 자존성이란 그의 존재, 속성, 지식, 사역 등에서 외부의 변화에 따라 변화되지 않는다는 불변성을 함축하고 있는 것이다.

• '인격적인 하나님의 신실하심'으로서의 불변성 : 불변성에 대한 성경구절로는 말라기 3:6, 시편 102:25~27, 히브리서 1:11~12 등을 들 수 있다. 그 외에 가장 많이 접하는 구절로는 야고보서 1:17 "……그는 변함도 없으시고 회전하는 그림자도 없으시니라"는 말씀이다. 그런데 이 말씀은 마치 하나님이 생명력도 없는 어떤 석고상과 같은 비인격적 부동체인 것으로 오해하게 할 가능성이 있다. 그러나 성경이 제시하는 하나님의 불변성은 그러한 개념이 아니라, 그보다는 인격적인 하나님의 신실성, 특히 그의 언약적 신실성의 개념으로 이해되어야 한다.

하나님께서는 그의 언약에 순종하는 자에게 혹은 그리스도를 통하여 그의 언약에 들어온 자에게 그의 선하심을 신실하게 보여주시는 분이시다. 반대로 말하면 그의 언약에 불순종하는 자 혹은 그리스도의 언약을 거부하는 자에게는 진노로 반응하신다. 즉 그의 거룩하심, 의로우심, 선하심 등의 속성들이나 그의 지식, 언약, 작정, 목적 등에 있어서 하나님은 불변하신 분이시다.

그러므로 성경에서 때때로 발견되는 하나님의 '후회'나 '진노를 변경하심' 등과 같이 하나님 안에 변화가 일어난 것으로 보이는 구절들(창 6:6; 삼상 15:11; 출 32:10~14; 요 3:10 등)은 다음과 같이 두 가지의 관점에서 이해되어야 한다.

첫째, 그것은 인간적인 표현으로 기록된 것이라는 점이다. 성경은 인간들에게 주어진 글이므로 그들의 사고와 이해의 차원에서 표현되어 기록되었다. 예를 들면 출애굽기 24:11에 "하나님이……손을 대지 아니하였고"라는 표현이나 여호수아 4:24에 "여호와의 손이 능하심을……"

이라는 표현은 실제로 사람의 손처럼 생긴 하나님의 모습을 말하는 것(신인동형동성론 Anthropomorphic expression)이 아니라 인간의 이해를 돕기 위한 인간적인 표현(Anthropic expression)으로 이해되어야 한다. 이와 마찬가지로 "성령을 근심케 한다"와 같은 표현도 성령님께서 실제로 근심 가운데 빠져들게 된다는 의미라기보다는 인간적인 표현을 사용한 것으로 이해해야 하며 같은 맥락에서 하나님의 '후회'나 '변경'과 같은 단어들도 인간적인 표현을 사용한 것이라고 이해해야 한다.

둘째, 어떠한 변화를 표현하는 내용들에 대해 두 번째로 주의해야 할 사실은 그 변화의 내용이 하나님과의 관계적인 차원에서의 변화이지, 하나님의 본질이나 속성, 지식, 작정 혹은 언약적 신실성에서의 변화를 말하는 것은 아니라는 것이다. 하나님의 거룩과 공의와 언약은 언제나 신실하게 남아 있어 하나님께 불순종하는 자들에게는 심판으로 진노하시며, 순종의 삶으로 나아가는 자에게는 그 진노를 거두시는 것이 그의 언약에 신실하신 하나님의 태도인 것이다.

## 보편적 속성

이 범주에 속하는 속성들을 '공유적' 속성이라고도 부르나 이것이 하나님과 인간이 동일하게 공유하는 속성임을 의미하는 것은 아니다. 하나님에게서 완전한 내용으로 존재하는 그 속성들이 인간에게는 단지 부분적으로 반영되고 있을 뿐이라는 정도에서 '공유적'이라는 단어의 의미를 이해해야 한다.

여기에 해당되는 속성들을 편의상 지적 성격의 속성과 도덕적 성격의 속성 그리고 그 외의 나머지의 속성들은 기타의 항목으로 묶어서 설명하도록 하겠다.

**지적 성격의 속성**

지적 성격의 속성 중에는 하나님의 전지하심(omniscience)과 지혜로우심의 속성이 포함된다.

• 전지하심 : 세상과 인간의 모든 사실들을 다 알고 계신 하나님의 속성을 말한다(삼상 2:3; 욥 21:22; 사 40:14, 28; 시 139:3~6). 깊이 숨겨진 일들도, 자그마한 일들도, 죄와 악함도, 마음의 생각과 장래일도 모두 하나님은 알고 계신다.

첫째, 하나님의 전지하심은 앞으로 발생될 모든 일들까지 포함하는 전지성이다. 인간의 지식은 사건의 발생과 변동에 따라 형성되며 바뀌게 되나 하나님의 지식은 그러한 사건들이 발생되기 전에 이미 확실하고 완전하게 확보된 지식이다. 좀 더 정확히 말하면 이 세상의 모든 일들이 그의 지식을 형성케 하는 자료가 되는 것이 아니라 그의 지식에 의해서 미래의 모든 일들이 발생되는 것이다.

둘째, 이러한 의미에서 하나님의 지식은 분석적 지식(Analytic)이라고 말하며, 인간의 지식은 종합적(Synthetic) 지식이라고 부르기도 한다. 즉 인간의 지식은 시간이 흐름에 따라 점점 축적되어서 형성되는 지식이라는 관점에서 종합적인 성격을 지닌 반면에 하나님의 지식은 시간의 흐름과는 상관없이 태초나 지금이나 종말에나 동일한 그리고 완벽한 지식이다.

달리 표현한다면 인간은 이 세상이 존재하지 않았다면 이 세상의 일들을 알 길이 없었겠지만, 하나님에게 있어서는 세상의 만물이 그분에게 알려지지 않은 것들이었다면 그것들은 존재할 수 없었을 것이다. 이 세상의 사물과 사건이 하나님에게 알려지지 않은 채로 존재할 수 있는 가능성은 전혀 없기 때문이다.

셋째, 하나님의 전지하심이란 단순히 앞으로 발생될 여러 가지 가능성들에 대한 지식 정도가 아니라 실제로 그 시점에 발생될 사건에 대해서 정확히 알고 계신 지식이다. 하나님의 전지하심은 그의 선지성(Foreknowledge)을 포함하는데 그의 선지하심은 인간의 자유의지와 상충되는 것으로 오해되기 쉽다. 그래서 중세의 어떤 신학자는 중간 지식(Middle knowledge)이라는 개념을 도입하여 하나님의 전지하심이란 인간의 자유의지가 이룰 수 있는 모든 가능성에 대한 지식일 뿐이라고 주장했다.[16] 그러나 그러한 대안은 인간의 자유의지를 보호하려는 의도 속에서 결국 하나님의 전지성을 제한시키는 결과를 가져왔다. 성경이 말하는 하나님의 전지하심이란 인간이 취할 수 있는 모든 가능성만을 알고 계신 것이 아니라 실제로 그가 취하게 될 사건과 행동을 알고 계신 전지성이다. 그래야만 인류의 역사가 온전히 그분에 의해서만 결정되며 섭리된다고 하는 성경의 가르침에 일치하게 된다. 또한 그렇게 이해할 때에만 성경적 예언이 진정으로 의미 있는 예언이 될 수 있다.

넷째, 신자의 삶에서 하나님의 전지하심에 대한 분명한 이해는 그들로 하여금 자기들이 저지를 수 있는 모든 비밀한 죄나 가식적인 신앙생활로부터 벗어날 수 있게 해준다. 그분이 나의 모든 생각과 행동을 다 지켜보시며 알고 계신다고 할 때 우리는 언제나 신전의식(Coram Deo 하나님 앞에서)을 가지고 살아가게 될 것이다. 은밀한 중에 보시는 하나님 앞에서는 어떠한 가식적인 신앙생활도 불가능한 것임을 깨닫게 되는 것이다(욥 31:1~4; 34:2; 마 6:4, 6, 18).

---

16) 이것은 마치 바둑의 고수가 상대방 바둑기사가 응수하게 될 모든 가능성들을 다 파악한 상태에 비유해볼 수 있다. 그러나 아무리 그가 상대방이 응수할 만한 모든 가능성을 다 분석하고 있을지라도 그는 실제로 상대가 어디에 돌을 놓게 될지에 대해서는 모르는 것이다. 이처럼 하나님께서도 실제로 인간들이 취하게 될 결정은 모르시나, 단지 인간이 다음 단계에서 취할 수 있는 모든 가능성을 알고 계신 것으로만 그의 전지성을 설명함으로써 인간의 자유의지를 보호하려 한 시도였다고 말할 수 있다.

• **지혜로우심** : 하나님의 지적인 속성 중에는 또한 지혜로우심의 속성이 있다. 하나님께서는 많은 지식을 가지고 계실 뿐만 아니라 지혜로 역사하시는 하나님이신 것이다.

첫째, 지혜로우심은 하나님의 지식과 관련이 있지만 또한 서로 구분되는 것이다. 지식이 이론적인 차원의 것이라면, 지혜란 이미 가지고 있는 지식으로서 어떻게 행할 것인가에 대해서 말하는 실천적인 차원의 것이며, 혹은 전자가 인간의 의지와 상관없이 소유될 수 있는 성격의 것이라면, 후자는 인간의 의지와 관련된 것이다.

둘째, 성경은 하나님께서 이 세상을 창조하실 때에도 지혜로 창조하신 것을 말하고 있고(잠 8:22 이하; 요 1:1~3; 고전 1:24; 골 1:15), 그의 통치와 섭리 그리고 구원의 계획은 모두 그분의 지혜로 역사하시고 있음을 말한다(히 1:3; 고전 1:24, 30). 사실 하나님의 지혜는 그의 아들 예수 그리스도의 십자가 사건을 통해서 가장 분명하게 드러났다. 왜냐하면 십자가 사건은 인간이 하나님에게 저지를 수 있는 사건들 중에 가장 큰 범죄였는데, 하나님께서는 그분의 지혜 가운데서 인간이 저지를 수 있는 최대의 범죄사건(사람이 저지를 수 있는 죄악 중에서 가장 무서운 죄는 하나님을 살해하는 죄일 것이다)을 통하여 인간에게 주어질 수 있는 최대의 복(영생의 복을 받는 구원사건)을 이끌어내신 것이기 때문이다.

셋째, 여기에서 얻을 수 있는 실제적인 교훈은 하나님의 지혜로우심의 속성은 신자들에게 크나큰 위로가 되어 확신 속에서 믿음으로 살아가게 한다는 것이다. 하나님께서 우리를 지혜롭지 못하게 사랑하신다면 그것은 우리에게 큰 고통이 될 수도 있다. 그러나 다행히도 우리를 사랑해 주시는 하나님께서는 가장 지혜로우신 분이시므로 우리를 위해서 취할 수 있는 모든 가능한 방법들 중에서 가장 좋은 방법으로 우리를 인도해주실 것이라는 확신을 가질 수 있는 것이다(롬 8:28).

**도덕적 성격의 속성**

도덕적 성격의 속성 중에는 그분의 의로우심과 거룩하심 그리고 선하심을 생각해 볼 수 있다.

• 의로우심 : 다른 하나님의 속성들에 대한 이해도 마찬가지이나 특히 하나님의 의로우심(Righteousness)에 대한 이해도 단순한 세상적인 개념으로 설명되어서는 안 된다. 그것은 성경적인 개념 속에서 바라보아야 올바르게 이해될 수 있는 개념인 것이다.

하나님의 의로우심이란 언약적으로 특징지어지는 개념이다. 그것은 일차적으로 하나님의 언약의 도덕적 요구와 약속에 신실하며 충실함을 의미한다. 예를 들어 갈멜 산 위의 엘리야는 이방 선지자들 850명을 살해했으나 그는 하나님 앞에 의로운 자로 간주된다. 세상적인 관점에서 보면 그는 살인자지만 하나님의 언약적 관계 속에서 그는 신실하고 충성된 종으로서 행동한 것이다. 즉 하나님의 의란 그의 언약의 규정과 내용에 신실한 것으로 이해되어야 하는 것이다.

이러한 의미에서 하나님의 의로우심은 두 가지 차원에서 표현된다. 그의 언약에 신실하게 순종하는 자에게 사랑과 구원의 역사로 나타내시는 차원과 그의 언약에 불순종하고 거부하는 자에게는 공의로운 심판으로 그의 의로움을 나타내시는 것이다. 현대 신학자들 중에는 하나님의 사랑을 하나님의 가장 기본적인 속성으로 간주하여 복음에서 나타난 '하나님의 의'(롬 1:16~17)의 차원에서만 하나님의 의로우심을 이해하고, 그의 의로우신 심판을 통해서 나타나는 측면을 무시하려는 경향이 있다. 그러나 불순종자들에 대한 하나님의 심판도 성경이 분명히 말하는 하나님의 의로우심의 한 국면이다.

• 거룩하심 : 하나님의 거룩하심이란 일차적으로 초월자 되신 관점에서 이해된다. 특히 구약성경에서 그는 모든 피조물로부터 구별되이 거하시는 분이시며, 세상으로부터 분리된 초월적 존재의 개념에서 그의 거

룩하심이 이해된다(사 40:18, 57:15).

그러나 그는 또한 실제적으로도 성결하시고 거룩하신 분이시다(레 11:44; 19:2; 20:7; 합 1:13; 벧전 1:15~16). 결국 위의 두 가지 요소는 하나님에게서 서로 관련되어 있는 것으로 보아야 한다. 왜냐하면 정결하고 거룩하신 하나님은 실제로도 모든 죄와 부정한 것들로부터 분리되어 계시기 때문이다.

• 선하심 : 하나님의 선하심은 그의 창조와 섭리의 손길 속에서 드러나며 택자들을 향하신 그의 계약적인 사랑과 죄인들을 구속하시는 그의 선하신 모습 속에서 찾을 수 있다(출 34:6, 7; 시 107; 시 25:7~8).

특히 시편 73편은 오늘과 같이 악인들이 횡행하고 죄악이 만연한 세상 속에서 정직하고 신실하게 살아가는 신자가 던지는 하나님의 선하심에 대한 의문스러운 심정을 토로하고 있는데, 전반부 14절까지의 내용에서 시편 기자는 악인의 융성함에 대해 문제를 제기하고 있다. 의인보다 악인이 융성하는 것은 무슨 까닭인가? 그러나 17절 이하의 내용 속에서 시편 기자는 그가 하나님의 구속역사를 생각해보니 결국 악인을 심판하시고 의인을 구속하시는 하나님의 선하심을 이해하게 된다고 고백한다. 그리고 그의 백성들을 교훈, 인도하시고 결국 영원한 영광으로 인도하시는 하나님의 선하심을 고백함으로 결론짓는다(24~26절).

때로는 오늘 당장 나에게 불리하고 나를 불편하게 하는 것 때문에 하나님의 선하심을 부정하려는 개인주의적인 성향이 우리들에게 있다. 그러나 하나님은 때로는 그의 사랑하시는 자녀에게 사랑의 매를 드시기도 하며(히 12:5~8), 혹은 오늘 나에게 주어진 고통이 내일의 영광의 열매를 가져다주는 하나님의 연단하시는 훈련일 수도 있음을 기억해야 한다. 성경이 말하는 하나님은 그의 백성들에게 궁극적인 선을 이루어 가시는 하나님(롬 8:28)이시기 때문이다.

**기타 속성**

지적인 속성과 도덕적인 속성 이외에도 여러 가지 속성들이 나열될 수 있겠으나 긍휼이나 오래 참으심 등의 속성은 사랑의 속성에 포함하여 생각하기로 하고, 끝으로 하나님의 주권 혹은 주권적 의지에 대해서 생각해 보기로 하자.

• 하나님의 사랑 : 하나님의 사랑은 일단 그의 공의나 거룩의 속성과 조화되는 사랑이라는 점을 강조할 필요가 있다. 하나님의 사랑이란 '진리와 함께 기뻐하는 사랑'(고전 13:6)으로서 그분의 도덕적 온전함과 분리되는 방종이나 불의와의 타협 등의 개념과는 공존할 수 없는 것이다. 진리를 무시하는 사랑은 하나님의 사랑과는 거리가 먼 개념인 것이다. 이러한 하나님의 사랑은 두 가지로 구분되어 설명된다.

첫째, 내향적 사랑으로 하나님의 본체 안에서 삼위의 하나님이 각자 사이에서 서로 누리시는 사랑이다. 하나님의 본체 안에 소유하고 계시며 누리시는 가장 완전한 사랑인 것이다. 요한복음 15:9과 17:24에서 예수님은 성부와 함께 누리시는 그 완전한 사랑의 기쁨을 언급하고 있는데, 이것은 이 세상의 어떠한 상황에서도 발견될 수 없는 종류의 완전한 사랑이다.

둘째, 외향적 사랑으로 하나님의 본체 안에서가 아니라 하나님의 본체 밖의 피조세계와의 관계 속에서 표현되는 하나님의 사랑이다. 이것은 모든 피조물에 대해 베푸시는 보편적인 사랑(창 1:31; 시 104:31)과 죄의 형벌 아래 놓인 죄인들을 구속하시는 특별한 사랑(요일 4:9~10)으로 나누어 설명될 수 있다.

• 하나님의 주권(주권적 의지) : 하나님의 의지는 주권적인 성격을 띠고 있으며 모든 만물의 궁극적인 동인이 된다. 창조와 보존(계 4:1), 통치(창 21:1; 단 4:35), 선택과 유기(롬 9:15~16), 인간의 생명과 운명(행 18:21; 롬 15:32; 약 4:15)의 모든 일들이 그분의 주권적인 의지에 의해

이루어진다는 것이다.

    그런데 하나님의 의지는 두 가지 종류로 나누어진다. 하나는 하나님의 은밀한 의지이고, 또 다른 하나는 하나님의 계시된 의지이다. 전자는 하나님 안에 감추어진 작정의 의지이나(시 115:3; 단 4:17; 롬 9:18, 19), 후자는 율법과 복음에 계시된 교훈적 의지이다. 즉 하나님의 백성들의 삶에 대한 하나님의 뜻에 관한 것이다. 그러므로 전자는 인간이 거부할 수 없는, 하나님에 의해서 반드시 성취되는 하나님의 의지인 반면에 후자는 인간이 순종하거나 불순종함에 따라서 하나님의 복과 형벌로 뒤바뀔 수 있는 인간의 책임을 강조하는 성격의 것이라고 할 수 있다.

    하나님의 주권적 의지나 능력 등은 아무렇게나 휘두르시는 폭군적 권력의 개념으로 이해되어서는 안 된다. 오히려 그의 다른 속성들, 즉 거룩하심이나 공의로우심 등의 속성들과 조화되는 주권으로 이해되어야 한다. 즉 그의 전능하심이나 주권적 의지는 그의 거룩하신 본성에 일치하게 행하시며 결코 독단적으로 마음대로 행하시지는 않는 것이다.

## 삼위일체의 하나님

### ▎서론적 논의

삼위일체의 하나님에 대해서 논하는 일은 아마도 기독교의 교리 중에서 가장 신비롭고 어려운 부분에 해당하는 작업 중의 하나일 것이다. 왜냐하면 그것은 근본적으로 인간과는 다른 차원에 계신 존재의 본질에 관해서 논하는 것이기 때문이다.

사실 이 세상에는 존재의 여러 가지 형태들이 있으며 그들은 서로 다른 차원의 삶을 살아간다. 예를 들면 식물들은 돌아다니지는 않으나 분명히 살아 있는 생명체의 양식을 갖고 있으며, 곤충들은 움직이는 생명체이나 감각적이고 본능적인 요구에 따른 기본적인 행동에만 머물고, 동물들은 곤충보다는 고차원적으로 애정적 차원(예를 들면 어미와 새끼 간의 사랑)까지 누리며 살아간다.

그런데 인간은 그보다 한걸음 더 나아가 인간 이외의 다른 생물들과는 다른 이성적 능력, 도덕적 차원 그리고 영적 차원의 삶까지 누리며 살아간다. 그리고 그러한 삶의 방식들은 식물이나 동물이 이해할 수 없는 다른 차원의 생활양식인 것이다. 마찬가지로 본 장에서 우리가 논의하려는 내용은 인간의 차원을 초월하여 존재하시는 하나님의 본질에 관한 것들이므로 사실 그것을 이해하는 데 어려움이 있으며 또 그 신비를 완전히 풀지 못하는 것은 자연스러운 일이라 하겠다.

따라서 하나님의 본질에 대한 우리의 이해에는 한계가 있는 것이 사실이나 동시에 우리가 잊지 말아야 할 것은, 앞에서 '하나님을 아는 지식의 성격'을 논할 때에도 설명했듯이,[17] 하나님의 계시의 말씀이 제시하는 것만큼은 정리하여 이해할 수 있다는 사실이다. 우리가 하나님을 완전히 이해할 수는 없을지라도 그분의 말씀을 통하여 계시하신 것만큼은 정리하여 이해해 볼 수 있는 것이다.

이러한 점들이 다른 교리의 내용을 이해함에 있어서도 고려되어야 하나 특히 여기에서 서술되는 삼위일체 하나님에 대한 교리 진술은 우리 인간의 이성에 흡족한 설명이라고 하기보다는 성경의 진술을 가능한 한 종합적이고 체계적으로 정리하려 한 것이라고 보아야 한다. 따라

---

17) 앞의 '하나님을 아는 지식의 성격'에서 '구속계시사적으로 특징지어진 지식이다'를 참고하라.

서 우리는 먼저 삼위일체 하나님에 대한 성경의 진술들을 신약과 구약으로 나누어서 정리해 보려 한다.

## 성경의 증거

**구약의 증거**

구약에서는 유일하신 하나님의 개념에 더욱 강조를 두고 있는 것을 볼 수 있다. 물론 그것은 당시의 다신론적인 상황 속에서 이스라엘의 하나님 여호와의 유일성을 강조하려 했던 것이다. 그러나 삼위 하나님에 대한 암시도 있는 것은 분명하다. 그것이 삼위의 하나님을 확증할 만큼 충분하지는 못하더라도 신약에서 분명히 제시된 삼위일체의 하나님에 대한 가르침을 확보하기 위한 지반을 놓기에는 충분하다.

결국 구약에서의 삼위 하나님에 대한 계시가 신약만큼 투명하지는 못할지라도 신약의 계시와 상충되는 가르침은 없으며 오히려 삼위 하나님에 대한 기초적인 지반을 놓아주고 있다는 점에서 구약적 증거의 의의를 생각해 볼 수 있다. 그러면 구약의 증거들은 무엇이며, 그 증거들은 어떠한 의미에서 신약의 계시만큼 투명하지 못한 것인가?

하나님의 존재에 대한 가장 최초의 증거는 창세기 1:26에 나타난 하나님의 이름과 그를 가리키는 대명사에서 찾을 수 있다. 그곳에서 사용된 하나님의 이름인 '엘로힘'이라는 단어는 '엘로하'라는 단어의 복수형태이며, 또한 그곳에서 사용된 대명사인 '우리가'라는 단어도 복수대명사로서 하나님 안에 복수적인 존재가 있음을 암시해 주고 있다.

어떤 신학자는 이 사실로부터 구약에 삼위일체에 대한 확실한 증거가 있는 것이라고 말하기도 하나, 이곳에서의 증거는 하나님이 복수적으로 존재한다는 것을 말하고 있을 뿐이며, 정확히 '삼위'인지를 밝혀 주지는 못하고 있다.

그 밖에도 구약에는 구세주로 오실 메시야를 가리키는 메시야 성구들도 있으며(시 45:6~7; 110:1; 사 9:6), '주의 사자'라는 표현(창 16:6~13; 21:17~20; 22:11~19; 출 3:2)도 있고, 삼위를 암시해주는 여러 종류의 성구들이 있는 것이 사실이다(아론의 축복구인 민 6:24~26; 시 147:18 등). 그러나 이러한 증거들을 신약의 빛 아래서 봤을 때는 '삼위'의 하나님으로 분명히 이해될 수 있으나 구약의 증거만으로는 투명한 증거가 되지 못한다.

물론 그렇다고 구약의 하나님은 삼위일체의 하나님이 아니라는 것은 아니다. 단지 구약의 증거들만으로는 신약의 계시만큼 '삼위' 일체의 하나님[18]에 대한 충분한 이해를 얻어낼 수 없다는 것이다. 하지만 우리가 그렇게 인식하지 못했을 때에도 그분은 여전히 삼위일체의 하나님으로 존재하셨음에 틀림없다.

**신약의 증거**

신약에서도 유일하신 하나님에 대한 증거들이 여전히 제시되는 것을 볼 수 있다(요 17:3; 고전 8:4). 그러나 그것과 동시에 신약에서는 '삼위성'에 대한 좀 더 분명한 증거들이 제시되고 있는 것을 보게 된다. 천지창조의 역사에 대해서도 구약에서는 성부의 사역에 초점이 맞춰져 있으나 신약에서는 그것이 또한 예수 그리스도의 사역임을 분명히 하고 있다(요 1:3; 고전 8:6; 골 1:15~17). 그 밖에도 삼위일체의 하나님이 분명하게 직접적으로 계시되는 본문들이 있는데 예수님의 출생이나 세례 받으신 사건은 삼위의 하나님을 분명히 제시해준다(마 1:18 이하; 눅

---

18) 물론 그가 복수적인 존재임은 이미 분명히 드러난 것으로 봐야 한다. 단지 그 복수가 둘인지 셋인지 혹은 그 이상인지가 분명히 계시되지 않았다는 말이다.

1:35; 마 3:16~17; 막 1:10~11).[19] 또한 부활하신 후 승천하시기 전에 그의 제자들에게 말씀하신 지상명령(Great Commission)에서 언급된 '세례양식' 안에서 "성부와 성자와 성령의 이름으로"라고 삼위의 하나님이 분명히 언급되고 있다. 또한 사도의 축복구(고후 13:13)나 그 밖의 성구들(고전 8:6; 살후 2:13~14; 엡 4:4~6; 벧전 1:2)에서도 나타나고 있는데, 특히 성경 전체를 통해서 제시되는 내용은 구속역사가 진행되는 모든 과정 속에서 성부와 성자와 성령 하나님이 각각 참여하고 계시다는 사실이다.

즉 성부 하나님은 모든 창조물의 근원으로서 만물을 예지하시고 예정하시며, 구원계획을 수립하시고 능력으로 섭리하시며 통치하시는 분이며(고전 8:6; 마 6:13; 11:26; 엡 1:9; 3:14 등), 성자 예수님은 그의 백성들의 구속과 하나님과의 화목, 중보를 이루신 분으로(마 1:21; 고전 1:30; 엡 1:10) 그리고 성령 하나님은 예수님이 성취하신 구속사역을 신자 개개인들에게 적용시키는 중생, 칭의, 성화 등의 사역을 수행하시는 분으로(요 3:5; 14:26; 롬 5:5; 8:15; 14:17) 나타난다. 그러므로 신자의 구원의 전 과정에 대한 올바른 이해는 삼위의 하나님에 대한 이해를 배제하고는 불가능한 것이다.

**교리의 진술**

이러한 성경의 진술들을 근거로 하여 역사적 기독교회는 삼위일체의 교리를 성경적 진리로 신앙고백해 왔다. 웨스트민스터 소요리문답 제6

---

19) 예수님의 출생 사건은 성부 하나님의 인도를 따라서 마리아에게 성령의 잉태케 하시는 역사가 이루어져 아기 예수님이 탄생하신 것으로 삼위 하나님의 존재를 나타내준다. 또한 예수님이 세례 받으시는 사건에서도 하늘에서 들려온 음성은 성부의 존재를 그리고 성령님은 비둘기같이 임하심으로 삼위의 존재를 분명히 보여주고 있다.

문은 이렇게 말한다. "하나님의 신격에는 삼위가 계시는데 성부, 성자, 성령을 말하며, 이 삼위는 한 하나님으로 본체는 하나이며……" 앞에서 찾아본 신·구약성경의 진술들을 요약한 표현인데, 그 함축적인 의미를 정리해보면 다음과 같이 말할 수 있다.

첫째, 한 하나님 되심에 대한 고백이다. 성경이 계시하는 여호와 하나님은 성부, 성자, 성령 하나님을 말하나, 결코 삼신론이나 다신론적 신관과는 구별된다. 이 하나님의 통일성에 대한 강조는 신·구약을 통하여 일관성 있게 제시된다(신 6:4; 사 44:6; 요 10:30; 고전 8:4; 엡 4:5~6; 약 2:19).

둘째, 그런데 그 한 하나님은 삼위로 존재하신다. 성부 하나님, 성자 하나님, 성령 하나님으로 존재하시되 그들 삼위께서는 각각 서로에게 객관적인 대상으로서 분리되지 않으나 서로 구별되는 위격들이시다.

그것은 삼위의 하나님은 서로에게 '나, 너, 그'와 같은 대명사를 사용하여 호칭하고 계시며(마 17:5; 요 17:1; 16:28; 16:13) 또한 서로를 사랑의 대상으로 삼으셨기 때문이다(요 3:35; 15:10; 16:14; 17:5; 14:16). 즉 주체와 객체로 행동할 수 있는 구별된 위격의 존재로 활동하시는 하나님이시다.

셋째, 결론적으로 성경의 하나님은 그의 존재에 있어서 '한 분 되심'과 '삼위성'을 똑같이 궁극적인 속성으로 인정해야 하는 존재이시다. 즉 그분은 필연적으로 영원히 삼위로 계신 한 하나님이시라고 말하는 것이 삼위일체 하나님에 대한 성경적인 신앙고백인 것이다.

모든 기독교의 가르침이 다 그러하지만 특히 삼위일체 하나님에 대한 진술은 신앙고백적 차원에서 받아들여야 할 만큼 신비적인 교리이다. 사실 초월적인 하나님의 존재를 논하는 것이므로 신비임에 틀림없으나 동시에 그것은 틀린 주장이 아니며 단지 계시적인 진리일 뿐이다. '본체에 있어서는 하나이나 위격적 구별에 있어서는 삼위이시다'라는 진술은 이성적으로 이해되기 어려운 내용이지만, 그것은 하나님의 말씀을 통해 계시된 진리이며 계시된 하나님의 다른 진리들과도 조화되는 진리인 것이다.

유한한 인간은 "하나님의 깊은 것"들을 다 통달할 수 없으며(고전 2:10), 하나님에 관한 지식은 인간들에게는 너무 높고 기이해서 능히 미치지 못할 지식이다(시 139:6). 그러므로 하나님께서 계시하신 내용들을 우리의 이성적인 틀에 짜맞추려고 무리할 필요는 없는 것이다.

우리의 이성으로 완전히 이해되지는 않으나 여전히 진리일 수 있는 것은 이 교리와 다른 교리의 밀접한 관계성의 사실로부터 설명될 수 있다. 앞에서도 지적했듯이 삼위의 하나님은 인간의 구속사역의 교리와 밀접한 연관을 맺고 있다. 구속의 원천이신 성부, 구속사역을 이루신 성자 그리고 구속을 적용하시는 성령 하나님에 대한 이해와 맞물려 있는 가르침인 것이다.

이렇게 볼 때 이 교리는 단순히 사색적 변론의 산물이 아니라 기독교 가르침의 중심적인 진리이다. 즉 이 삼위일체의 진리가 올바르게 수용될 때 예수님의 신성의 온전성, 진정한 성육신에 대한 이해, 성령의 인격성, 그리스도의 부활과 같은 진리들이 제자리를 찾게 되는 것이다. 다시 말하면 삼위의 교리는 신자의 삶에 실제적인 중요성을 지닌 진리이다.[20]

---

20) 앞에서 지적했던 요한복음 13:17에서의 예수님의 다락방 설교의 주제와 그 의의에 대한 설명을 참고하라.

## 하나님의 영원한 계획

이제까지의 논의는 하나님의 존재에 대한 것이었다. 그분의 이름, 속성 그리고 삼위일체적 존재라는 사실에 관한 것이었다. 그러면 그러한 하나님께서 어떤 계획을 가지고 무슨 일을 하시는가? 여기에는 일반적으로 하나님의 작정과 예정, 창조 그리고 섭리의 내용들이 포함된다.[21]

### ▍하나님의 영원한 계획이 있는가?

하나님의 영원한 계획 자체에 대해서 서술하기 전에 '하나님이라는 초월자가 영원 전에 세워놓은 계획이 과연 있을 수 있으며 그 계획에 따라서 오늘의 만사가 진행되고 움직인다는 개념을 인정할 수 있는가?' 라는 반론을 생각해 볼 수 있다. 이러한 반론[22] 중에는 이신론이라고도 하는 자연신교가 있다. 18세기에 영국에서 주장되었던 이 자연신교(Deism)는 창조자 하나님을 말하면서도 오늘의 세계는 그분과 상관없이 운행된다고 주장함으로써 하나님의 계획과 섭리에 따라 오늘의 세계가 진행된다는 역사적 기독교회의 신앙을 거부한다.

그러나 성경이 제시하는 하나님은 '인격적인' 하나님이시다. 인격적인 존재라는 말이 함축하는 바는 그가 생각할 수 있으며, 결정할 수 있고, 어떠한 일을 목적하거나 계획할 수 있는 존재임을 의미하는 것이

---

21) 성부 하나님의 사역에 대한 논의에는 '우주 만물의 창조'에 관한 주제가 포함되는데, 그 부분은 인간 창조의 내용에 대한 배경적인 내용으로 볼 수 있으므로 인간론에 대해 서술하는 다음 장에서 취급하려 한다.
22) 이중에는 범신론도 포함시킬 수 있는데, 이는 세상의 모든 개체들의 행위를 하나님의 행위와 동일시한다. 따라서 세상의 피조물의 행위와 구별되어 이해되는 창조주 하나님의 계획이나 섭리를 말하는 역사적 기독교회의 가르침을 거부하는 입장이다.

다. 따라서 그러한 인격적인 하나님께서 실제로 역사 속의 모든 사건을 창세전에 계획하셨으며, 그분이 작정하신 대로 오늘 운행되고 있는 것이라고 성경은 말한다. 그런데 그의 영원한 계획 안에는 다음과 같은 내용들이 있다.

### 작정과 예정

작정이란 하나님께서 앞으로 발생하게 될 모든 사건들을 미리 정하신 그의 영원하신 계획이나 목적을 가리킨다. 그리고 예정이란 그 작정된 사건들 중에서 특히 인간이나 천사와 같은 도덕적인 피조물들에 대한 구속적인 계획을 가리키며, 여기에는 예수님과 관련된 구속적인 계획도 포함된다.

### 선택과 유기

하나님의 예정하심 안에는 선택과 유기가 있다. 선택은 인류의 얼마를 예수님 안에서 구원하시기로 하신 하나님의 주권적 결정이며, 유기는 죄의 상태에 있는 이들 중의 얼마를 그대로 간과하시어 하나님의 공의의 심판 아래에서 벌하시기로 하신 결정을 말한다.

## ▍하나님의 영원한 계획의 성격

하나님의 영원한 계획이란 인간들의 결정과는 달리 독특한 성격을 띠게 된다. 이에 관련된 성구들에는 에베소서 1:3 이하, 로마서 8:28~30, 디모데후서 1:9~10 등이 있는데, 주로 에베소서의 말씀을 중심으로 그 성격을 정리해보면 다음과 같다.

**하나님의 뜻을 따라 이루어진 계획이다(엡 1:5,11)**

그분의 계획은 외부의 강요에 의해서 결정된 것이 아니라 자신의 기쁘신 뜻대로 결정하였다. 어느 누구도 어떤 무엇도 그분의 영원한 계획의 결정과 그 시행에 영향을 끼칠 수 없다.

**영원한 계획이다(엡 1:4)**

하나님의 계획은 인류의 역사가 진행되면서 세워지거나 혹은 변경되는 계획이 아니라 창세전에 영원 속에서 세워진 계획이다.

**불변하는 계획이다(욥 23:13~14; 사 46:10; 눅 22:22; 행 2:23)**

하나님의 계획은 영원한 계획이므로 불변성을 포함하고 있다. 이 성격은 한 번 결정하신 바는 변경됨 없이 신실하게 성취된다는 의미인데, 그분의 불변성의 속성과도 연관되어 이해할 수 있다. 그는 불변하시는 하나님이시므로 그의 계획도 같은 성격을 띠게 되기 때문이다.

**주권적인 계획이다 (엡 1:11; 2:8; 행 2:23; 벧전 1:2)**

하나님의 계획은 인간의 상태, 즉 인간의 공로나 불순종의 상태 여부에 의해서 영향을 받아 결정된 것이 아니라 그분의 주권적인 뜻에 의해서 세워진 것이다. 특히 이 성격은 예정과 구원의 문제에서 인간의 공로와 협력할 수 있는 여지를 조금도 남겨두지 않는 결정이라는 사실을 강조한다.[23]

---

23) 이러한 의미에서 개혁주의는 알미니안주의와는 구별되는 이해를 가지고 있다. 신자가 앞으로 그리스도에 대한 신앙을 가지고 성실한 신앙생활을 하게 될 것을 미리 아시고 택자를 삼으신 것으로 보는 알미니안적인 '예지 예정'의 개념은 하나님의 주권적인 뜻에 의해서만 결정된 것으로 보는 칼빈-개혁주의적 개념과 다른 것이다. 전자는 하나님의 전적인 은혜로 말미암는다는 성경의 설명에서 벗어난 개념이다.

**인간의 인격적인 활동을 배제하지 않는 계획이다.**

하나님의 주권적 작정이나 섭리에 대한 강조는 흔히 인간의 책임 내지는 인격적 활동을 무시하게 되는 것으로 오해하기 쉽다.[24]

물론 하나님의 전적인 주권적 작정, 예정, 섭리 등의 개념은 적어도 이론적으로는 인간의 인격성과 상충되는 것으로 인식될 수 있다. 그러나 성경적인 문맥 안에서나 실제적인 생활 속에서는 결코 상충되지 않고 함께 조화를 이루며 공존하는 개념들이다.

예를 들면 예수님의 구속사역에 대한 하나님의 영원한 계획은 예수님의 탄생 전부터 확고히 서 있던 계획이었다. 그러나 그러한 하나님의 주권적인 계획이 진행되는 과정에서 성육신하신 예수님은 그의 인격적인 활동이 배제되어 로봇과 같이 십자가의 길을 따라가신 것은 아니었다. 우리 인간들의 생애도 마찬가지이다.

하나님의 영원한 주권적인 계획이 우리의 삶 속에 성취되는 과정에서 하나님은 우리를 로봇과 같이 구속하거나 억지로 강제하지 않고 각자 나름대로의 취향과 의도에 따라 살아가게 하신다. 그러나 결국 그들이 걸어가는 길은 하나님께서 영원 전에 작정하셨던 그 길이 되는 것이다.[25]

---

[24] 칼빈주의자들에 대한 알미니안주의자들의 비판 중 대표적인 것이 바로 이것인데, 전자가 하나님의 주권이나 무조건적인 선택 교리를 강조함으로써 인간의 책임성을 약화시키게 된다는 지적이다. 그러나 칼빈주의는 하나님의 주권을 말하면서도 인간의 인격적 활동(자유로운 '지, 정, 의' 활동)을 배제시키지 않고, 오히려 그것을 포함한 주권이라는 점을 말하는 균형 잡힌 이해를 제시하고 있다.

[25] 이와 같은 예를 성경 안에서 또 하나 찾아본다면, 요셉을 애굽 상인들에게 팔아넘긴 그의 형들의 행위를 들 수 있다. 그의 형들은 장차 요셉을 애굽의 총리로 삼아 그의 백성을 구원하시려는 하나님의 계획을 의식하고 억지로 요셉을 팔아넘긴 것이 아니다. 그들은 단지 자신들의 의지와 동기에 의해서 취한 행동이었으나 하나님께서는 그들의 자의적인 행동을 통하여 자신이 계획하신 바를 이루어가셨던 것이다.

**효과적인 계획이다(시 33:11; 잠 19:21; 사 46:10).**
하나님의 계획은 반드시 실현되며 아무도 그 계획을 방해할 수 없고 효과적으로 성취된다.

**거룩한 삶과 구속을 이루게 한다(엡 1:4~5).**
하나님께서 창세전에 우리를 택하신 것은 우리를 거룩하고 흠이 없게 하셔서 그의 자녀들이 되게 하려 하신 것이다. 그러나 궁극적으로는 우리들로 하여금 그의 영광을 찬미하게 하려고 택하신 것이다(엡 1:6).

**하나님의 계획 안에 모든 것이 있다.**
하나님의 계획의 범주 밖에 있는 것은 아무것도 없다. 인간의 선한 행위(엡 2:10)와 악한 행위(잠 16:4; 행 2:23; 4:27~28) 그리고 우발적인 사건들까지(창 45:8; 50:20; 잠 16:33) 포함하는 모든 인간의 행위와 역사 속의 사건들이 다 하나님의 계획 안에 들어 있다.

**죄에 관하여는 허용적이다(시 78:29; 106:15; 행 14:16; 17:30).**
하나님의 계획이 전 포괄적인 성격을 갖고 있는 것은 사실이나, 그럼에도 불구하고 죄와 관련된 사건에서는 하나님이 직접적인 동인자이실 수는 없다. 그는 거룩하신 분으로서 죄를 알지도 못하신 분이기 때문이다. 그러므로 그는 피조물들이 범죄하는 행위들을 그냥 허용하시며 단지 그 결과를 조정, 관할하기로만 작정하셨다.[26]

---

26) 개혁주의 신학자들 중에는 하나님의 주권성을 일관성 있게 주장하기 위하여 범죄 행위에 관련된 부분에서도 하나님께서 직접적인 주권자가 되시는 것으로 설명하려는 이들이 있다(Gorden Clark). 그러나 그러한 경우에 하나님께서 죄의 원인자가 되어 버리는 문제점이 야기되는 것은 자명한 이치이다.

## 하나님의 영원한 계획에 대한 오해

하나님의 영원한 계획에 대해서 말할 때 우리는 다음과 같은 세 가지 질문들을 쉽게 접하게 된다.

**전도에 장애가 된다는 문제점**
'하나님께서 영원 전에 택하신 자들을 이미 다 결정하였다면 우리의 전도행위에 무슨 의미가 있겠는가?' 하는 반문이 제기될 수 있다. 그러나 우리는 하나님의 영원한 계획 혹은 예정에 대한 교리를 성경이 제시하는 문맥 속에서 바르게 이해해야 한다.

첫째, 성경에서 제시되는 하나님의 주권적인 선택 교리의 진술 혹은 그에 대한 언급들(마 11:25~28; 행 18:5 이하)은 전도의 메시지로 연결되거나 전도의 문맥에서 제시되고 있는 것을 볼 수 있다. 마태복음 11:25~27에서 언급되는 하나님의 주권적인 구원계시에 대한 예수님의 말씀은 28절의 '복음에로의 초청'에 대한 말씀으로 연결되며, 사도행전 18:5 이하에서 사도 바울이 고린도 지방의 어느 한 성에서의 전도에서 낙심하고 있을 때, "그 성 안에 하나님의 택한 백성들이 많다"는 하나님의 말씀은 그로 하여금 그곳에 남아 더욱더 적극적으로 전도하도록 했다.

둘째, 선택 교리와 전도가 서로 배타적일 필요가 없는 사안이라는 실제적인 이유는 구원의 대상을 작정하신 하나님께서 동시에 그 구원의 수단으로서 인간의 전도행위도 작정하신 것이기 때문이다. 즉 하나님께서는 택자들을 구원하기 위한 주된 방법으로서 우리에게 전도행위를 명하신 것이다.

셋째, 또한 하나님의 택정함과 그것의 효과적인 성취가 분명한 사실임에도 불구하고 우리가 지속적으로 끝까지 전도해야 할 이유는 택자와 불택자의 구분은 하나님에 의해서만 파악될 수 있으며, 우리는 그들이 죽게 될 때까지도 누가 택자이고 누가 불택자인지 모르기 때문이다.[27]

### 인간의 자유와 인격성을 무너뜨리게 된다는 점
이 부분에 대해서는 앞에서 지적했던 바대로 하나님의 주권적인 계획이나 작정은 그 계획이 진행되고 있는 상황 속에서 인간의 인격적인 활동을 제한하지 않는다는 점을 생각해 볼 수 있다.

### 하나님께서 죄의 조성자가 되신다는 문제점
하나님께서 역사 속에서 발생되는 모든 사건들을 주관하시는 주권자이시고 인간의 역사 속에는 죄악된 사건들이 있는 것이 사실이라면, '하나님께서는 결국 그 죄악된 사건들에 대해서도 직접적인 원인자로서 책임이 있게 되는 것이 아닌가?'라는 물음이다. 이것은 하나님의 전적인 주권성을 말하게 될 때 제기되는 영원한 신학적 과제이다. 이 문제는 '악'도 하나님의 섭리라고 보는 신정론(Theodicy)에서 논의되는 주제이나 여기서도 온전한 해결책을 기대하기는 어렵다.

그러나 분명한 것은 하나님은 죄를 알지도 못하신 거룩하신 분이라는 사실이다. 그리고 그분의 섭리 속에서 이 세상에 죄악이 들어온 것이 사실이지만 하나님은 그 죄의 세력을 방관하지 않으셨으며 결국 예수 그리스도의 구속사역 안에서 의의 승리로 극복하시고 해결하셨다는 것이 성경의 가르침이다.

---

[27] 예를 들면 십자가상의 한 강도는 마지막 순간에 주를 의지하고 주와 함께 낙원에 이른 것으로 성경이 말하고 있다. 그렇다면 우리는 우리의 판단으로 극악해 보이는 사람일지라도 그가 죽음을 넘어서기까지 그를 전도하려는 노력을 포기하지 말아야 하는 것이다.

## ▎하나님의 영원한 계획에 대한 올바른 이해

하나님의 영원한 계획 특히 선택 교리에 대한 올바른 접근은 하나님께 영광 돌리는 상황에서 가능한 것이다. 이 관점은 칼빈의 『기독교강요』의 저술방식 속에서 찾아볼 수 있는데, 특이할 만한 점은 그가 선택 교리를 그의 『기독교강요』 중 제1권 '창조주 하나님에 관한 지식'에서 서술하지 않고, 신자의 생활을 논하는 제3권에서 설명하고 있다는 것이다.[28] 그러나 선택 교리란 이미 하나님의 자녀가 된 자의 입장에서 하나님의 놀라운 구원의 은총을 돌아보며 하나님께 영광 돌리는 상황에서 바라볼 때 바르게 이해되는 교리인 사실을 생각해볼 때, 칼빈이 취한 방식은 이해할 수 있는 접근방식이다. 만일 불신자와의 논쟁적인 문맥에서 이 교리가 제시된다면 전혀 유익이 없는 접근방식이 될 것이며 올바른 이해에 도달하기도 어려울 것이다. 다른 모든 기독교의 가르침들도 마찬가지지만 이 교리에 대한 단순한 지적 이해는 그 가르침을 믿음으로 수납하여 이해하는 것과는 다른 것이다. 즉 하나님의 선택 교리에 대한 진정한 이해는 하나님의 은혜로 말미암은 믿음이 아니고서는 불가능한 것이다. 믿음으로 받지 못할 때 이 가르침은 거치는 돌이 될 뿐이다.

## ▎선택 교리의 실제적인 유익

**예배의 자세를 향상시켜 준다.**
창세전에 우리를 택하신 것은 그의 영광을 찬미하게 하려 하신 것이다.

---

[28] 일반적으로 선택 교리란 하나님을 논하는 신론 중에서 언급될 것으로 예상된다. 하나님의 사역과 관련된 주제이기 때문이다.

그러므로 나와 같은 죄인을 창세전에 그의 기쁘신 뜻대로 택하셨다는 사실을 깨닫게 될 때 우리는 진정으로 하나님의 영광을 찬미하는 예배 참여자가 될 수 있다(엡 1:6).

**확신에 찬 신앙생활을 영위하게 된다.**
하나님의 택함은 그분의 전적인 주권적 결정의 행위이므로 환난이나 곤고나 기근이나 칼 그 어느 것도 하나님의 사랑에서 그의 자녀들을 떨어져 나가게 할 수 없다. 따라서 그분의 확실한 인도와 주권에 대한 신뢰 속에서 살아가게 된다(롬 8:28~39).

**겸손한 자세를 가져다 준다.**
우리의 생명과 구원의 모든 것들이 우리의 공로에 의한 것이 아니라 전적으로 하나님의 은총의 결과이다. 따라서 우리는 우리 인생의 어느 한 순간에라도 교만할 수 없으며 오히려 겸손히 하나님의 은혜에 감사하게 될 뿐이다.

## ▮ 섭리

하나님의 작정이 창세전에 미리 정하신 계획이라고 한다면 하나님의 섭리란 실제적으로 참여하셔서 역사하시는 하나님의 행동과 관련된 부분이라고 할 수 있다. 일반적으로 이 섭리란 창조주가 그의 모든 피조물을 보존하시는 요소와 세상에서 발생하는 모든 일에 합력하여 역사하시는 요소 그리고 만물을 그 지정된 목적으로 인도하시는 요소로 나뉘어 설명된다.

**보존**

하나님의 보존사역에는 만물에 대한 것(신 33:12, 25~28; 느 9:6; 시 107:9; 127:1; 마 10:29; 행 17:28; 히 1:3)과 자기 백성들에 대한 것(창 28:15; 49:24; 욥 1:10; 36:7; 시 31:20; 32:6; 34:15; 사 40:11)이 모두 포함되는데, 성경적인 보존의 개념은 자연신론(Deism)에서의 개념과 비교해 볼 때 잘 이해할 수 있다. 자연신교에서는 자연 만물이 하나님의 창조 이후로는 자연 스스로의 원리에 의해서 운행되는 것으로 보나, 성경은 창조 후에도 계속적으로 하나님의 전능하신 능력에 의해 보존되고 유지되는 것이라고 설명하고 있다. 만물과 모든 피조물들은 항상 하나님께 의존적인 존재로 남기 때문이다.

**협력**

협력이란 하나님께서 그의 모든 피조물들과 합력하여 그들의 일이 진행되도록 역사하시는 것을 의미하는데, 그것은 단순한 '역할 분담'의 개념과는 다르다. 피조물의 활동에 있어서 어느 부분까지는 하나님의 사역이고, 어느 부분부터는 인간의 담당 범위라는 식의 구분이 아니라 오히려 그 전부가 하나님의 역할이고 또 인간의 역할(Concurrence)이라는 방식으로 이해되어야 한다.

또 하나 주의해야 할 내용은 이 협력을 말할 때 인간의 사역이 하나님의 사역과 대등하다는 식의 개념은 거부되어야 한다는 것이다. 인간은 그 모든 활동에서 하나님께 의존하는 존재이기 때문이다. 그런데 그렇게 말하게 될 때 부딪히는 문제가 죄의 조성자로서의 하나님이다. 그러나 앞에서도 지적했듯이 이 문제를 해결하기 위해서 우리는 '하나님의 주권적인 섭리'의 가르침을 포기하지 않는다. 단지 하나님은 죄는 허용하시나 죄의 원인자는 아니시며, 죄와 악을 억제하시며 멀리하시는 거룩하신 분이라는 성경의 증거를 고백할 뿐이다. 사실 이 문제는 영원한 숙제이며 '신비'의 영역들 중의 하나이다.

## 통치

이것은 태초로부터 하나님의 영원한 목적이 성취되도록 만물을 다스리시는 하나님의 계속적인 역사이다. 그러나 이 통치는 피조물들의 본성을 거스르지 않는 통치라는 점에 주의할 필요가 있다. 즉 물리적인 세계에서는 자연법칙을 수단으로 사용하시며, 정신적인 세계에서는 정신적인 특성들이나 법칙들을 그리고 영적 세계에서는 성령의 감동으로 역사하여 다스리신다.

## 비상 섭리(이적)

하나님은 항상 피조물의 본성을 따라서만 역사하시지는 않는다. 하나님의 섭리 가운데는 자연법칙을 넘어서 하나님의 초자연적인 권능으로 역사하시는 비상 섭리도 있다. 이것을 이적이라고도 부르는데 이것은 하나님께서 자연법칙과 같은 제2원인을 통하지 않고 직접적으로 역사하신 결과이다.

  이 섭리와 관련하여 한 가지 주의해야 할 부분은 인간의 호기심이나 능력 과시를 위한 것이 아니며, 하나님의 구속의 경륜과 연관하여 발생된다는 것이다. 즉 성경의 기적들은 구속사의 특별한 기간들, 즉 성경의 특별계시 기록이나 그리스도의 구속사역, 교회의 설립과 같은 사건들 속에서 발생되었던 것이다.

### 생각해 볼 문제

1. 하나님에 관한 지식은 무엇으로부터 주어지는가?

2. 하나님을 아는 지식이 인격적인 성격을 갖는다는 말은 무슨 뜻인가?

3. 신 지식은 불가해적 성격을 지닌다는 것은 무슨 의미에서인가?

4. '엘샤다이'란 이름은 무슨 의미를 갖고 있는가?

5. 하나님의 '자존성'의 뜻은 무엇인가?

6. 편재 교리의 실제적인 유익은 무엇인가?

7. 하나님의 지식과 지혜로우심의 차이는 무엇인가?

8. 하나님의 복수적 존재에 대한 구약의 증거에는 어떠한 것들이 있는가?

9. 단일신론은 성경의 하나님과 어떻게 다른가?

10. 하나님의 영원한 계획은 왜 전도의 생활에 걸림돌이 되지 않는가?

**제4장**

# 성경적 인간 이해

이 부분에 대한 논의는 일반적으로 하나님의 사역을 논하는 신론에서 취급되나 최초의 인류를 말하기 위한 배경적 논의라고 볼 수도 있으므로 인간론의 앞부분에서 언급하려 한다.

# 제4장 | 성경적 인간 이해

## 우주의 기원과 하나님의 창조사역

### ▌우주의 기원에 대한 이론

**첫 번째 이론**

비인격적인 실체로부터 발전되어 오늘의 우주 만물이 존재하게 되었다고 주장하는 이론인데, 이는 일반적으로 진화론의 입장으로 대변된다. 진화론은 1859년 다윈(C. Darwin)이 『종의 기원』(The Origin of Species)이라는 책을 통하여 발표한 이후로 서구사회의 지배적인 사상으로 자리 잡아 왔다. 그러나 그 허구와 비과학적인 부분들이 오늘날 진화론자들 자신의 입으로 시인되고 있다.

진화론이 지니고 있는 근본적인 문제점을 둘만 지적한다면, 진화론은 근본적으로 기원에 대한 확실한 근거들을 제시하지 않는 한 절대적 의미에서 창조론을 대신할 수 없다는 것이다. 왜냐하면 오늘의 존재 뒤에 있는 더 단순한 물질의 존재를 해명한다 해도 또 그 뒤에 있어야 하는 더 단순한 물질을 밝혀야 하고, 또 그러한 질문은 처음의 창조를 말하지 않는 한 계속될 수밖에 없기 때문이다.

또한 진화론은 오늘의 존재로까지 이르게 되는 존재의 연속적 진화 단계를 말하는데, 그 연속적인 단계들 중에서 그 사이를 연결하기 어려운 부분들이 있음이 쉽게 지적될 수 있다는 것이다. 우선 생활기능이 없는 물이나 공기 혹은 광물 같은 무기물이 생명이 있는 생물 같은 유기물로 진화된다는 부분을 설명하기가 어렵다. 더 나아가 비인격적인 동물이 인격체인 인간, 그것도 특히 영적인 삶을 살아가는 영적 존재로서의 인간으로 어떻게 진화되는지에 대해서 설명하는 것은 그들에게 거의 불가능한 부분이다.

### 두 번째 이론

이것은 인격적인 실체로부터 오늘의 우주가 만들어졌다는 입장인데 이 이론에는 세 가지 견해가 존재한다. 오늘의 우주가 선한 인격체로부터 주어졌다고 보는 이론, 악한 인격체로부터 주어진 것으로 보는 이론 그리고 중도적인 입장으로 선한 절대자와 악한 절대자 모두를 말하는 이원론적 구조로 설명하는 이론이다. 여기에서는 편의상 악한 인격체로부터 주어진 우주를 말하는 견해부터 생각해 보자.

- 악한 인격체로부터 주어진 우주

만일 우리가 악이 우주의 기원이라고 말한다면, 오늘의 세상 속에 보여지는 선한 부분들에 대해서 설명할 수 없게 된다. 왜냐하면 근본적으로 악한 근원으로부터 선한 것을 기대하기는 어려운 일이기 때문이다. 둘째로 이 설명대로라면 이 세상은 너무나 비관적인 장소가 될 수밖에 없는 문제점을 가지게 된다.

- 이원론적 구조로 보는 견해

우주는 두 개의 동등한 자존적인 절대자에 의해서 존재하게 되었으며 지금도 운행되고 있는 것으로 보는 입장이다. 그러나 상식적으로 '두 개의 자존적인 절대자'란 자기 모순적인 존재이다. 그것은 하나의 자존적 존재란 또 다른 자존적인 실체를 허용할 수 없기 때문이다(예를 들어 성경의 하나님을 자존자라고 할 때 그 의미는 그분 이외의 모든 존재들은 다 의존적인 존재임을 함축하고 있는 것이다). 선과 악의 동등한 절대자들의 존재를 함께 인정하는 것은 선과 악에 대한 참되고 의미 있는 구별을 하기 어렵게 만든다. 즉 선과 악을 구별할 수 있는 제3의 더 궁극적인 원리가 제시되지 않는 한 우주의 도덕적인 차원이 무너지게 될 수 있는 문제점을 지니게 되는 것이다.

- 선한 인격체로부터 주어진 우주

위의 사실들을 고려해 볼 때 우주는 선한 절대자에 의해서 만들어진 것이라고 결론짓게 되며, 성경대로 우리는 하나님이 우주 만물을 창조하셨다는 가르침을 받아들이게 된다.

## 성경적인 창조사역 이해

그러면 성경이 말하는 우주 만물의 창조사역은 어떻게 이해될 수 있는가? 하나님의 창조사역은 '하나님이 자신의 주권적 의지에 의하여 자신의 영광을 위해 태초에 모든 가시적, 불가시적 우주를 무에서 생기게 하신 하나님의 자유로운 행위'라고 정의해 볼 수 있다. 그 의미를 하나씩 살펴보자.

**창조의 성격 : '주권적 의지에 의하여', '자유로운 행위'**

하나님의 창조사역이란 하나님의 자유로운 결정에 의한 행동의 결과라는 것이다. 범신론에서 이해하듯이 창조사역이 하나님의 본성으로부터의 필연성을 띤 행동의 결과라고 하면, 하나님은 피조세계에 의존적인 존재가 되고 만다. 결국 우주 만물의 창조는 하나님의 주권적인 의지의 결정에 의한 것으로 보아야 한다.

### 창조의 주체 : '하나님의'

우주 만물의 창조는 삼위일체 하나님의 역사라는 말이다. 일반적으로 오해하기 쉬운 부분은 창조사역을 성부 하나님의 사역으로만 생각하려는 태도이다. 그러나 성경은 예수님과 성령님 모두가 창조사역에 참여하신 것으로 말한다(요 1:3; 고전 8:6; 창 1:2; 욥 26:13). 그러므로 성자나 성령 하나님은 단순히 중개자이거나 능력인 것만은 아니며 분명히 성부 하나님과 함께 창조사역에 참여하신 것으로 보아야 한다.

### 창조의 목적 : '자신의 영광을 위해'

하나님께서 우주 만물을 창조하신 것은 하나님 자신의 영광을 위한 것이었다. 물론 그 말은 하나님의 영광이 부족해서 그 부족한 부분을 채우기 위한 것이라는 뜻은 아니다. 단지 이미 충족하신 그의 영광을 선포하기 위함이었다고 보아야 한다. 그 충만한 하나님의 영광을 드러내는 것이 창조의 궁극적인 목적이며, 인류의 구원이나 행복은 부차적인 목적으로 포함되는 것이다.

### 창조의 방법 : '무에서부터'

하나님의 창조는 어떠한 기존의 재료들을 사용하여 만드신 사역이 아니며 하나님 이외에 아무것도 없는 상태에서 창조하신 것이라는 의미이다. 일반적으로 가질 수 있는 오해 중에는 하나님께서 창조하실 때 그는 이미 시간과 공간의 범주 안에서 행동하신 것이라고 생각하려는 것이다. 그러나 시간과 공간조차도 사실은 하나님의 피조물 중의 하나이다. 즉 하나님께서는 시공간 속에서 창조사역을 이루신 것이 아니라 그 시간과 공간의 단위도 하나님의 창조대상들 중의 하나였다는 것이다. 하나님 이외에 어떠한 존재나 원리도 없는 무(無)로부터의 창조(Creatio Ex Nihilo)인 것이다.

## 에덴동산에서의 삶

성경에서 말하는 인간은 3단계로 구분되어 설명된다. 첫째가 하나님께서 인류를 처음으로 창조하셨을 때의 모습이며, 둘째는 에덴동산에서 인류의 시조가 범죄한 이후의 모습이고, 마지막으로 예수 그리스도의 복음 안에서 새롭게 피조된 인류의 모습이다. 여기에서는 먼저 처음 인류의 모습과 그들에게 주셨던 풍성한 복과 은총의 삶에 대해서 생각해 보자.

### 창조의 특권(창 1:28)
"생육하고 번성하라"라는 하나님의 명령은 문화명령의 내용 중의 하나인데, 그것은 특히 인간으로 하여금 하나님과 같이 창조의 특권을 맛볼 수 있게 해주는 하나님의 특별한 은총이다. 하나님과 동일한 차원에서의 창조는 아니지만 인간은 자신과 같은 모습의 존재를 잉태하고 낳아 기를 수 있는 특권을 누릴 수 있게 되었다.

### 모든 채소와 과실(창 1:29)
에덴동산의 모든 채소와 과실들을 인간이 즐길 수 있는 식물로 주셨다. 아담이 범죄한 이후에는 종신토록 수고하여야 땅의 소산을 먹을 수 있게 된 사실을(창 3:17) 고려해 볼 때, 창세기 1장에서의 상황은 심판의 노동이 아닌 즐거운 근로를 통한 식물들의 획득이며 축복의 선물이었다.

### 안식일의 복(창 2:3)

6일간의 근로를 마치고 한 주에 하루씩 육체적으로 안식하며, 창조주 하나님을 묵상하고 그분께 경배와 찬송을 올릴 수 있는 영적 안식의 날을 주심은 하나님의 복된 배려이다.

### 에덴동산(창 2:8~15)

하나님께서는 아름다운 에덴동산을 인간에게 주시고 또한 그것을 다스리며 지키는 임무를 부여하셨다. 좋은 환경에서 보람을 느끼며 일하고 살 수 있게 하셨던 것이다.

### 하나님의 형상을 지닌 자로서의 자유(창 2:16~17)

하나님께서는 에덴동산의 인간에게 동산에 있는 모든 나무의 실과를 임의로 먹을 수 있는 자유를 주셨다. 그러나 그 자유는 예외가 있는 자유였다. 선악을 알게 하는 나무의 실과는 제외한 자유였던 것이다. 그것은 인간에게 주어진 자유는 세속적인 자유와는 다르며, 하나님의 형상을 지닌 자로서의 자유임을 말해준다. 인간을 진정으로 행복하게 해주는 자유란 하나님의 피조물로서의 자유이다. 자신의 위치를 벗어난 자유는 방종이며 물을 떠난 물고기처럼, 철로를 떠난 기차처럼 자유를 누릴 수 없게 될 뿐이다. 전능하신 창조주 하나님의 계명 안에서의 자유만이 인간에게 주어진 진정한 행복을 가져다주는 자유인 것이다.

**돕는 배필(창 2:18)**

아담이 독처하는 것이 하나님 보시기에 좋지 못하여 하나님은 아담에게 '돕는 배필'을 허락하셨다. 즉 인간은 하나님의 형상을 지닌 존재로서 하나님께서 삼위 간에 서로 교제하며 존재하시듯이 서로 관계하며 사는 사회적인 존재로 살아가도록 창조하셨던 것이다.

## 하나님의 형상

처음 창조된 인간의 모습 중에서 성경이 강조하고 있는 부분 중의 하나는 그가 하나님의 형상으로 지음 받았다는 점이다. 하나님께서 창조하신 모든 피조물의 생명체들 중에서 오직 인간만이 하나님의 형상으로 지음을 받았다. 인간만이 하나님과 교제하며 영적 존재로서의 삶의 특권을 누리게 된 것이다. 그런데 하나님의 형상을 지닌 인간에 대한 이해는 기독교회의 역사 속에서 다양하게 설명되어 왔다. 대표적으로 가톨릭교회와 루터교회의 입장들을 대비하여 살펴보면서 개혁주의의 하나님의 형상 이해를 제시하려 한다.

### ▌ 로마가톨릭의 이해

가톨릭교회는 창세기 1장 26절에서 언급되는 "하나님이 이르시되 우리의 형상을 따라 우리의 모양대로 우리가 사람을 만들고……"의 내용 속에서 '형상'이라는 단어와 '모양'이라는 단어가 서로 다른 내용을 가리키는 것이라고 본다.

그래서 인간은 처음에는 하나님의 형상만으로 창조되었다가 후에 '모양'의 부분이 추가되었다고 본다. 즉 하나님의 형상과 모양은 서로 다른 내용으로서 '형상'은 인간에게 주어진 자연적인 능력을 의미하고 (도덕적인 인격체로서의 존재), '모양'은 그 후에 주어진 초자연적인 하나님의 특별 은사라고 주장한다. 인간이 하나님의 형상만을 소유한 상태에서는 자신의 저급한 감정과 갈등을 일으키는 상황에 놓이게 되나, 하나님의 모양을 추가하여 소유하게 될 때 그 저급한 욕구들을 극복하고 하나님의 뜻을 따를 수 있는 위치에 이르게 된다는 것이다. 여기서 형상과 모양의 의미를 서로 다른 것으로 이해하려는 것도 문제이나 더 큰 문제는 이러한 구조 속에서 인간의 타락의 영향이 왜곡되어 설명된다는 점이다. 타락의 결과로 인간이 하나님의 형상을 잃거나 손상시킨 것이 아니라 단지 하나님의 모양만을 상실한 것으로 보게 되기 때문이다.

따라서 가톨릭의 이해는 일차적으로 하나님의 형상과 모양의 의미가 동일한 의미로 쓰인 사실을 오해한 것도 문제지만 인간 타락의 결과를 제한적으로 축소시킴으로써 타락 후의 인간에게 여전히 하나님의 형상이 정상적인 상태로 남아 있는 것으로 보는 문제점을 드러내고 있다. 즉 인간이 타락 이후로 하나님의 형상이 파괴되고 전적으로 부패한 존재로 떨어지게 된다는 원죄의 심각성을 약화시키게 되는 것이다.

## 루터교회의 이해

가톨릭교회가 타락으로 말미암는 인간의 전적 부패의 심각성을 약화시키는 문제를 갖게 되었다면, 루터교는 전적 부패의 심각성을 강조하기는 하였으나 하나님의 형상의 의미를 제한시킴으로써 성경적인 가르침에서 벗어나는 것을 보게 된다. 가톨릭의 개념에서 '형상'의 부분(자연적인 능력으로서 하나님의 형상)은 배제하고, '모양'에 해당하는 영적 존재의 부분(의와 진리와 거룩으로서 하나님의 형상, 엡 4:24)만을 하나님의 형상의 개념으로 인정함으로 아담의 타락으로 말미암아 인간은 하나님의 형상을 완전히 소실하게 되었다는 것이다.

그러나 성경은 아담의 타락 이후에도 여러 곳에서 인간이 하나님의 형상을 지닌 것으로 묘사하고 있으므로(창 5:1~3; 9:6; 약 3:9) 완전히 소실되었다고 보는 것은 잘못된 주장이다.

## 개혁주의의 견해

개혁주의는 좀 더 성경의 모든 가르침을 온전히 반영하려는 노력을 한다. 형상과 모양의 개념을 구분하여 모양이 추가적으로 주어진 것이라고 말하는 가톨릭의 무리한 해석은 피하면서도, 루터교와 같이 타락 후에는 하나님의 형상이 완전히 소실되었다는 비성경적인 주장을 뛰어넘는 견해를 제시하는 것이다.

개혁주의의 하나님의 형상 이해는 칼빈의 가르침에 많이 의존하고 있다. 칼빈은 그의 『기독교강요』 제1권 15장에서 하나님의 형상에 대해 설명하고 있는데, 협의와 광의로 나누어 말한다. 협의에서의 하나님의 형상은 의와 진리와 거룩(엡 4:24)의 영적 부분의 형상을 가리키며, 광의에서는 다른 모든 동물들의 특성을 초월하는 인간의 모든 특성들이 하나님의 형상이라고 했다. 즉 인간의 인격적인 부분, 지성과 감정과 의지를 지닌 이성적·도덕적 존재 혹은 사회성을 지닌 부분 등을 포함하는 포괄적인 개념으로 하나님의 형상을 말한다.

즉 개혁주의는 아담의 타락으로 말미암아 인간에게 끼쳐진 결과로 협의의 형상 부분은 상실되었으나 여전히 도덕적이고 인격적인 존재로서 하나님의 형상은 남아 있는 것으로 보는 것이다. 그러므로 루터교와 같이 온전히 상실된 것으로 보는 오류는 피하게 된다.

그러면 가톨릭과는 무슨 차이가 있는가? 가톨릭도 타락 후에 여전히 하나님의 형상이 남아 있는 것으로 말하기는 하나 모양만 상실되고 '형상'의 부분이 아무런 손상도 없이 보존된 것으로 말함으로써 타락의 결과의 심각성을 약화시킨다. 반면에 개혁주의는 타락 후에는 하나님의 형상이 남아 있기는 하나 심각한 손상을 입은 채로 남아 있는 것으로 본다.

아담의 범죄로 인한 타락의 결과로 인간은 영적 생명을 잃게 되었으나 하나님의 형상이 완전히 소실된 것은 아니며, 여전히 하나님의 형상을 지닌 존재로 남게 된다. 그러나 하나님께서 처음에 만드셨던 모습 그대로 남아 있는 것은 아니고, 손상을 입은 채로 남아 있게 된 것이다. 여기서 손상을 입었다는 것은 인간이 지녔던 지적, 의지적, 감정적 기능들이 원래적인(하나님께서 처음에 창조하셨을 때 의도하셨던) 방향으로 사용되지 못하고, 하나님을 아는 지식에서 떠나며, 노예의지의 상태로 전락되고, 죄악된 감정에 사로잡히게 되는 불구의 상태를 말하는 것이다(롬 3:10~12).

그러나 그럼에도 인간은 아담의 타락 이후에도 여전히 감정과 의지와 지성적 활동을 하는 존재로 살아간다. 단지 문제는 그의 그러한 활동이 하나님께서 원래 인류에게 의도하시고 기대하셨던 방향으로 진행되지 못하고, 하나님을 대적하고 거역하는 방향으로 사용하게 되었다는 사실이다. 그리고 바로 그 사실에서 개혁주의는 타락의 심각성을 지적하는 것이다.

## 아담의 타락과 죄

하나님께서 인간에게 베풀어주신 크고도 많은 복들을 최초의 인류는 잘 소화해내지 못하였다. 결국 그들은 하나님께서 주신 계명들을 어기고 타락의 수렁으로 떨어졌다.

## 아담 타락의 배경

우리는 하나님께서 우주 만물을 창조하시고, "보시기에 좋았더라"라고 말씀하셨던 것을 성경에서 찾아볼 수 있다. 그 말은 모든 만물들이 처음에는 선하게 창조되었음을 의미한다.
그러나 성경 전체의 가르침을 통해서 우리는 하나님의 창조와 인간의 타락 사이의 어느 시점에서 천사가 타락했음을 추측해 볼 수 있다. 창세기 3장에 사탄이 등장하기까지 우리는 천사들의 타락에 대한 구체적인 설명을 들을 수 없으나, 아담이 타락하는 그 시점에서 이미 타락한 천사로서 사탄이 활동하고 있는 것을 보게 되기 때문이다.

아담과 하와의 타락은 바로 그 타락한 천사의 유혹으로 유발된다. 그러나 여기서 한 가지 주의해야 할 점은 그러한 사탄의 존재가 아담 타락의 절대적, 결정적 원인이라고는 할 수 없다는 것이다. 왜냐하면 인간은 사탄의 유혹을 거부할 수 있는 도덕적인 존재로 지음을 받았기 때문이다.

요약하면 타락한 사탄의 존재와 유혹이 아담 타락의 배경은 될 수 있으나, 아담이 타락할 수밖에 없는 결정적인 요인이라고는 말할 수 없다는 것이다. 즉 아담은 자신의 의지적인 결정으로 그 유혹을 뿌리칠 수 있었지만 하나님의 계명보다 사탄의 말을 따라서 범죄하였던 것이다.

## 사탄이 사용한 세 가지 단계

아담이 물론 자신의 잘못된 판단과 결정에 의해 범죄하게 된 것은 사실이나, 아담과 하와가 그러한 범죄행위에 이르기까지 사탄은 치밀하게 그 타락의 길을 준비했던 것을 볼 수 있다.

## 의심을 불러일으킴(창 3:1)

사탄은 하와에게 접근하면서 처음부터 강한 도전을 시도하지 않았다. 단지 하나님의 명령을 의심하도록 유도함으로써 유혹의 손길을 뻗쳤다. "하나님이 참으로 너희에게 동산 모든 나무의 열매를 먹지 말라 하시더냐?"라고 물음으로써 하와로 하여금 아담으로부터 전해 들은 하나님의 명령의 내용에 대해서 의심을 갖도록 한 것이다. 그리고 동시에 하나님 자신의 성품에 대해서도 그가 옹졸한 존재인 것처럼 생각하도록 유도했다. 사실 하나님께서는 동산의 모든 나무의 열매를 먹되 선악을 알게 하는 나무의 열매만을 예외적으로 먹지 말라고 하셨다. 그런데 사탄은 마치 하나님이 동산의 모든 열매를 먹지 말라고 하는 너그럽지 못한 분이신 것처럼 표현하였다. 즉 사탄은 하와로 하여금 하나님의 명령뿐만 아니라 하나님 자신의 성품에 대해서도 의심을 품게 하면서 유혹의 강도를 높여 갔던 것이다.

## 노골적인 거짓말(창 3:4)

일차적인 접근에서 분명한 태도를 보이지 못한 하와에게 사탄은 좀 더 노골적인 거짓말로 접근하기 시작한다. 어쩌면 사탄은 하와의 마음속에 일기 시작한 하나님의 말씀과 성품에 대한 의심을 파악했을 것이다. 이제 사탄은 흔들리기 시작한 하와의 마음속에 좀 더 강력한 불신을 불어넣기 시작했다. 하나님께서는 선악과를 먹는 날에는 반드시 죽으리라고 말씀하셨으나 사탄은 하나님의 말씀을 완전히 뒤집어서 "결코 죽지 않을 것"이라고 했다. 하나님 말씀의 신실성에 대해 강력한 불신을 심어주었던 것이다. 하와는 이때에라도 여전히 하나님 말씀을 따라 생각을 고치고 사탄의 유혹을 물리쳐야 했다. 그러나 그녀는 아직 하나님의 말씀을 따라 생각하고 행동하는 훈련이 부족했는지 결국 그 유혹에 넘어가고 말았다.

**외적인 유혹(창 3:6)**
이제 하나님의 편에서 그 마음이 멀리 떠나버린 하와에게 사탄은 유혹의 마무리 단계로 들어간다. 사탄의 말을 듣고 보니 선악을 알게 하는 나무, 하나님께서 금하신 나무는 왠지 더욱 보암직도 하고 먹음직도 하고 지혜롭게 할 만큼 탐스럽게도 보였다. 사탄의 말을 더욱 확신하도록 유도된 것이라고 볼 수 있겠다. 사탄은 최초의 인류를 타락하게 하는 일을 성공적으로 완수하게 되었고, 인류는 그때 이후로 하나님의 약속대로 죽음의 인생으로 전락하고 말았다.

## 아담 타락의 결과

"네가 먹는 날에는 반드시 죽으리라"(창 2:17)라고 말씀하신 바대로 아담과 그의 후손들의 생애는 살기는 했으나 죽음으로 향하는 인생으로 전락하고 말았다. 그러한 죽음의 인생이란 여러 가지 각도에서 설명될 수 있다.

**죄의식**
먼저 죄의식을 갖게 된 인생이 되었다. 범죄함으로 말미암아 수치를 느끼게 되며 죄의식에 사로잡혀 두려움 속에서 살아갈 수밖에 없는 인생이 되고 말았다. 아담과 하와는 에덴동산에서 벌써 자신들의 수치를 깨닫고 무화과나무의 잎으로 치마를 만들어 가렸으며 여호와 하나님의 낯을 피하여 동산 나무 사이에 숨었다. 두려움에 사로잡힌 인생이 된 것이다. 하나님을 경외하는 두려움(Awesome)이 아니라 범죄한 인간이 거룩하신 하나님 앞에서 느끼게 되는 공포의 두려움(Fear)이 인간의 마음 저변에는 언제나 자리 잡게 되고 말았다.

### 사회적 불화와 갈등(창 3:11~13)

하나님과의 관계가 깨어지게 되자 그 문제는 곧바로 인간 사이의 갈등으로 표출되었다. 하나님께서 아담에게 왜 먹지 말라던 선악과를 먹었느냐고 물으시자 그는 "하나님이 주셔서 나와 함께 있게 하신 그 여자가 먹으라"고 해서 먹었다고 변명했다. 여기에서 우리는 인류 최초의 가정불화의 기원을 발견하게 된다. 계속해서 하와를 문책하시는 하나님에게 하와도 여전히 자신의 잘못을 시인하지 않고 뱀이 꾀므로 먹었다고 말했다. 인간과 인간, 인간과 자연 사이의 갈등관계가 시작된 것이다. 이렇게 하나님과의 근본적인 관계가 왜곡될 때 인간과 인간 그리고 인간과 자연의 관계는 왜곡되고 깨어져 버리게 된다.

### 하나님의 심판(창 3:14~19)

위와 같은 간접적인 죽음의 그림자들 외에도 하나님께서는 직접적으로 인생들 위에 죽음의 권세가 임하게 하셨다. 아담에게 주신 노동의 수고, 하와에게 주어진 해산의 고통과 남편의 다스림 이외에 인간은 근본적으로 반드시 죽게 되고 마는 인생이 되었다. 그 죽음은 영적 죽음과 육적 죽음으로 나누어 생각해 볼 수 있다.

• 영적 죽음(롬 3:10~12) : 범죄로 말미암아 인간에게 부과된 영적 죽음의 상태를 가장 잘 설명해주는 성경 말씀으로는 로마서 3:10 이하의 말씀이 있다.

첫째로 영적 죽음은 타락 후의 모든 인간은 자신 안에 하나님을 기쁘시게 할 수 있는 어떠한 의(義)도 소유하고 있지 못하게 되었다는 것을 의미한다(10절). 세상적으로는 선량한 시민이고 인격자일 수 있으나 하나님과의 영적 관계에서 인정받을 수 있는 의(義)를 소유한 사람은 하나도 없게 되었다는 것이 영적 죽음의 일차적인 의미이다.

둘째로 지적인 영역에서도 인간들은 불구가 되었다. 본문에서 "깨닫는 자도 없고"라고 표현된 말은 타락한 인류가 어떠한 지적인 활동도 할 수 없는 상태가 되었다는 뜻은 아니다. 이것이 의미하는 바는 하나님과의 영적인 일들에 있어서 그들의 지적인 활동이 무능한 상태에 머물게 되었다는 것이다. 요한복음 3장에서 예수님이 니고데모에게 하셨던 말씀처럼 성령님의 역사가 없이 타락한 자연인들은 영적 세계의 일들을 바라볼 수도 없고 또 깨달을 수도 없는 존재로 전락하게 된 것이다.

셋째로 타락한 인류는 의지적인 영역에서도 스스로의 의지로는 하나님께로 나아올 수 없는 불구의 상태가 되고 말았다. 그의 의지도 죄의 노예가 되고 만 것이다(노예의지). 요한복음 6:65의 말씀처럼 아버지께서 이끌지 않으시면 아무라도 자발적으로 주께로 나아올 자가 없게 된 것이다. 육신적으로 살아 있으나 영적으로는 영벌의 심판을 향해 나아갈 수밖에 없는 인생으로 전락하게 된 것이다.

• **육신의 죽음** : 하나님과의 영적인 단절로 말미암아 아담과 하와는 영적 죽음 아래 놓이게 되었으나 육체적으로는 아직 죽지 않았다. 선악과를 먹는 즉시 죽는 것은 아니다. 그러나 죽음을 피할 수 없는 존재로 전락하고 말았다. 후에 그들은 결국 죽고 말았으며 그의 후손들도 모두 죽을 수밖에 없는 존재로 태어나게 되었다(롬 5:12).

결국 인생은 하나님의 개입이 없이는 의미를 찾을 수 없는 죽음의 권세 아래 살아가는 존재가 되고 말았다. 그러나 그러한 '반드시 죽을 수밖에 없게 된' 허무한 인생들을 하나님은 그대로 버려두지 않으셨다. 그들의 인생을 새롭게 회복시킬 수 있는 길을 예비하고 계셨는데 그것은 창세기 3:15에서 처음으로 인류에게 계시되었다. 여자의 후손이신 예수님께서 사탄의 머리를 깨뜨리신다는 복음의 복된 약속이 바로 그것이다. 우리는 그러한 복된 소식의 의미를 기독론과 구원론에서 살펴볼 것이다. 그러나 여기에서는 죽음의 권세 아래로 인류를 전락시킨 죄의 의미에 대해서 좀 더 알아보도록 하자.

## ▎아담의 범죄 사건을 통해 본 죄의 성질

최초의 인류가 저지른 타락의 모습을 통해서 우리는 죄가 어떠한 성격을 지니고 있는지를 파악해 볼 수 있다. 여기에서는 불신, 반역 그리고 교만의 요소로 나누어 생각해 보려 한다. 물론 그 각각의 요소는 서로 연관이 되는 부분도 있으나 불신은 하와의 모습 속에서, 반역은 아담의 모습 속에서 그리고 교만은 모두의 행동 속에서 찾아볼 수 있다.

### 불신

죄의 성질 중의 하나는 하나님에 대한 불신의 마음이다. 그것은 특히 하와의 타락하는 모습 속에서 찾아볼 수 있다. 앞에서도 살펴보았듯이 하와는 사탄의 말을 통해 하나님의 명령과 그분의 성품에 대해 의심하기 시작하여 결국 그분의 "반드시 죽으리라"는 말씀을 불신하고 오히려 사탄의 "결코 죽지 않는다"라는 유혹의 말을 좇아가게 되었다. 오늘날 신자들도 직접적으로 범죄 행위를 하기 이전에 벌써 하나님을 불신하는 마음에서부터 죄가 시작하게 되는 것을 볼 수 있다. 그 불신의 불씨를 하나님의 말씀으로 끄지 못하면 범죄 행위로까지 발전하게 되고 마는 것이다. 하나님의 선하신 뜻과 진실하심을 믿지 못하고 의심과 불신에 떨어지는 것이 죄악된 행동의 출발점이 되는 것이다.

### 반역

단순히 하나님을 불신하는 단계를 넘어 적극적으로 그분의 뜻을 거역하는 태도를 말한다. 물론 불신의 마음과 연관되어 있는 것이나 그것보다는 좀 더 적극적인 거역과 저항의 의미를 담고 있다. 위의 불신이 하와의 모습 속에서 찾을 수 있는 것이라면, 반역은 아담의 모습 속에서 좀 더 분명히 드러나고 있다.

디모데전서 2:14에 보면 "아담이 속은 것이 아니고 여자에게 속아 죄에 빠진 것"이라고 한다. 즉 하와는 사탄의 꾀임에 속아 넘어 갔다고 말할 수 있으나 아담의 경우는 그렇게 말할 수 없다는 의미이다. 하와의 경우는 하나님의 명령을 직접 들은 바가 없고 아담을 통해서 간접적으로 들었으므로 다소 희미한 이해 속에서 사탄의 유혹에 넘어간 것이라고 말할 수 있다. 그러나 아담의 경우는 하나님의 명령을 직접 들었고, 그 명령의 의미를 분명히 알고 있었으므로 그는 불가피하게 속아 넘어간 것이라기보다는 고의적으로 하나님의 명령에 불순종하면서 하나님의 통치에 반역을 일으킨 것이라고 볼 수 있다.

하나님이 선악과를 통해서 인간에게 제한된 자유를 주신 것은 인간으로 하여금 이 세상에는 창조주가 계시고 그분의 통치와 계명 안에 서만이 진정한 행복과 자유가 주어지는 것임을 알게 하기 위한 것이었다. 그런데 아담은 바로 그러한 하나님의 통치에 반역하는 행동을 함으로써 범죄했던 것이다. 성경이 인류의 타락을 하와의 탓으로 돌리기보다 아담의 탓으로 돌리고 있는(롬 5:12~21; 고전 15:21~22) 이유도 바로 아담이 저지른 범죄의 성격의 심각성 혹은 중대성에 있다고 생각할 수 있다.

### 교만

아담과 하와 모두에게서 지적할 수 있는 부분은 인간의 위치를 떠나서 하나님과 동등하게 되려 했던 교만한 마음이다. 사탄의 유혹의 내용을 보면 하나님은 그들이 선악과를 먹음으로 어떤 점에서 하나님과 같게 될 것이라고 했다. 그래서 그들에게 그 실과를 먹지 말라고 하신 것이라고 사탄은 말했다. 그렇다면 사탄의 말을 따라 행동한 아담과 하와의 행동 속에는 약간이라도 하나님과 같게 되려는 교만한 마음이 있었다고 생각할 수 있는 것이다.

인간은 하나님의 존재와 그분의 선하신 뜻과 그분의 지식의 말씀을 진리로 알고 의지하며 살아야 하는 존재이다. 그러므로 그분의 지식보다 자신의 지식과 경험의 내용을 더 진리라 여기고 주장하는 것도 교만한 태도이다. 아담과 하와는 선악과를 먹으면 죽게 된다는 하나님의 말씀을 진리라고 믿기보다 자신들의 지식(사탄과의 대화와 그녀가 바라본 경험을 통해 형성된 지식)의 내용이 더 정확한 진리라고 간주하는 교만한 태도를 취했던 것이다.

그러한 태도는 자율적 인간상을 추구하는 현대인의 모습 속에서 찾아볼 수 있다. 하나님의 말씀을 모든 진리의 원천과 가치판단의 기준으로 삼기를 거부하고, 인간의 이성과 경험을 궁극적인 진리 판단의 기준으로 삼는 태도는 하나님의 말씀을 무시하는 교만한 태도이다. 그리고 이것이 인간의 죄의 중요한 성격 중의 하나가 되는 것이다.

## 아담의 죄와 인류의 죄

에덴동산에서 아담은 그의 모든 후손들과 독특한 관계 속에 살았다. 물론 일차적으로 그는 모든 인류의 혈통적 조상이고 머리가 된다. 그러한 의미에서 모든 인류의 아버지가 된다고 볼 수 있다. 그러나 우리는 인류의 죄에 대해서 언급할 때 그러한 혈통적 관계 이상의 관계 설정 속에서 아담을 바라본다.

우리는 그것을 행위언약적 관계라고 표현한다. 즉 하나님께서 인류를 취급하시는 행정원리 중의 하나는 그분과 인간들 사이에 언약적 관계를 맺고 그 언약의 조건대로 행정하신다는 것인데, 에덴동산에서 하나님은 자신과 인류 사이에 행위언약을 설정하셨으며 그 행위언약에서 인간 편의 대표자가 바로 아담이었다는 사실이다. 바로 그러한 이유에서 아담 때문에 그의 모든 후손은 하나님 앞에서 죄인이 되고 죽음의 권세 아래 놓이게 될 것이라고 성경은 말한다(롬 5:12~21).

## ▎죄의 전가(원죄)

우리가 소위 말하는 원죄란 아담의 타락 이후로 모든 인간이 태어나면서부터 피할 수 없이 걸머져야 하는 무거운 짐이다. 그런데 어떻게 갓 태어난 어린 아기가 죄인일 수 있는가? 성경은 에덴동산의 아담의 죄에서부터 그러한 상황의 원인을 찾고 있다(롬 5:12~21; 고전 15:21~22).

에덴동산에서 아담이 범죄한 후에 하나님으로부터 받은 심판의 형벌은 그가 저지른 범죄로 말미암아 야기된 결과의 절반도 되지 못한다. 즉 아담의 범죄는 자신의 영육 간의 죽음을 가져오게 된 것뿐만 아니라 모든 인류의 인생에도 심각한 문제를 가져온 것이다.

오늘 우리 모든 인류는 자신이 스스로 지은 죄 때문에 하나님 앞에서 죄인으로 판명된다. 그러나 그 이전에 우리는 아담 안에서 이미 원죄를 지니고 부패한 성품으로 태어난 죄인인 것이다. 그러한 상황의 배후에 놓인 하나님의 행정원리가 바로 언약의 대표자로서 아담의 존재 성격이다. 에덴동산에서 아담은 모든 인류의 대표자로서 하나님의 언약을 어겼으므로 그 결과는 그가 대표했던 모든 인류 구성원에게로 돌려지게 될 것이다. 그러한 방식으로 성경은 죄의 전가를 말하고 있다.

"그러므로 한 사람으로 말미암아 죄가 세상에 들어오고 죄로 말미암아 사망이 들어왔나니 이와 같이 모든 사람이 죄를 지었으므로 사망이 모든 사람에게 이르렀느니라"(롬 5:12), "한 사람의 범죄를 인하여 많은 사람이 죽었은즉"(롬 5:15), "그런즉 한 범죄로 많은 사람이 정죄에 이른 것같이"(롬 5:18).

## 원죄와 자범죄

물론 우리는 아담의 죄 때문에만 하나님 앞에서 죄인인 것은 아니다. 우리는 날마다 하나님의 절대적인 거룩 앞에서 우리의 죄악된 마음과 행동을 확인할 수 있는 죄인들이다. 그러한 우리의 실제적인 죄악된 행동들을 자범죄 혹은 본죄(Actual sin)라고 부른다.

일반적으로 가톨릭교회와 알미니안주의자들은 원죄의 부분을 약화시키고 자범죄의 부분을 강조하려는 경향이 있다. 그러나 그 두 가지 모두 분명한 성경의 가르침이므로 우리는 공히 제시해야 하고 또 우리의 실존을 밝혀주는 진리로 수용해야 한다.

그러나 원죄와 자범죄는 몇 가지 방향에서 구별할 수 있다.

먼저 원죄는 모든 자범죄의 내적 원천이 된다. 오늘 우리들이 저지르는 죄는 우리가 아담으로부터 물려받은 죄성을 지니고 살아감으로써 진행되는 당연한 결과인 것이다. 사과나무에 사과가 열리듯이 원죄의 영향 아래에서 살아가는 사람에게서는 죄악된 생각과 행동이 열매 맺히게 되는 것이다.

또 다른 차이는 원죄는 단 하나이지만 자범죄는 여러 가지일 수 있는 것이다. 원죄를 설명하는 로마서 5:18의 내용을 보면 "한 범죄로 많은 사람이 정죄에 이른 것같이"라고 설명한다. 즉 아담이 선악과를 먹은 그 하나의 범죄 행동이 모든 인류의 원죄의 원인이 되었음을 말하고 있는 것이다. 그러나 그 원죄의 영향 아래서 인류가 저지르는 자범죄는 다양하게 표출되고 있는 것이다.

끝으로 원죄는 역사 속에서 그리고 오늘날에도 많은 사람들로부터 반대를 받아오는 교리이지만, 자범죄에 대해서는 일반적으로 인정되고 있다는 사실이다. 불신자들도 자신들의 양심에 비추어볼 때, 자신들이 잘못하고 있는 부분들이 있음을 알 수 있다. 그러므로 자범죄의 부분에 대해서는 거부감이 적게 된다. 그러나 원죄에 대해서는 수천 년 혹은 수억 년 전에 어떤 사람이, 그것도 자신이 보지도 듣지도 못했고 전혀 관계도 없는 것처럼 여겨지는 사람이 저지른 잘못에 대해서 그것을 나의 잘못이라고 책임을 묻는 것과 같은 경우이므로 일반적으로 수용되기 어려운 것이 사실이다. 그러나 사실 기독교의 모든 가르침들은 우리가 이해해서 받아들이기보다는 그것이 하나님의 말씀이므로 받아들이는 것이다. 창조, 구속, 예수님의 탄생, 부활, 재림 등 그 어떠한 기독교의 가르침도 그러한 믿음의 관점을 떠나서는 수용될 수 없다. 하나님의 말씀의 절대적 권위를 수용하는 신앙인에게는 아담 안에서 죄인되었다는 성경의 가르침을 나의 이성적 판단보다 더 정확한 진리 서술로 받아들이는 것이 그리 힘든 문제는 아닌 것이다.

## 자유의지론

아담의 타락과 그의 언약적 대표성에 의한 죄의 전가의 가르침을 생각할 때 떠오르는 질문 중의 하나는 인간의 자유의지에 관한 부분이다. 개혁주의는 가톨릭의 개념과는 달리 인간 타락의 심각성을 인식하고 인간의 전적 타락과 전적 부패를 말한다. 그렇다면 인간의 타락은 어느 정도까지인가? 인간이 전적으로 부패하여 하나님의 말씀을 순종하기에 전적으로 무능력하다면 구원의 소식이 전파되었을 때 긍정적으로 응답할 능력이 남아 있지 않게 되고 그렇다면 그 책임을 인간에게 돌릴 수 있는 것인가? 이러한 질문들이 제기되는 것이다.

또한 반대로 인간에게 자유의지가 있어서 하나님의 부름에 긍정적으로 반응할 수 있는 능력이 있다고 한다면, "아버지께서 이끌지 아니하시면 아무도 내게 올 수 없다"는 예수님의 말씀(요 6:44)과 같은 성경의 가르침은 어떻게 이해해야 하는가? 즉 인간의 전적 부패와 전적 무능력에 대한 성경의 수많은 가르침들이 단순히 지나쳐 버리기에는 너무나 분명하고도 지속적으로 성경 전체를 통하여 제시되고 있는 것이다.

## 어거스틴과 펠라기우스

기독교회 역사 속에서 자유의지에 관한 대표적인 논의는 4, 5세기의 신학자들이었던 어거스틴과 펠라기우스 사이에서 진행되었다. 펠라기우스는 인류에게 퍼져 있는 죄의 우주성은 인정하였으나 죄의 문제에 있어서 인간의 책임을 정당하게 지적하려면, 인간에게 자유의지가 있는 것으로 보아야 한다고 주장했다. 인간에게 자유의지가 없다면 그에게 책임을 지울 수 없다고 보았기 때문이다. 그러므로 아담의 타락 이후에도 인간의 의지는 죄에 속박되어 있는 것이 아니라 중립적인 상태에 있다고 보았다.

원죄의 결과에 대해서도 아담의 죄는 아담 자신에게만 그 영향이 미쳤으며 그의 후손들까지 죄인으로 만드는 원죄라는 것은 없다고 보았다. 아담의 후손들도 범죄하기 전의 아담과 같은 상태로 태어나는 것이며, 그러한 중립적인 자유의지를 올바르게 사용하기만 한다면 거룩한 삶을 살 수 있고 구원을 이룰 수 있는 것으로 보았다. 따라서 하나님의 은혜는 인간의 구원에 필수적인 것이 아니며, 구원의 궁극적인 결정은 성령의 초자연적인 역사에 의한 것이라기보다 예수님의 복음을 받아들이거나 혹은 거부하는 인간 개개인의 의지에 달린 것이라고 주장하였다.

반면에 어거스틴은 아담의 타락으로 말미암은 인간의 전적 부패와 전적 무능력의 가르침을 확립한 신학자였다. 물론 어거스틴도 그의 생애 초기에는 펠라기우스와 비슷한 방향에서 사고했었다. 하나님의 은혜가 필요하기는 하나 그것이 우리 믿음의 원천이 되는 것이 아니라 인간이 믿음으로 복음을 받아들이게 될 때 주어지는 것으로 생각하였다. 즉 구원을 위한 하나님의 은혜의 수혜자가 되기 위해서는 인간이 먼저 믿음으로 반응해야 한다고 생각했다.

그러나 나중에는 아담의 타락 이후에 살아가는 인간은 하나님의 심판의 결과로서 전적으로 부패한 상태에 있으며 따라서 전적으로 무능력한 존재가 되었고, 그러한 상황에서 인간의 의지는 죄에 노예화된 것이므로 스스로의 힘으로는 하나님을 선택할 능력이 전혀 없다고 했다. 인간이 가지게 되는 믿음조차도 하나님께서 은혜로 주시는 선물일 뿐(엡 2:8) 우리가 우리의 구원에 기여할 수 있는 부분은 전혀 없다고 말했다. 즉 그는 성경적인 입장에서 하나님의 은혜의 절대적 필요성을 제시했던 것이다.

그럼에도 어거스틴은 인간이 자유로운 의사결정을 하는 인격적인 존재임을 간과하지는 않았다. 즉 인간은 불가피하게 죄를 짓게 되지만, 억지로 범죄하는 것이 아니라 스스로의 인격적인 결정 속에서 죄를 짓게 되는 것이라고 보았다.

## 자연적 능력과 영적 무능력의 구분

어거스틴과 펠라기우스 사이의 자유의지에 관한 논쟁은 시대가 바뀌어 종교개혁 시대가 되었을 때, 종교개혁자 루터와 인문주의자 에라스무스 사이에서 계속되었다.

이 두 사람은 처음에는 중세교회의 부패상에 대해서 함께 반대하고 비판하였다. 그러나 인간에 대한 이해에서는 성경적으로 철저히 무장된 루터와 인문학자인 에라스무스 사이에 견해의 차이가 나타나기 시작했다. 루터는 어거스틴의 입장을 따라 노예의지론을 발표한 반면, 에라스무스는 자유의지론을 발표했다.

근대와 현대로 들어오면서 어거스틴과 루터 혹은 칼빈과 같은 종교개혁자들의 노예의지론은 성경적인 이해로 자리를 잡게 되었다. 그러나 복음전도운동의 상황에서 노예의지론은 그렇게 환영받는 가르침이 되지는 못하였다. 복음을 전하는 상황에서는 그 복음을 듣는 자가 스스로 믿을 수 있다는 점을 강조하게 된다. 따라서 스스로는 믿을 수 있는 마음을 회복하지 못한다는 무능력의 교리는 불필요한 가르침으로 간주되기 쉬운 것이다. 미국의 대각성운동이 전개되던 때에 이러한 노예의지론은 불필요한 교리라는 비판을 받기도 했고, 성경의 가르침을 따르려는 정통신학자들에게는 하나의 과제요 고민의 대상일 수밖에 없었다. 그러한 고민을 했던 인물 중에 미국의 청교도 신학자인 조나단 에드워즈(Johathan Edwards)가 있었다.

에드워즈는 타락 이후의 인간의 상태를 자연적 능력(Natural ability)과 영적 무능력(Moral, Spiritual Inability)의 개념으로 구분하여 설명하려 하였다. 인간의 의지에 문제가 있는 것이 아니라 인간의 의지는 중립적이지만 그 의지를 사용하는 인간의 주체인 마음(Heart)이 부패하였으므로 결국 범죄하게 된다고 설명했던 것이다. 따라서 그는 그러한 인간의 의지에 관한 한 하나님과 복음의 진리를 따를 수 있는 자연적인 능력이 있으며, 그것을 거부하였을 때 하나님 앞에서 그 책임 추궁을 받을 수밖에 없는 것이다. 그러나 현실은 그가 자신의 의지를 그러한 방향으로 사용하지 못하고 부패한 마음의 인도대로 죄를 향해 갈 수밖에 없으므로 영적 무능력의 상태에서 범죄와 복음의 거부로 떨어지게 된다고 설명한 것이다.

에드워즈의 이러한 구분은 후대의 신 학파(New School)에 의해서 자연적 능력을 강화시키고 영적 무능력을 배제시키는 방향으로 발전되어 비성경적인 입장으로 전락되기도 하였다. 그러나 에드워즈의 가르침 자체는 인간 의지의 자유를 말하면서도 결국 인간이 죄를 짓는 방향으로 가게 된다는 인간의 전적 부패와 무능력의 성경적 가르침을 개혁주의 입장에서 제시하려 했던 것이라고 볼 수 있다.

구원의 진리와 신자의 생활 속에서 인간의 전적 부패와 무능력의 교리를 이해하는 것은 매우 중요하다. 자신의 의지가 죄의 노예가 되었으므로 자신의 마음대로 관리하기 어려운 상황에 처해 있는 존재임을 이해하는 것이 필요한 것이다. 왜냐하면 자신의 상태가 완전히 절망적임을 깨달은 사람만이 하나님의 은혜의 절대적 필요성을 인식하게 되기 때문이다.

우리가 전도하러 나가서 만나게 되는 사람들 중에 나중에 믿겠다고 대답하는 이들을 종종 만나게 된다. 그러나 그 말은 자신의 상태를 올바르게 이해하지 못하기 때문에 할 수 있는 말이다. 즉 자신이 언제라도 원하기만 하면 믿을 수 있는 능력이 자신에게 있음을 전제하고서 하는 말인 것이다.

그러나 우리는 전적으로 죽은 상태이다. 스스로의 힘으로 하나님과 영적 세계를 바라볼 수도, 찾으려 하는 마음을 가질 수도 없는 전적으로 무능력한 존재들인 것이다. 오직 하나님께서 은혜를 주실 때만이 우리는 눈을 뜨게 되며 하나님 나라를 바라볼 수 있는 가능성이 열리게 되는, 어두움 속에 놓인 존재들인 것이다. 이 사실을 깨달은 자만이 하나님의 구원의 은총의 절박성을 인식하게 되며 또 오늘 나에게 주어진 구원의 은혜에 감사할 수 있게 된다.

## 성경적 자아상

성경적 인간 이해를 끝마치기 전에 성경적 자아상에 대한 부분을 간략하게 지적하고 넘어가려 한다. 사람이 자기 자신을 어떻게 이해하고 있느냐 하는 것은 그 사람의 여러 행동과 생활에 영향을 주게 된다. 예를 들면 자기비하에 빠진 사람은 소극적이고 비관적인 삶을 살며 자신감이 결여된 생활을 하게 될 것이다. 반대로 자신을 과대평가하고 있는 사람은 교만한 태도를 견지하게 되기 쉽다. 더욱이 그리스도인들, 특히 칼빈주의의 전적 부패 교리에 익숙한 보수적 신앙인들은 전자의 태도에 떨어지게 될 위험성이 있는 것이다. 그러나 성경은 아담 타락의 영향 아래에 있는 인간상만을 말하고 있는 것이 아니라 예수 그리스도의 복음으로 회복된 인간상에 대해서도 말하고 있으므로 균형 잡힌 이해를 할 필요가 있다.

### ▎처음 인류의 자기이해

성경이 말하는 인간상은 3단계로 구분해볼 수 있다. 첫째가 하나님께서 처음에 창조하신 인간, 즉 범죄하기 이전의 인간이 지녔던 자기이해이며, 두 번째는 아담의 타락 이후의 인간상, 마지막으로 예수 그리스도의 복음 안에서 회복된 인간상이다.

그중에서 처음의 인간이었던 아담과 하와의 자아상은 정상적인 자아상이었다고 할 수 있겠다. 그들이 범죄하기 이전까지는 죄가 없었으므로 죄의식도 없는 하나님의 형상이 그대로 유지되고 있는 상태의 자아상이었다고 볼 수 있다.

## 타락과 그 이후의 자기이해

### 타락 때의 교만한 자아상

창세기 3:5에 보면 하와는 선악과를 먹고 하나님과 같이 될 것이라는 사탄의 유혹을 따라 피조물로서 인간 본연의 위치를 망각하고 말았다. 자기 본연의 위치 이상으로 자신을 높이려는 태도를 취했던 것이다.

### 타락 후 비하된 자아상

아담과 하와가 범죄하고 나서 그들은 죄의식을 지닌 자아상을 갖게 되었다. 창세기 3:7에 보면 그들은 자신들이 벗은 줄을 알고 수치심을 느끼게 되었다. 부끄러움을 느끼고 두려워하게 되는(10절) 비하된 자아상을 지니기 시작했다.

오늘의 인류, 즉 아담의 타락 이후의 모든 인류는 위와 같은 죄인으로서 교만한 자아상과 비하된 자아상이라는 두 가지의 왜곡된 자아상 사이를 왕래하며 살아가고 있다. 인류의 역사 속에서 우리는 언제나 교만한 자아상을 추구하는 이들을 보게 된다. 문예부흥 이후로 자율적인 인간을 추구하는 인본주의 인간상 그리고 어떠한 형태로든 하나님의 말씀과 계명의 권위를 거부하려는 인간의 생각이나 욕망들은 모두 교만한 자아상의 형태다.

그러나 동시에 많은 이들이 부정적인 자아상 속에서 고민하고 고통받고 있다. 상담학자들의 통계자료를 통해서 우리는 이 사회 속에서 열등감과 부정적인 자아상에 사로잡혀 살아가는 이들이 수없이 많이 있음을 확인할 수 있다.

## 복음 안에서 회복된 자아상

예수 그리스도의 복음은 타락한 인간의 왜곡된 자아상을 바로 잡아줄 수 있다. 죄로 말미암아 변질되어 고통하는 인간들이 하나님께서 원래 의도하셨던 바대로의 자아상으로 회복되도록 복음은 새로운 변화들을 제공해준다.

### 교만한 자아상의 교정 작업

예수 그리스도의 복음은 우리와 하나님과의 관계에 있어서 우리 타락한 인간은 자기 스스로 하나님에 관한 영적 지식을 회복시킬 수 없으며, 스스로의 힘으로 하나님의 심판을 피할 수 없고 오직 예수님의 속죄사역으로만 가능한 것임을 깨닫게 한다. 그럼으로써 우리는 하나님을 의존할 수밖에 없는 존재임을 인식하게 된다. 그리고 피조물 된 인간의 위치와 전적으로 무능력한 죄인 된 상태를 깨닫게 함으로써 하나님 앞에서 겸손한 태도로 나아가게 한다.

그러나 또한 복음은 인간들과의 관계에서도 우리의 재능과 은사가 모두 하나님께서 주신 것일 뿐이라는 사실을 가르쳐주며(고전 4:7), 다른 이를 나보다 낫게 여겨야 할 것을 권한다(빌 2:3). 그리하여 서로서로 겸손한 만남들이 이루어지도록 인도해준다.

### 비하된 자아상의 교정 작업

죄로 말미암아 비하된 자아상도 예수 그리스도의 복음의 은총 속에서 교정될 수 있다. 특히 복음 안에서 주어지는 칭의와 성화의 은혜들은 신자의 비하된 자아상을 회복케 해준다.

- 칭의의 은혜 : 칭의(Justification)란 예수 그리스도를 믿고 그와 연합한 신자에게 발생된 근본적인 변화들 중의 하나이다. 즉 그리스도와의 연

합으로 말미암아 우리의 죄는 그리스도에게로 전가되고, 그리스도의 의(義)는 우리에게로 전가되는 것을 말하는 것이다. 예수님을 영접할 때에도 우리는 여전히 죄인임에 틀림없으나 하나님 앞에서 우리에게로 전가된 그리스도의 의로 말미암아 의롭다고 선언받게 된다는 것이 칭의의 교리인 것이다.

물론 믿은 후에도 신자들이 죄악된 습성이나 태도로부터 완전히 벗어나지 못하는 것이 사실이다. 그래서 일반적으로 부정적인 자아상을 갖게 되기 쉽다. 그러나 예수님의 구속사역으로 말미암은 칭의의 은혜의 의미를 바로 이해하고 예수님 때문에 하나님께서 받아주셨다는 사실을 확인하게 될 때, 신자들은 하나님과의 새로운 관계 속에 서 있는 자신을 바라볼 수 있고 따라서 긍정적인 자아상을 회복할 수 있게 된다.

• 성화의 은혜 : 일반적인 오해들 중의 하나는 신자가 중생한 후에도 자신 안에 옛 사람이 남아 있다고 생각하는 것이다. 즉 예수님을 영접한 후에도 자신은 온전히 새 사람이 되지 못했고, 자신 안에 옛 사람과 새 사람 사이의 갈등이 계속되는 것으로 생각하는 것이다. 그러나 성경은 신자 안에 있던 옛 사람은 이미 못 박혀 죽었다고 말한다(롬 6:1 이하). 옛 사람이란 중생하기 전에 죄의 지배 아래 있던 존재로서 성령으로 거듭나서 성령님이 내주하시는 신자는 이미 죄의 권세로부터 은혜의 법 아래로 옮겨졌기 때문이다. 즉 의의 통치 아래로 이미 옮겨져 온전히 새 사람이 된 것이다. 물론 여전히 죄의 도전들이 있고, 죄의 잔병들과의 싸움은 계속될 것이나 더 이상 그는 죄의 세력 아래 굴복된 존재가 아니라 성령 안에서 그의 인도를 받는 존재가 된 것이다. 그리고 그러한 새로운 통치 아래 있는 자신에 대한 분명한 이해는 신자를 긍정적인 자아상으로 나아가게 한다.

신자가 된 후에도 늘 부정적인 자아상에 사로잡혀 사는 것은 복음적인 태도가 아니다. 자신의 위치를 망각하고 사람과 하나님 앞에서 교만하게 살아가는 것도 문제이지만, 예수 그리스도의 복음의 은총의 의미를 분명히 이해하지 못하고 자신이 죄인이라는 사실에만 사로잡혀 자기비하의 마음이나 부정적인 태도로 자신을 들여다보는 것도 잘못이다. 그는 성경적인 자아상으로 나아가야 할 필요가 있는 것이다. 주님께서 받아주신 사실, 하나님께서 의롭다고 선언하신 복음의 은총을 믿음으로 받아들이고, 이제는 더 이상 죄의 세력 아래 놓인 인생이 아니라 그것으로부터 해방되어 의의 통치 아래 사는 존재가 되었음을 확신해야 한다. 그리하여 적극적으로 주의 사명을 감당하는 긍정적인 자아상을 회복해야 할 것이다.

## 생각해 볼 문제

1. 우주 만물의 창조사역의 주체는 누구인가?

2. 하나님의 창조사역의 목적은 무엇인가?

3. 에덴동산에서 하나님이 최초의 인류에게 주셨던 복은 어떠한 것들인가?

4. 하나님의 형상에 대한 로마가톨릭의 이해에는 무슨 문제점이 있는가?

5. 하나님의 형상에 대한 협의의 의미와 광의의 의미는 서로 어떻게 다른가?

6. 아담을 타락하게 한 사탄의 세 가지 단계는 무엇인가?

7. 아담이 타락한 결과 어떠한 심판이 임했는가?

8. 아담의 죄가 왜 오늘 모든 인류의 죄로 간주되는가?

9. 원죄와 자범죄는 어떻게 다른가?

10. 그리스도의 복음 안에서 회복된 자아상이란 무슨 의미를 갖고 있는가?

**제5장**

# 예수님의 구원사역

본 장에서는 하나님께서 어떻게 인류의 구원을 계획하셨으며, 그 구원사역을 이루기 위해서 이 땅에 오신 예수님은 어떤 분이시고 또 무슨 사역들을 감당하셨는가에 대해서 살펴보려 한다. 본 장의 내용을 일반적으로 기독론이라 부른다.

# 제5장 | 예수님의 구원사역

## 하나님의 구원 계획

신론의 마지막 부분에서 설명하였듯이 하나님의 영원한 계획 속에는 일체의 모든 사건들에 대한 계획을 가리키는 '작정'과 특별히 구속적인 성격을 지닌 '예정'의 계획이 포함되는데, 그 후자의 내용에는 하나님의 선택이 있다고 했다. 그런데 그 선택의 뜻을 이루기 위한 방법론적 논의로서 행위언약과 은혜언약 그리고 속죄언약이 제시된다.

에덴동산에서 아담은 타락 이전의 행위언약에서 실패한 후 창세기 3:15을 통해서 제시된 은혜언약을 만나게 된다. 소위 '원시복음'(proto-evangelium)으로 이해되는 창세기 3:15의 말씀 속에서 하나님은 앞으로 오게 될 "여자의 후손"을 통해서 하나님과 깨어진 관계가 회복될 것을 약속하신다. 바로 은혜언약이 처음으로 인류에게 전달된 순간이다. 그 이후로 인류 역사 속에서 하나님은 아브라함의 언약, 다윗의 언약 등

다양한 시대들마다 은혜언약을 제시해 오셨으며, 최종적으로 예수 그리스도 안에서 은혜언약을 온전히 계시하셨다.

이처럼 인류의 역사 속에서 제시된 언약들은 크게 행위언약과 은혜언약으로 구분되나, 성경은 또한 역사 속에서 그 두 언약의 기초가 되는 구속언약(covenant of redemption)이 인류의 역사 이전에 이뤄졌음을 말해준다.

## ▎행위언약과 은혜언약

먼저 로마서 5장에서 바울이 가르친 '아담과 그리스도의 대비'를 통해서 잘 제시되고 있는 아담의 행위언약과 마지막 아담인 그리스도의 은혜언약을 살펴보자.

로마서 5:12~21에서 바울은 대표의 원리를 말한다. 하나님께서는 언약적 대표들을 통해서 인류와 관계를 맺어가신다는 것이다. 아담은 행위언약의 대표로서 에덴동산에서 행동했으되, 모든 인류의 대표로서 하나님 앞에서 범죄했으므로 그로 말미암아 세상의 온 인류에게 죄가 들어오고 죄의 결과인 사망도 임하게 되었다고 가르친다(12절). 바로 행위언약에 대한 요약적인 설명이다.

그러나 로마서 5장에서 바울의 논지는 아담 안에서의 인류의 멸망으로 끝맺지 않는다. 14절에서 바울은 아담이 "오실 자의 모형"이었다고 말한다. 즉 아담의 불순종의 행위가 자신에게만 그 결과를 가져온 것으로 끝나지 않고 언약의 모든 회원들인 그의 모든 후손들에게까지 미치게 된 것처럼 그와 같은 원리가 예수 그리스도의 은혜언약 안에서도 적용될 것을 아담이 미리 보여주었다는 것이다.

즉 아담은 행위언약 안에서 인류의 대표로서 그가 행한 모든 행위의 결과들이 그 언약의 회원들인 모든 인류에게로 전가되었던 것과 같은 원리에 의해서 예수 그리스도께서 은혜언약 안에서 하나님의 택한 백성들의 대표로서 십자가에서 감당하셨던 속죄사역의 결과가 은혜언약의 회원들인 하나님의 택한 백성들 모두에게 전가되는 방식으로 하나님의 언약적 행정이 이루어진다는 점을 말해주고 있는 것이다.

하나님은 아담을 행위언약 안에서 인류의 대표로서 그리고 예수님은 은혜언약의 행정 속에서 하나님의 택한 백성의 대표로서 세워주셨다. 그러므로 그들의 불순종 혹은 순종의 행위는 자신들에게만 그 영향을 미치지 않고, 그 언약의 모든 회원들에게로 죄와 죽음 혹은 의와 생명의 열매로서 주어지도록 언약적 행정원리를 세워놓으셨다는 말이다. 즉 아담 안에서 이루어졌던 일들과 예수님 안에서 이루어졌던 일들은 '언약적 대표'로서의 중요성을 지니고 있음을 바울은 가르친 것이다.

이러한 언약적 대표로서의 아담과 예수님의 중요성을 바울은 17절에서부터 19절에 이르기까지 반복해서 설명한다.

"한 사람의 범죄로 말미암아 사망이 그 한 사람을 통하여 왕 노릇 하였은즉 더욱 은혜와 의의 선물을 넘치게 받는 자들은 한 분 예수 그리스도를 통하여 생명 안에서 왕 노릇 하리로다 그런즉 한 범죄로 많은 사람이 정죄에 이른 것같이 한 의로운 행위로 말미암아 많은 사람이 의롭다 하심을 받아 생명에 이르렀느니라 한 사람이 순종하지 아니함으로 많은 사람이 죄인 된 것같이 한 사람이 순종하심으로 많은 사람이 의인이 되리라"

물론 여기에서 아담의 대표성과 예수님의 대표성 사이에는 연속성과 함께 불연속성도 있음을 보게 된다. 아담은 모든 인류의 대표자로 세움을 입었지만, 예수님은 모든 인류가 아니라 하나님이 택한 백성들의 대표자로 세움을 입었기 때문이다. 로마서 5:17의 말씀과 같이 모든 인류가 아니라 "더욱 은혜와 의의 선물을 넘치게 받는 자들" 혹은 "그리스도께 속한 자들"(고전 15:20~23 참고)만이 예수님의 은혜언약의 축복을 누리게 될 것이기 때문이다.

## 속죄(구속)언약

그런데 성경은 행위언약과 은혜언약에 대한 가르침 외에 또 다른 언약을 소개해준다. 행위언약과 은혜언약이 인류 역사의 흐름 속에서 제시된 언약이라면, 그러한 언약들에 대한 의논과 계획이 역사 이전에 영원 속에서 진행되었음을 말해주기 때문이다.

이 언약은 영원 속에서 성부와 성자가 언약의 당사자로서 맺은 언약이다. 그러므로 이 언약은 인간이 직접적으로 관계하지 않는 언약이다. 그럼에도 이것이 중요한 이유는 인류 구속역사에 관여할 당사자들 사이에 맺어진 언약이기 때문이다. 구속언약의 의미를 스가랴 6:13에서 언급된 "평화의 의논"에서 찾는 경우도 있지만(17세기 개혁신학자 코케이우스), 그 본문은 성부와 성자 사이의 협정을 말하고 있는 것이 아니라 메시야의 왕직과 제사장직 사이의 연합을 말하고 있는 것이다.

그러나 그 본문 외에도 성경은 많은 곳에서 하나님의 구원 계획이 하나님의 영원한 작정 안에 있었음을 가르쳐준다. 먼저 성부 하나님은 예수님을 택한 백성들을 구원하기 위해 보내주시되(요 17:2, 6) 그들의 대표로서(요 3:16; 롬 5:18~19; 히 9:24) 보내주실 것을 동의하셨다. 그리고 성자 예수님은 인간으로 이 땅에 내려와 율법 아래 살고(갈 4:4; 히 2:14~18) 성부의 모든 계명을 순종하되(히 10:7~9) 십자가에 죽기까지 순종하기로(빌 2:8) 동의하신 것이다.

결국 구속언약은 성부 하나님과 택한 백성들의 대표로서 보냄을 받으실 성자 예수님 사이에 맺으신 언약인 것이다. 물론 이 언약 안에는 성령 하나님의 역할도 포함된다. 성령님은 예수님께서 성부의 뜻을 행하고 지상에서 그의 사역을 감당하도록 능력을 주기로 동의하셨고(마 3:16; 눅 4:1, 14, 18; 요 3:34) 또한 승천하신 후에는 그리스도의 사역을 그의 백성들에게 적용하는 일을 수행할 것을 동의하셨기 때문이다(요 14:16~17, 26; 행 1:8; 2:17~18, 33).

따라서 이 언약은 삼위 하나님께서 영원 속에서 인류의 구원을 위한 계획을 합의하시고 삼위 하나님 간에 맺으신 언약인 것이다.

## 은혜언약 속의 구원

결국 하나님과 인간 사이의 관계 속에서만 바라본다고 하면 인간은 하나님의 은혜언약을 통하여 구원을 받게 되는 것이다. 그러나 기독교회의 역사 속에서 그리고 오늘날에도 이 은혜언약의 시행에 대해 다른 의견들이 제시되고 있다. 그중에 대표적인 것이 '구약 성도들의 구원'에 관한 것이다. 구약 성도들이 구원받은 것은 은혜언약이 아닌 다른 근거에 의한 것으로 보는 몇 가지 오해들이 있다.

### 구약 성도들의 구원에 대한 오해

가장 대표적인 오해는 구약의 성도들은 유대인이었기 때문에 구원받는다는 생각이다. 예수님께서 활동하시던 당시나 사도 바울의 때에도 그런 주장을 하는 이들이 있었으며 현대에도 대부분의 유대인들이 그들의 민족적 혈통이 구원의 근거가 되는 것으로 오해하고 있다. 왜냐하면 하나님께서 이스라엘과 맺으신 언약은 아브라함의 육적 후손들과의 집합적인 약속이라고 보기 때문이다. 그러나 성경은 육신의 자녀가 아닌 약속의 자녀가 참 이스라엘이라고 말하고 있다(롬 9:6절 이하).

두 번째 오해는 율법을 지킴으로 구원이 확보되는 것이라고 보는 견해이다. 이는 하나님께서 인간에게 율법을 주신 목적을 오해함으로 발생되는 잘못된 구원관이라고 볼 수 있다. 율법에 대한 일반적인 오해는 하나님께서 인간이 율법을 잘 지키는 것을 근거로 구원을 획득하도록 하기 위하여 율법을 주신 것이라고 보는 것이다. 이러한 오해가 생기는 것은 인간이 무엇인가 행함으로 그 대가를 얻으려는 인간의 근본적인 성향 때문인지도 모른다. 그러나 이 견해는 하나님의 율법이 주어진 것이 모세의 때라고 할 때 그 이전 사람들의 구원은 어떻게 설명할 것인가 하는 문제가 발생한다.

물론 세대주의적인 신학구조를 수용한다면 하나님의 구원방식의 다양성을 허용함으로써 율법을 통한 구원의 방식도 말할 수 있을지 모른다. 그러나 성경은 일관되게 인류의 유일한 구세주 되신 예수님에 대한 신앙으로만 구원이 주어지는 것임을 말하고 있다.

세 번째 오해는 좀 더 실제적인 근거를 갖고 있는데 그것은 구약의 율법들, 특히 레위기 등에 기록된 제사 제도나 의식들을 준행함으로 구원이 주어진다고 보는 것이다. 이 견해가 좀 더 실제적인 이유는 그러한 제사 제도들 중 속죄제와 같은 의식을 통하여 죄의 문제를 해결하는 방법들이 취급되고 있기 때문이다. 그러나 구약의 모든 제사들은 그림자에 불과하며 온전한 제사가 되지 못하였다. 오직 예수님의 속죄 사역만이 인간의 죄의 문제를 온전히 해결하는 한 영원한 제사가 될 수 있다고 히브리서는 말하고 있다.

**성경의 답변**

그러면 성경은 구약시대의 사람들을 포함하여 인간이 어떻게 구원의 복을 누리게 된다고 말하는가? 그것은 하나님의 주권적인 선택에 의한 것이며 그 선택의 계획을 이루기 위하여 이 땅에 오신 예수님을 믿음으로 주어지는 것이라고 요약할 수 있다.

• 하나님의 주권적인 선택에 근거한 구원

하나님의 선택 교리를 집중적으로 취급하는 성경본문 중에는 로마서 9장을 들 수 있다. 앞부분에서 사도 바울은 하나님과 언약을 맺은 이스라엘이 왜 예수님의 복음을 거부하고 멸망되어야 하는가 하는 고민에 빠진다. 그러나 그는 하나님의 약속이 실패한 것이 아니며 하나님의 언약은 처음부터 육적 이스라엘과 맺으신 것이 아니라 약속의 자녀들, 즉 하나님의 택함을 받은 자녀들과의 언약임을 확인하고 있다. 즉 구원이란 인간의 어떠한 조건에 의해 결정되는 것이 아니라 하나님의 주권적인 선택에 기초하여 주어지는 것임을 말하고 있다.

구약의 족장들의 모습은 모두 그러한 사실을 입증해준다. 아브라함도 그가 부름을 받았을 때 우상을 섬기던 집안의 사람이었고(수 24:2~5), 그에게 아무런 공로나 장점이 없었을 때 부르셔서 주권적으로 하나님의 언약백성으로 삼으셨다. 아브라함의 아들 이삭도 이스마엘이 손위의 아들이었으나 이스마엘은 육신을 따라 낳은 자녀이므로 하나님의 주권적 약속에 의한 자녀인 이삭만이 택함을 받았다. 그리고 이삭의 자녀인 야곱과 에서의 경우도 그 두 아이가 어떠한 선이나 악을 행하기도 전에 하나님의 주권적인 결정에 의해서 야곱이 택함을 입고 하나님의 사랑을 입는 선택의 은총을 입게 되었다(롬 9:10~13).

오늘도 주의 백성들을 부르시고 구원의 백성으로 인도하심은 여전히 같은 원리에 기초하고 있다. 그들의 어떠한 열심이나 혈통적 조건과 같은 외적 조건들에 의한 것이 아니라 오직 창세전에 택하시고 부르신 하나님의 주권적인 은혜로 선택된 것이다.

• 예수 그리스도를 믿음으로 주어진 구원

하나님의 주권적인 선택이 인간 구원의 기초이지만 그 선택의 계획이 구체적으로 이루어지는 방법은 예수 그리스도의 구속사역이다. 그러므로 인간의 구원이란 하나님의 선택과 구속언약에 기초하여 은혜언약 안에서 구속사역을 이루신 예수님에 대한 믿음으로 주어진다고 할 수 있다. 구약의 성도들은 오실 메시야에 대한 믿음으로 구원을 받았으며, 신약의 성도들은 오신 메시야에 대한 믿음으로 구원을 받는 것이 다를 뿐 모든 인류는 오직 메시야이신 예수님에 대한 믿음으로만 구원에 이르게 되는 것이다.

이러한 하나님의 은혜언약은 여러 시대를 통하여 표현되어 왔다. 창세기 3:15에서 처음으로 인류에게 제시된 이후로 아브라함의 언약, 모세 언약, 다윗 언약 등과 같은 여러 형태를 통하여 제시되어 왔다. 그러나 예수 그리스도의 언약인 새 언약을 통하여 가장 분명하고 확실하게 제시되었다. 사실 다른 모든 표현들은 예수님의 은혜언약을 가리키고 있는 것이다.

이러한 예수님의 은혜언약을 말해주는 말씀으로는 로마서 5:12~21을 들 수 있다. 아담과 그리스도의 대표적 위치를 말하고 있는 이 본문은 에덴동산에서 행위언약 속에 있던 아담 한 사람의 범죄로 말미암아 모든 인류가 하나님의 심판의 대상으로 떨어졌음을 말한다. 그와 같은 원리에 의해서 은혜언약 속에 있는 모든 성도들은 예수 그리스도 한 사람의 의의 행동으로 말미암아 구원의 자리로 들어가게 된 하나님의 언약적 행동을 말해준다. 아담이 행위언약에서 인간들의 대표자로서 행동했듯이 예수님은 은혜언약에서 하나님의 백성들의 대표자로서 행동하셨다.

그러한 언약적 행동의 원리 아래서 예수님을 믿음으로 받아들이는 자는 예수님과 연합하게 되어 자신의 죄가 그의 대표자이신 예수님에게로 옮겨진다. 그리하여 그가 지신 십자가의 형벌 속에서 속죄 받게 되며, 예수님이 획득하신 의는 그에 의해서 대표되고 있는 언약의 구성원들에게로 전가되는 것이다. 그 외에도 은혜언약 안으로 들어온 자들은 예수님의 복음의 많은 영적 복들을 부여받게 되는데, 그 내용은 구원론에서 자세하게 취급하기로 하고, 여기에서는 예수님에 관한 성경의 가르침들을 좀 더 살펴보기로 하자.

## 예수 그리스도의 위격

우리의 구원은 결국 하나님의 주권적 선택과 예수님의 구속사역에 의존하는 것이라고 볼 수 있다. 그러므로 예수님이 어떠한 분이신지를 바르게 이해하는 것과 그가 이 땅에 오셔서 행하신 사역들의 의의를 바르게 이해하는 것은 매우 중요한 일이다. 그가 무슨 일을 행하셨는가에 따라서 오늘 그의 사역의 열매들을 힘입어 살아가는 그의 자녀들의 삶의 성격이 결정되며, 또한 그가 이루신 구속사역은 그가 어떠한 분이신가에 따라서 그 의미나 효력에서 차이가 나게 될 것이기 때문이다. 이제 먼저 그가 어떠한 존재이신가에 대해서 생각해 보도록 하자.

### ▎그는 참 하나님이시다

예수님이 어떤 분이신가에 대한 문제는 초대교회가 출발하는 상황 속에서 논의된 매우 심각한 논제들 중의 하나였다. 그렇게 된 이유 중의 하나는 기독교가 탄생한 배경이 유대교적 환경이었다는 사실에서 찾을 수 있다. 유대교는 조상 적부터 유일신 사상으로 무장된 종교였다. 그래서 여호와 하나님만이 유일하신 하나님이라고 신앙고백하는 종교적 배경에서 살아온 이들이 나사렛 동네에서 자라난 예수라는 청년을 그 하나님과 동일한 하나님이시라고 고백하는 것은 매우 어려운 일이었던 것이다.

그러한 태도가 비성경적임에는 틀림없다. 그러나 그와 같은 상황에서 몇몇 사람들이 예수님의 신성을 약화시키는 입장에서 설명하려고 시도하는 것은 있을 수 있는 일이었다. 그러한 왜곡된 기독론적 오해들 중에는 대표적으로 에비온파와 아리우스 이단을 지적해 볼 수 있다.

**역사상의 오해들**
• 에비온파(Ebionites) : '에비온'(Ebion)이라는 단어는 '가난한'이라는 의미로서 가난한 자들로 구성되었던 초대교회의 성도들을 가리키는 말이었다. 그러나 나중에는 이단적인 성격을 띤 유대교파를 가리키는 단어로 사용되었다. 이들은 예수님을 믿는다고 하면서도 유대교적 전통을 고집하는 무리들이었다. 즉 예수님을 믿어야 한다고 하면서 동시에 할례를 받아야 함을 주장하였다.

이들은 바울의 복음을 어느 정도 수용하면서도 강력한 유대교적 일신교의 입장에서 예수님의 온전한 신성을 인정하기를 꺼려했다. 예를 들면 예수님의 동정녀 탄생을 부인하고 예수님은 마리아와 요셉 사이에서 인간적인 방법으로 태어난 것이라고 했다. 예수님은 성부 하나님과 동등한 신성을 가지신 하나님이 아님을 주장했던 것이다.

• 아리우스(Arius) : 4세기에 알렉산드리아에서 장로로 활동했던 인물로서 에비온파보다는 좀 더 체계적으로 예수님의 신성을 부인하려 하였다. 그는 헬라의 로고스 사상의 영향을 받아서 하나님은 홀로 절대적인 신의 속성을 소유하고 계시므로 그의 본질이나 존재가 어느 누구와도 공유될 수 없는 것으로 보았다.

그래서 예수님은 가장 높은 존재라고 말할 수 있으나 그도 피조된 존재이며 성부와 같이 불변하시는 분이라고 하더라도 그는 시작이 있으며 또 무죄할 수 없는 분이라고 보았다. 아리우스는 이러한 주장을 뒷받침하기 위하여 성경을 인용하였는데 그중에는 성자가 피조물임을 말하는 듯한 구절(골 1:15; 잠 8:22)이나 성부만이 참 하나님이신 것처럼 오해하기 쉬운 구절(요 17:3) 그리고 예수님이 이 땅에 계실 때 연약하고 무지하며 고통 중에 괴로워하시는 모습을 묘사하는 구절들이 포함되었다(막 13:32 등).

그러나 그의 주장은 정통신학자들에 의해서 비판되고 그 문제점들이 지적되었다. 가장 선두에서 비판을 가했던 인물이 아타나시우스(Athanasius)이다. 그는 아리우스가 제시한 성경구절들이 올바르게 해석되지 못했음을 지적하고, 또한 만일 예수님이 참 하나님이 되시지 못한다면 초대교회 때와 그 이후로 예수님을 경배했던 모든 이들은 참 하나님이 아닌 피조물에게 경배한 것이 되므로 결국 우상숭배자들이 될 수밖에 없지 않느냐고 반박했다.

더 나아가 그는 『성육신에 관하여(De Incarnatione)』라는 그의 책을 통하여 예수님께서 참 하나님이실 수밖에 없는 이유를 구원론적 입장에서 논증했다. 인류를 창조하는 능력을 소유한 온전한 하나님만이 또한 멸망으로 향하는 인류를 회복시킬 수 있는 자격자가 된다는 것이다. 즉 참 하나님 되신 분만이 인류를 구원할 수 있다는 명제를 주장함으로써 예수님의 온전하신 신성의 문제는 기독교의 구원론이 서고 넘어지게 되는 근본적인 핵심 교리가 됨을 주장하였다.

**성경의 증언들**

성경에는 예수님께서 참 하나님이심을 드러내 주는 구절들이 무궁무진하다. 미국의 개혁주의 신학자 워필드(B. B. Warfield)는 바닷물 속에서 소금을 찾을 수 있는 것만큼이나 성경 속에서 예수님의 신성에 대한 언급을 찾을 수 있다고 했다. 구약에서는 주로 앞으로 오실 메시야에 대해 언급한 내용들(사 6:9; 단 7:13)을 통하여 메시야로 오실 예수님의 하나님 되심을 증거하고 있으며, 신약에서는 좀 더 다양하게 지적되고 있는 것을 볼 수 있다.

신약에서는 특히 요한복음에서 예수님의 온전하신 신성이 드러나고 있는데 창세전에 성부와 함께 계셨던 선재성(先在性)에 대해 증거하고 있으며(요 1:1~4; 3:31; 6:62; 8:32), 성자 예수님이 하나님과 하나이며 서로 교제하시는 친밀성(요 5:20; 10:1)의 관계도 언급된다. 또한 도마의 고백을 통해서도 증거되며(20:28), 사도 요한이 그의 복음서를 기록한 이유 속에서도 드러나고 있다(요 20:31).

공관복음서 안에서는 천사들과 예수님의 제자들뿐만 아니라 마귀들까지도 예수님께서 참 하나님 되심을 증거했다(막 3:11; 마 14:33; 16:16 등). 또한 예수님의 어린 시절에 스스로의 자의식 속에서 인식되었던 자신에 대한 이해를 통해서도 분명히 알 수 있으며(눅 2:41), 다른 사람들이 자신을 하나님으로 경배하였을 때 그 행위를 당연하게 받아들인 사실을 통해서도 확인될 수 있다(마 14:33). 바울서신에서는 구약에서 성부에게로 돌려졌던 하나님의 호칭이나 속성들이 그대로 예수님에게도 적용되어 사용되고 있는 점도 예수님의 신성에 대한 중요한 증거로 받아들여진다(골 1:15 이하).

**루이스의 논증**

앞에서 제시된 성경의 증거들 이외에도 다른 많은 구절들을 통하여 예수님께서 참 하나님이신 사실을 충분히 확인할 수 있다. 그런데 그러한 성경의 증거들을 대하는 많은 현대인들의 태도는 진실되지 못한 것이 사실이다. 예수님을 위대한 성인이라고는 인정하나 유일하신 절대자 하나님으로는 받아들이기를 꺼려하는 경향이 있다. 이에 대해서 루이스(C. S. Lewis)는 성경이 말하는 증거들을 해석할 수 있는 세 가지의 가능성에 대해 논하면서 현대 지성인들의 그러한 태도가 지닌 모순점을 드러낸다.

첫째로 예수님에 대한 성경의 증거에 대해서 우리가 취할 수 있는 반응은 그를 그저 좋은 사람이라고만 받아들이려는 태도이다. 요한복음 7:12에 보면 예수님 당시에도 예수님을 그저 좋은 사람이라고만 이해했던 이들이 있었다. 현대 자유주의자들 중에도 예수님을 그저 도덕적으로 뛰어난 성인으로만 보는 이들이 있다.

그러나 사실 성경은 예수님을 그저 좋은 사람으로만 받아들일 여지를 남겨두고 있지 않다. 물론 그가 "서로 사랑하라" 혹은 "네 부모를 공경하라"와 같은 좋은 말씀들을 많이 해주신 것은 사실이다. 그러나 그는 그 이상의 말씀을 하셨다. "나와 아버지는 하나"임을 주장했고, "나를 보는 자는 곧 성부를 보는 것이라"고 했으며, "나로 말미암지 않고는 아버지께로 갈 수 없다"고 하셨다. 그러므로 그분의 말씀들을 일관성 있게 수용한다면 그를 단순히 좋은 사람이라고만 말할 수 있는 가능성은 없다는 것이다.

그가 다른 사람들의 경배를 진실되게 수용하였다면 그를 단순히 좋은 사람이라고만 말할 수 없는 것이다. 그를 선한 선생, 성자라고 본다면 그 선생이 말한 모든 교훈들을 수용하든지, 아니면 그에 대한 다른 입장을 취해야 한다는 것이다.

둘째로 우리가 취할 수 있는 태도는 그를 미친 사람이라고 몰아붙이는 것이다. 즉 예수라는 청년은 자신이 하나님인 줄로 착각하고 살며 행동하다가 죽은 것으로 보는 것이다. 현대 신학자들 중에도 예수님을 유대의 한 선지자로만 이해하여 그가 인간이었지만 종말이 임할 것을 믿으면서 인류를 구원하려는 바람 속에서 십자가에 달려 죽은 것일 뿐이라고 주장하는 사람도 있었다.

그러나 우리는 성경의 기사들을 통해서 예수님께서 미친 사람처럼 행동했던 적이 없음을 알 수 있다. 또한 그 당시에 사람들의 반응은 결코 그분을 미친 사람으로 생각하지 않았음을 대변해 준다. 왜냐하면 미친 사람에게는 결코 끝까지 따라다니며 반대하거나 반박하려 하지 않기 때문이다. 또한 미친 사람이 주장한 내용을 위하여 끝까지 목숨을 버리며 희생하려는 사람은 없기 때문이다.

세 번째로 가능한 태도는 예수님을 사기꾼으로 보는 태도이다. 즉 예수님은 자신이 하나님이 아닌 줄 알면서도 메시야인 것처럼 사람들을 속이고 행동하며 살다가 죽었다는 것이다. 즉 의도적으로 수많은 군중들을 속이려 했던 사기꾼이라는 것이다.

그러나 예수님께서 살았던 당시의 종교적인 배경은 유일신을 섬기는 유대교적인 배경이었다. 여호와 하나님만이 참되고 유일하신 하나님이라고 배우고 믿어온 이들이 사는 사회에서 어느 시골 동네의 청년이 나타나 "내가 바로 그 하나님이다"라고 주장하는 것이므로 그것은 도저히 사람들을 속일 수 없는 상황이었던 것이다. 그리고 만일 사기꾼으로 본다고 하면 그는 정말로 인류 최대의 사기꾼임에 틀림없다. 왜냐하면 지금까지도 수많은 사람들이 계속적으로 사기당하고 있는 셈이 되기 때문이다. 그러므로 이것도 받아들이기 어려운 가설인 것이다.

루이스는 위의 설명들을 다 제시한 후에 결론적으로 말하기를 현대 지성인들이 그를 단순히 좋은 사람이라고만 말하는 것은 성경의 증거에 대한 신실하지 못한 태도가 된다고 했다. 차라리 그를 미치광이라고 하든지 아니면 사기꾼이라고 할 수는 있을지언정 그를 단순히 좋은 사람이라고 하는 것은 성경의 진술들에 대한 정직한 태도가 아니거나 아직도 성경에서 예수님의 말씀들을 제대로 읽지 못한 것을 드러내는 것일 뿐이라고 했다. 그러므로 그를 단순히 성인으로만 말하는 불성실한 태도를 버리고 그분의 주장을 받아들여 하나님이라고 고백해야 한다고 주장하였다.

## 그는 참 인간이시다

예수님께서 성부 하나님과 동일한 신성을 소유하신 하나님이심을 확인한 후에 제기되는 문제는 그렇다면 그가 동시에 참 사람일 수 있느냐 하는 것이었다. 거룩하시고 초월적인 절대자이신 하나님이 제한되고 죄 있는 인간의 모습을 취하실 수 있는가 하는 물음이 생길 수 있는 것이다. 그래서 초대교회 속에는 예수님의 신성에 대한 오해뿐만 아니라 예수님의 인성에 대해서도 오해된 견해들이 발생하게 되었다. 그 중에서 가현설과 아폴리나리우스주의 두 가지만 생각해 보자.

**역사상의 오류들**

• 가현설(Docetism) : 이 견해는 예수님께서 진정으로 인간의 몸을 입으신 것이 아니라 인간의 모습을 취한 것처럼 보였을 뿐이라는 것이다. 이 견해는 영지주의(Gnosticism)의 영향을 입었는데, 특히 영지주의의 이원론적인 사상의 영향을 받아 예수님의 존재를 해석했기 때문이다.

영지주의란 헬라어의 '지식'이라는 의미를 가진 그노시스(Gnosis)라는 단어로부터 주어진 이름인데, 그들은 세상 사람들이 알 수 없는 신비한 지식을 갖고 있으며 그 지식을 가진 자만이 구원을 받게 된다고 주장하였다. 그런데 그들은 헬라의 영육 이원론을 따라 육적인 것은 악하고 저급한 것이며 영적인 것은 선하고 고급한 것이라고 보는 오류를 범했다.

따라서 그러한 관점에서 예수님을 바라보게 될 때 거룩하고 선하신 하나님께서 인간의 저급하고 죄악된 육체를 입고 사신다는 것은 이해할 수 없는 사실이었다. 그래서 신이 인간의 육체를 입고 나타났다는 것은 실체가 아닌 환영일 뿐이라고 주장했다.

동정녀 탄생에 대해서도 예수님께서 마리아의 몸에 10개월이나 머물러 있지 않았고 단지 스쳐지나가듯 태어난 것으로 보았다.

• 아폴리나리우스주의(Apollinarianism) : 라오디게아의 감독이면서 아타나시우스의 친구였던 아폴리나리우스가 주장한 것으로서 아타나시우스처럼 예수님의 신성을 강조하다보니 예수님의 인성과 실제성을 약화시키게 되는 우를 범하였다. 그에 의하면 예수님의 인성은 축소되어 정상적인 인간이라고 불릴 수 없는 모습을 보이게 된다.

그는 삼분설자로서 "말씀이 육신이 되어"라는 말씀을 이해함에 있어서 하나님의 제2 위격이신 성자께서 인간을 취하실 때 인간의 영혼 부분은 취하지 않고 단지 인간의 몸(육적인 부분)만 취하신 것으로 보았다. 이러한 설명대로라면 예수님의 모습을 볼 때 우리는 인간 예수를 보게 되나 그 안에는 로고스 되신 하나님께서 그 존재의 주체로 행동하시고 있는 셈이 된다. 결국 예수님은 인간의 탈만을 쓰고 행동하는 신일 뿐인 것이다.

이러한 아폴리나리우스의 주장은 예수님의 인격적인 통일성을 확립하는 데 도움이 되는 설명이며 또한 예수님의 무죄성을 말하는 데도 도움이 된다. 왜냐하면 예수님은 인간의 탈을 쓰고 다닐 뿐 실제적으로는 하나님이시므로 신적 의지에 의해서만 행동하셨을 것이고 따라서 어떠한 위격적인 혼동이나 범죄의 가능성도 완전히 배제할 수 있기 때문이다.

그러나 그의 가르침은 예수님의 존재 안에서 그의 신성이 그의 인성을 삼켜버린 것이 되므로 결국 그는 온전한 인성을 가지지 못한 존재가 되고 만다. 그런데 예수님께서 만일 온전한 인간이 되지 못하신다면 그는 성도들의 완전한 구세주로서의 자격을 상실하게 된다. 왜냐하면 온전한 인간만이 인류를 대표할 수 있고 죄인 된 인간을 대신하는 속죄사역을 감당할 수 있기 때문이다. 즉 예수님의 신성뿐만 아니라 예수님의 인성은 구원문제와 직결되는 것이다.

### 성경의 증거들

성경은 육신으로 오신 예수님에 대해서 여러 가지로 증거하고 있다. 육신으로 오신 예수님을 부인하는 자마다 적그리스도라고 강조하는 요한일서 4:2은 바로 초대교회 안에 있는 영지주의를 반박하기 위해 기록된 서신들 중의 하나이다. 그 밖에도 성경은 예수님 자신의 증거를 포함하여 예수님께서는 인간적인 삶과 인간적인 양육의 과정을 거치셨으며 고난과 고통과 시험을 우리들과 똑같이 겪으신 것으로 말한다.

워필드 교수는 예수님의 참 인성을 설명하면서 인간의 감정을 소유하신 예수님의 모습을 다음과 같이 세 가지로 요약한다. 그는 동정심과 불쌍히 여기는 마음을 가지셨으며(막 1:42; 8:2; 요 11:35) 기쁨과 즐거움을 느끼셨고(눅 10:21; 요 17:13) 우리처럼 시험과 고통을 당하셨다(히 4:15). 성경의 이러한 증거들은 예수님께서 우리와 똑같은 인간의 전 인격을 소유하신 분임을 말해주고 있는 것이다.

물론 여기에서 한 가지 주의해야 할 내용은 예수님께서 인간적인 양육의 과정을 겪으셨고 또 우리처럼 시험과 고통을 겪으셨지만 죄는 없는 분이라는 사실을 확증하는 일이다(히 4:15). 예수님께서는 점도 없고 흠도 없는 어린 양으로서 거룩함과 순수함을 잃지 않으신 깨끗하신 희생제물로서 하나님께 드려지셨기 때문이다.

### 온전하신 신성과 인성의 신학적 의의

예수님의 인성과 신성의 온전성은 성경의 가르침이기도 하지만 기독교의 진리가 확립되기 위해서 결코 놓을 수 없는 기본적인 성경적 교리이다. 안셀름(Anselm)이라는 11세기의 신학자는 그의 책 『왜 신은 인간이 되었는가』(Cur Deus Homo)에서 예수님의 성육신 교리에 대해 설명하면서 그의 신성과 인성의 불가피성을 논증한다.

인간이 인간에게 저지른 죄는 인간의 희생으로 배상될 수 있으나 하나님께 저지른 죄는 인간의 차원에서는 해결될 수 없는 무한대의 손실을 가져온 것이다. 그러므로 인간은 그 일을 감당할 능력이 없으며 오직 하나님만이 그 일을 감당할 수 있다고 했다.

더욱이 인간은 자신의 죄 문제를 위해서 먼저 희생되어야 하므로 다른 사람들 혹은 인류의 죄를 위해 희생할 여분이 없는 상태임을 그는 지적했다. 그러므로 온전하신 하나님만이 자격자가 되시므로 예수님은 구세주로서 참 하나님이셔야 했다는 것이다.

또한 예수님이 참 인간이어야만 하는 것은 하나님께 범죄한 당사자가 인간이므로 예수님께서 인류의 죄를 해결하기 위해서는 그 당사자의 위치에 서서 속죄사역을 감당해야 하므로 온전한 인간이 아니고서는 인류의 죄를 대표할 자격자가 되지 못하기 때문이라고 했다.

## 양성 일인격

예수님께서 참 하나님이시자 참 인간이심을 받아들이게 되면 그 다음에 떠오르는 질문은 그러면 '그는 한 인격인가 아니면 두 인격을 소유하신 분인가?'라는 물음이다. 하나님으로서의 주체와 인간으로서의 주체 둘이 동시적으로 존재한다고 해야 하는가?

이 문제에 대해서 두 가지의 치우친 견해가 제시되었다. 하나는 그 양성의 개별적 독립성을 강조하여 예수님은 두 개의 독립된 인격의 존재로 계셨다고 보는 입장이다(네스토리우스). 그러나 성경은 예수님을 결코 정신분열증의 모습을 보인 사람으로 묘사하고 있지 않다. 그는 언제나 하나의 일관된 결정과 태도를 지닌 동일한 인격체로 살아가셨다. 또 다른 오류는 예수님 안에서 신성과 인성이 합쳐져서 제3의 성으로 혼합되었다고 보는 입장이다(유티쿠스). 그러나 그렇게 되면 예수님은 온전한 하나님도 아니며 온전한 인간도 되지 못한다. 즉 중보자로서의 자격을 상실하게 되는 것이다.

그래서 결국 역사적 기독교회는 교회 회의를 거쳐(A.D. 451 칼케돈 회의) 그분은 온전하신 신성과 인성이 서로 혼합되지도 않고 또 변질되거나 분리되지도 않은 하나의 인격으로서 존재하신다는 양성 일인격(兩性一人格)의 교리를 확립하게 되었다.

## 예수 그리스도의 신분

예수님께서는 이 땅에 계시는 동안 여러 신분을 취하고 살아가셨다. 그러한 신분은 크게 두 가지, 즉 비하의 신분과 승귀의 신분으로 나누어진다. 비하는 영원부터 성부 하나님과 함께 누리시던 영광의 자리를 버리시고 인간의 몸으로 이 땅에 오신 예수님의 낮아지심을 말하며, 승귀는 이 땅에서 율법의 요구를 다 이루시고 죄의 형벌을 지신 후 다시 존귀와 영광의 자리로 올라가신 신분을 가리킨다.

### ▎다섯 가지 비하의 신분

**성육신**

그리스도의 낮아지신 신분의 시작은 예수님께서 인간의 몸을 입고 동정녀 마리아의 몸에서 나신 사건에서 찾을 수 있다. 역사적으로 인간의 몸을 입으신 예수님은 그의 신성이 성육신하기 이전과는 달리 축소되거나 약화되었다고 보는 견해들이 있었다(케노시스 이론). 그러나 앞에서도 논의했듯이 예수님의 신성은 온전하신 신성으로서 언제나 불변하게 존재하신 것으로 보아야 한다. 그는 성육신하신 후에도 언제나 온전한 신성을 지니신 하나님으로서 인류의 구속사역을 완수하셨다.

### 예수님의 수난

예수님의 비하의 둘째 단계는 그가 겪으신 수난의 생애이다. 그가 골고다 언덕에서 겪으신 고통만이 아니라 사실 그의 전 생애가 수난의 삶이었다. 거룩하신 분으로서 죄인 대접을 받았고 영광의 하나님께서 저주받은 인간의 위치에서 살아가야 했던 모든 순간이 수난의 연속이었던 것이다. 말구유에서의 출생, 제자들의 배반, 고향에서의 배척 등 수난이 연속된 삶이었다.

### 죽음

예수님의 죽음은 일반 사람들의 죽음과는 그 의미가 다르다. 에덴동산에서의 아담의 범죄가 일반 사람들의 범죄와는 다른 대표적인 성격을 지녔던 것처럼 그의 죽음은 은혜언약의 대표자로서의 죽음이었다. 은혜언약 안에 있는 주의 백성들이 받아야 할 형벌을 대신 감당하신 대속적인 죽음이었다(신 21:33; 갈 3:13).

### 장사되심

범죄한 죄인에게 내려진 형벌로서 인간이 흙으로 돌아가야 한다는 하나님의 심판의 말씀(창 3:19)에 비추어 볼 때 예수님께서 무덤에 장사되신 사건도 비하의 단계 중 하나임에 틀림없다(시 16:10; 행 2:27; 13:13, 35). 장사되심으로써 그는 인간이 겪어야 하는 죄의 형벌의 모든 부분을 다 감당하신 대속주가 되신 것이다.

**지옥 강하**

예수님의 지옥 강하(降下)에 대한 표현들을 문자적으로 받는 로마가톨릭의 입장도 있으나 이미 죽음을 겪은 인간들에게 구원의 기회가 다시 주어진다는 개념을 위한 그들의 주장은 성경적인 근거가 없다. 오히려 이것은 단지 십자가상에서 당하신 주님의 고통이 지옥의 고통과 같은 심각한 것이었음을 상징적으로 보여주는 것이다.

## 네 가지 승귀의 신분

승귀의 신분이란 언약의 의무인 율법의 요구를 다 이루시고 또 죄의 형벌의 값을 다 치르신 후 그 결과로 죄인들을 위한 의와 영생의 공로를 확보하시어 존귀와 영광된 자리로 이르신 신분을 말한다.

**부활**

그리스도의 부활은 특별한 성격을 지닌 부활이다. 그것은 죽은 나사로가 다시 살아난 것과는 근본적으로 다른 부활이다. 나사로는 살아났다가 다시 죽었으나 예수님의 부활은 영원한 부활이었다. 근본적으로 예수님의 부활은 아담 이후에 타락한 인간의 본성을 온전히 회복한 사건이며 단순히 처음의 창조된 상태의 존재양식을 넘어서 종말론적인 존재양식으로 변화된 몸을 입으신 사건이다.

예수님은 하나님 나라에 살기에 합당한 종말론적인 존재양식으로 변화된 첫 열매가 되셨다. 이제 그분과 연합한 주의 백성들은 그 안에서 특히 그분의 부활 안에서 영적 부활을 경험하며 앞으로 주어지게 될 육적 부활까지도 보장받을 수 있게 된 것이다.

### 승천

예수님의 인격이 땅에서 하늘로 지역적으로 옮기신 사건을 가리킨다. 루터교회에서는 지역적인 옮김의 개념보다는 단순히 상태의 변화 정도로 설명하려 하지만 예수님은 구체적으로 하늘나라로 옮겨가셨다. 여기서 하나님 나라를 단순히 상태의 변화만으로 보아서는 안 되는 것은 '새 하늘과 새 땅'으로서의 구체적인 장소로 성경이 말하고 있기 때문이다. 예수께서는 승천하시기 전에 성도들이 거할 처소를 준비하러 가신다고 말씀하셨다(요 14:2,3).

### 하나님의 보좌 우편에 앉으심

예수님께서는 승천하신 후에 하나님의 보좌 우편에 앉으신 것으로 표현된다. 이는 문자적으로 이해하기보다 '하나님의 우편'이라는 개념이 권능과 영광의 자리를 가리킨다는 사실을 고려해볼 때 절대적인 권위로서 교회와 우주를 통치하시는 위치로 들어가심을 말한다고 볼 수 있다.

### 재림

예수님의 승귀의 최고 계단으로서 재림 사건은 예수님이 우주 만물의 심판주로 오신다는 점에서 그 첫째 의의를 찾을 수 있으며, 또한 하나님의 백성들의 구원이 완성되는 마지막 단계의 사건이라는 점에서도 그 중요성이 있다. 신자들은 예수님의 구속사역의 은총을 성령의 역사로 적용받게 된다. 그런데 그러한 구원의 적용이 완성되는 마지막 단계인 영화의 상태로 들어가는 때는 개인적인 죽음의 때가 아니라 주의 재림 시에 부활하게 되는 순간인 것이다.

## 예수 그리스도의 사역

예수님의 사역은 일반적으로 선지자, 제사장 그리고 왕의 직분을 감당하신 것으로 설명된다. 그런데 그러한 예수님의 3중직은 아담의 타락 이후 인간 상태의 심각성의 배경 아래서 이해될 수 있다.

첫째로 아담의 타락 이후 인간은 지식의 결핍 상태로 떨어진 존재가 되었기 때문에 온전하신 선지자를 필요로 하게 되었다. 인간은 자연적인 상태에서는 스스로 하나님과 영적 세계를 볼 수도 알 수도 없는 영적 어두움의 상태로 전락하였다. 따라서 예수님은 구약의 선지자들과 더불어 주의 백성들에게 필요한 하나님의 뜻과 영적 진리를 공급해 주는 역할을 감당하셨던 것이다.

둘째로 인류는 아담의 타락 이후로 하나님의 심판과 저주의 대상이 되어 구원을 필요로 하는 상태에 처하게 되었다. 그런데 예수님은 단순히 지적인 영역에서의 회복만이 아닌 지정의를 포함한 전인격적인 구원의 요청을 들어주시기 위해 제사장으로서의 사역을 감당하신 것이다. 심판의 자리에서 영생의 복으로 구원되는 은총이 예수님의 제사장직으로부터 주어지게 되었다.

셋째로 주의 백성들은 구원받은 이후에도 영적 통치자와 지도자의 인도가 필요한 존재이다. 그들의 삶 속에 왕으로 오셔서 그들의 생애를 운전해주실 항해사를 필요로 하는 성도들에게 예수님은 왕적 직임을 감당하고 계신 것이다.

이러한 타락한 인간의 배경 아래서 예수님이 감당하신 선지자직과 제사장직 그리고 왕직에 대한 구체적인 가르침들을 살펴보자.

## 선지자직

**성경의 증언**

구약시대에는 많은 선지자들이 활동했다. 그들은 하나님의 뜻을 그의 백성들에게 전달해주는 임무를 수행한 자들이었다. 대선지서와 소선지서의 선지자들 이외에도 아브라함(창 20:7)과 모세(신 34:10)도 선지자적인 역할을 감당했던 것을 볼 수 있다.

그런데 그 모든 인간 선지자들의 역할에는 한계가 있었다. 하나님의 뜻을 온전히 받아 전달해주지 못했던 것이다. 그래서 그들이 전한 부분적인 하나님의 뜻이 온전히 전달되도록 하기 위하여 온전한 선지자를 기다리게 되었다. 그러한 기대가 신명기 18:15~19에서 표현되었고 예수님에게서 성취되었다는 사실이 사도행전 3:20~23에서 확인된다.

히브리서 1:1~2의 말씀과 같이 구약시대에 인간 선지자들을 통하여 여러 부분과 여러 모양으로 이스라엘 백성들에게 말씀하셨던 하나님께서는 이 모든 날 마지막에 그의 아들 예수님을 최종적인 선지자로 세우셔서 그를 통하여 하나님의 구원의 뜻을 온전히 계시하셨던 것이다.

**예수님의 선지자직의 특성**

예수님의 선지자 직임은 다른 인간 선지자직과는 구별되는 몇 가지 특성이 있다.

첫째, 예수님은 권위 있는 말씀으로 하나님의 뜻을 전달하셨다. 마태복음 7:28~29에 보면 예수님의 산상수훈의 말씀을 들은 사람들은 그들이 늘 들어왔던 서기관들의 말과는 달리 '권세 있는 자'의 말씀과 같았다고 반응하였다.

둘째, 예수님은 또한 다른 선지자들과는 달리 자기 자신에 대해서 증거했다는 사실이다. 구약의 선지자들은 앞으로 오실 메시야에 대하여 증거했다. 즉 자신 이외의 존재에 대해 증거했던 것이다. 그러나 예수님은 자신이 곧 길이며 진리이며 생명이 되신다고 자신에 관한 내용을 직접 증거하신 선지자였다.

셋째, 구약의 선지자들은 자신이 살았던 시기와 장소에만 국한되어 사역하였다. 그러나 예수님의 선지자직은 그가 이 땅에 사셨던 때와 지역에만 국한되어 수행되는 것이 아니라 영속적인 성격을 띠고 있다. 즉 예수님의 선지자직은 구약시대에도 선지자들을 통하여 진행되고 있었고(벧전 1:10~12), 그가 이 땅에 계시던 생애 동안에도 계속되었다. 뿐만 아니라 승천하신 이후에도 사도들의 설교를 통하여 계속 말씀하고 계시며 오늘도 그가 약속하셨던 성령님의 조명의 역사를 통하여 그의 백성들을 깨우치시고 가르치심으로써(요 14:26) 그의 선지자적 직임을 계속 수행하고 계신 것이다.

## ▌제사장직

제사장이란 선지자와는 반대로 백성들의 죄와 문제를 안고 하나님 앞으로 나아가기 위하여 기도하며 속죄의 제사를 드리는 일을 감당하는 자이다. 그 전자의 임무를 대언사역이라고 하며 후자의 임무를 헌제사역이라고 한다.

**헌제사역**

예수님의 헌제사역의 특징은 그 자신이 대제사장이시면서 어린 양의 제물로 드려지셨다는 점이다. 그의 헌제사역은 구약의 제사장직의 성격과 비교해 볼 때 더욱 잘 이해될 수 있다.

구약의 제사장은 먼저 자신을 위한 제사를 드리고 난 후에야 백성들의 죄를 위한 제사를 드릴 수 있었다. 이는 그들도 죄인이었으므로 자신의 죄 문제를 먼저 해결해야 하나님 앞에 다른 사람의 죄 문제를 가지고 나아갈 수 있었기 때문이다. 그러나 예수님은 점도 없고 흠도 없는 죄 없으신 제사장으로서 자신을 위한 속죄제물이 필요없는 분이셨다(히 7:26~27).

제사장에 있어서의 차이뿐만 아니라 제물 자체에서도 예수님이 주관하신 제사는 온전한 제물이신 자신을 드리신 것이었다. 구약의 제물들도 흠이 없는 양이나 동물들을 준비하기는 하였으나 그것들도 여전히 아담 타락의 영향 아래 존재하는 유한한 제물이었으므로 불충분한 제물이었다. 반면에 예수님께서는 온 인류를 위한 희생으로서 온전한 제물로 드려지셨다.

이런 사실을 고려하여 볼 때 구약의 제사는 불완전한 제사였으며 따라서 반복적으로 드려질 수밖에 없었다. 오늘은 지난달에 범했던 유다 지파의 죄를 위해서 그리고 내일은 이번 달에 범한 베냐민 지파의 죄를 위해서 반복적으로 계속되어야만 하는 제사였다. 반면에 예수님의 제사는 일회적인 성격의 것이었다. 그는 '한 영원한 제사'를 드리심으로 단번에 그의 모든 백성들의 죄를 사하는 제사를 이루신 것이다(히 10:12).

또 구약의 제사장은 항상 존재하지 못하는 한계성을 갖고 있는 반면에 예수님은 항상 살아 계신 영원한 대제사장으로서 우리를 위해서 지금도 간구하고 계신다(히 7:23~25).

앞의 모든 사실들은 결국 구약의 제사와 제사장직은 신약의 예수님의 제사와 제사장직을 예표해 주는 그림자였음을 말해준다. 진정한 대제사장이신 예수님의 온전한 제사를 통해서만 인간의 죄 문제가 온전히 해결될 수 있음을 알 수 있도록 하신 것이다.

**대언사역**

예수님의 제사장직은 헌제사역과 아울러 우리를 위해 하나님 앞에서 간구하시는 대언사역도 포함된다. 예수님은 그의 백성들을 위해서 변호해 주시고, 사탄의 고소에 대항하여 재판장 되신 하나님 앞에서 우리 대신 대언해주시는 보혜사가 되시는 것이다(요 14:16; 요일 2:1).

베드로가 예수님을 세 번이나 부인할 것을 미리 아시고, 사탄이 밀 까부르듯 베드로를 요구하였다고 하시면서 그를 위해 간구하셨다고 말씀하신 것(눅 22:31~32)은 성도들을 위한 예수님의 대언사역의 대표적인 예라고 할 수 있다. 예수님의 대언사역의 은혜를 힘입어 베드로는 사탄의 시험에서 다시 일어나 초대교회를 든든히 세우는 사도의 직무를 감당하였다.

오늘도 우리를 위해서 간구하시는 예수님의 대언사역의 은총으로 우리는 수많은 신앙의 늪지대를 통과할 수 있는 능력을 부여받게 되는 것이다.

## 왕직

예수 그리스도의 왕직은 크게 영적 왕권과 우주에 대한 왕권으로 나누어 생각해 볼 수 있다.

**영적 왕권**

영적 왕권이란 하나님의 교회와 백성들의 영적인 삶에 대한 통치권을 말한다. 이것은 무력으로 다스리는 세상 권력과는 달리 성령님의 역사로 신자의 마음과 생활을 다스리시는 왕권이다(엡 1:20; 5:23). 또한 이 왕권은 현재적이면서도 미래적인 성격을 띠고 있다. 그것은 예수님의 왕권이 신자의 삶 속에 이미 시작되었다고 말하므로 현재적이라는 것이며(눅 17:21; 골 1:13), 예수님의 재림 때에 이 왕국이 유형적으로 온전히 드러나게 될 것이므로 미래적인 성격을 띠고 있다고 하는 것이다.

**우주에 대한 왕권**

예수님에게 하늘과 땅의 모든 권세가 주어졌다는 마태복음 28:18의 말씀과 관련된 것으로서 구체적으로는 그가 하나님의 우편에 앉게 되었을 때 그의 공로에 대한 상급으로서 주어진 것을 말한다(시 2:8, 9; 마 28:18; 엡 1:20~22). 그러나 여기에서 주의해야 할 것은 성자로서 그가 과거에 소유하지 못했던 것을 새로 받은 것이 아니라 단지 성육신하신 예수님께서 이 권위를 받으신 것을 의미한다. 즉 그의 인성이 성자의 이 본래적인 왕권의 자리에 참여하게 된 것을 의미하는 것이다.

## 그리스도인의 삶

예수님의 3중직은 오늘을 사는 신자들의 삶에 중요한 의미를 제공해 준다. 이는 그리스도인들이 어떻게 살아야 할 것인가를 말해주며 또한 오늘의 신자들에게 3중직적 삶을 요구하고 있는 것이다.

첫째, 이 세상에서 성도들은 선지자적 삶을 살도록 부름을 입은 자들이다. 민수기 11:29에는 모세가 모든 백성들이 선지자가 되기를 소망하고 있는 것을 보게 된다. 그런데 그 소원은 실제로 오순절 날 성령님이 강림하심으로써 성취된다.

구약에서 선지자란 하나님의 특별한 인도로 하나님의 영을 받아 하나님의 말씀을 백성들에게 전달했던 제한된 수의 사람들이었다. 그러나 이제 예수님이 약속하신 성령님께서 오신 이후로 모든 주의 백성들은 성령님이 내주하시는 자들로서 이 세상에 대하여 하늘의 영적 진리를 선포하는 선지자적 사명을 띠고 사는 자들인 것이다. 예수님의 구속사역의 완성으로 말미암아 보냄을 받은 보혜사 성령님께서 모든 주의 자녀들 안에 거하심으로써 그들을 선지자 되게 하신 것이다. 즉 예수님 사역의 기초 위에서 오늘 성도들의 선지자직이 가능하게 된 것이라고 할 수 있겠다.

둘째, 예수님께서 모든 백성의 죄를 사하기 위한 속죄 제물로 또 대제사장으로 사역을 하셨듯이 오늘 모든 신자들은 그들이 속한 교회와 공동체의 죄를 책임지고 그들의 아픔을 끌어안고 하나님 앞으로 나아가야 할 책임을 갖고 있다. 그들의 영적 문제를 위하여 하나님 앞에 기도드려야 할 제사장적 의무가 있는 것이다(골 1:9).

물론 우리와 예수님의 헌제사역에는 차이가 있다. 이제 우리는 우리의 죄를 사함받기 위한 제물을 하나님께 더 드릴 필요는 없다. 예수님께서 이미 '한 영원한 제사'를 드리셨기 때문이다. 우리의 제사장직은 희생제물을 다시 드리는 사역이 아니라 이미 베풀어주신 구원에 대한 감사의 삶의 제사이다. 로마서 12:1 말씀과 같이 이제는 우리 몸을 하나님께서 기뻐하시는 산 제사로 드려야 하는 것이다.

셋째, 인류의 역사는 정치가나 경제인들이 이끌어가는 것이 아니라 역사의 주인이신 여호와 하나님께서 운행하시는 것이다. 그렇다고 한다면 사실상 우리 민족의 역사와 세계의 역사는 하나님의 보좌 앞에 나아가 눈물로 기도드리는 성도들의 무릎에 의해서 이끌려 가고 있는 것이라고 할 수 있다.

역사의 미래는 이 세상에서 진정한 왕적 백성으로 부름을 받은 성도들의 믿음과 기도의 삶에 달려 있다. 주께서 확립하신 하나님 나라의 왕자요 공주들로서 왕적 권위를 가지고 흔들리고 방황하고 있는 이 세대를 이끌어가야 할 책임이 우리 그리스도인들에게 있는 것이다.

# 예수님은 우리를 어떻게 속죄하셨는가?

기독론을 마치기 전에 마지막으로 우리는 예수님께서 어떻게 인류를 구속하셨으며 그러한 사역의 필요성과 성격 그리고 속죄함을 받는 대상의 범위에 대하여 살펴볼 것이다.

## ▮ 속죄사역의 근원

속죄사역의 근원에 대한 일반적인 오해는 성부 하나님은 죄인들을 심판하기만을 원하시는 분으로 그리고 예수님은 성부의 진노를 막고 항거하시는 분으로 보아 성부와 성자 사이를 갈등 관계인 듯이 생각하려는 것이다. 그러나 예수님의 구속의 사랑은 성부로부터 주어진 것이라고 성경은 말한다(골 1:19, 20; 롬 3:23~26). 그리고 요한복음 3:16에서도 "하나님이 세상을 이처럼 사랑하사 독생자를 보내셨다"고 말씀하고 있다. 따라서 그리스도의 속죄사역은 하나님의 사랑으로부터 그 기원을 갖고 있는 것으로 보아야 한다.

## ▮ 속죄사역의 필요성

예수님의 속죄사역이 꼭 그러한 방법을 취해야만 했는가? 이러한 질문에 대하여 전혀 그럴 필요가 없었지만 그냥 임의로 그렇게 십자가의 죽음을 택한 것이라고 보는 견해도 있다. 그러나 성경은 그 필요성을 하나님의 공의의 속성에서 찾는다.

하나님께서는 사랑과 용서의 하나님이심에는 틀림없으나 그의 사랑은 그의 공의를 무너뜨리는 사랑이 아니요 그의 공의와 조화되는 사랑이다. 죄인을 불쌍히 여기시며 회개하는 자를 사랑하셔서 용서하시는 하나님이시지만 불의와 죄는 사랑하실 수 없는 공의와 거룩의 하나님이신 것이다. 하나님은 죄를 미워하시며 죄에 대한 대가를 반드시 요구하는 분이시므로 예수님의 속죄사역은 그 필요성을 띠게 되는 것이다.

## 속죄사역의 성질

예수님의 속죄사역은 여러 가지 방향에서 설명될 수 있다. 그의 죽음이 갖는 의미란 전체적으로 순종의 삶의 완성이라고 할 수 있다. 그의 전 생애는 아버지의 뜻을 이루기 위한 순종의 생애였다(사 52:13~53:12; 빌 2:7~8). 죽기까지 그의 삶을 아버지 앞에 바치신 순종의 삶이 우리의 구원을 이루셨던 것이다. 좀 더 구체적으로 그 의미들을 생각해 보면 다음과 같다.

### 대리적 속죄

예수님의 속죄는 은혜언약 속에 있는 하나님의 모든 택한 백성들을 대표하여 속죄사역을 감당하신 것이므로 그의 백성들을 대신하여 행하신 것으로 인정한다고 성경은 설명한다(롬 5:12~21).

그러면 한 사람의 죄벌을 다른 사람에게 지우는 것이 정당한가? 물론 어떤 이의 책벌을 억지로 다른 이에게로 떠맡기는 것은 잘못된 것이다. 하지만 예수님의 경우에는 그가 자발적으로 그 길을 택하여 걸어가셨다는 점을 기억해야 한다. 그의 전 생애는 아버지의 뜻을 이루기 위해 고난의 모든 순간들을 참아내신 사랑의 표현들의 연속이었다.

### 하나님의 진노를 진정시킴(유화)

현대 신학자들 중에는 하나님의 진노나 심판, 지옥과 같은 교리들을 원시적 종교의 가르침으로 간주하려는 이들이 있다. 그러나 성경은 분명히 죄와 불의에 대한 하나님의 진노를 말하고 있다(롬 1:18 이하). 그리고 예수님의 제사는 그러한 하나님의 진노를 유화시키는 역할을 감당한 것으로 설명된다(롬 3:21~24). 이것은 간과될 수 없는 예수님의 속죄사역에 대한 성경의 분명한 가르침 중의 하나이다.

### 화해(화목)

이 개념은 유화의 개념과 비슷하기도 하지만 좀 더 구체적으로 하나님과 인간의 관계가 원수 되었던 상황에서 화목한 관계로 변화되었음을 말해준다. 예수님의 속죄사역으로 말미암아 하나님께서는 죄인들과 화목한 관계를 시작하셨고, 그러한 하나님의 변화에 기초하여 인간들 편에서의 회복이 가능하게 된 것이다.

### 구속(해방)

예수님의 사역에 대해서 일반적으로 가장 많이 이해되는 개념이 이것인데 예수님의 속죄 제사를 하나님께서 받으셔서 그의 백성들을 죄와 율법의 무거운 억압으로부터 해방시켜 주셨다는 것이다. 예수님으로 말미암아 주어진 해방은 세 가지로 나누어 설명될 수 있다.

- 죄책으로부터의 해방

 예수님의 속죄사역으로 말미암아 성도들은 모든 인간의 죄책으로부터 벗어날 수 있게 되었다. 그의 사역으로 인하여 의롭다 하심을 받을 수 있게 되었으므로 더 이상 죄의식에 사로잡혀 있을 필요가 없다. 믿은 후에도 죄책과 죄의식에 사로잡혀 사는 것은 예수님의 사역을 무시하거나 의롭다고 선언하신 하나님을 무시하는 것이 될 뿐이다.

- 죄의 세력으로부터의 해방

 성도들은 죄책으로부터 해방되었을 뿐만 아니라 죄의 사슬에서 풀

려났다. 죄의 세력은 예수님의 승리로 무너져 버렸다. 사망의 권세를 깨뜨리신 주님 안에서 죄의 법은 더 이상 그의 백성들을 좌지우지할 수 없는 위치로 떨어져 버렸다. 성도들은 이제 의의 법 아래서 의의 병기로 드려질 수 있는 삶을 허락받은 것이다.

- 율법의 무거운 짐으로부터의 해방

예수님은 그의 고난과 죽음을 통하여 죄의 형벌을 감당하셨을 뿐만 아니라 그의 전 생애를 통하여 하나님의 율법의 요구를 모두 이루셨다. 이것을 소위 능동적 순종이라 부른다. 이 사역도 그의 백성들을 대표하여 이루신 것이므로 그러한 율법의 모든 요구는 그리스도 안에서 다 성취된 것이며 성도들은 이제 더 이상 율법의 무거운 짐에 눌릴 필요가 없게 된 것이다.

물론 율법 그 자체는 선한 것이므로 신자가 된 이후에도 그들의 삶을 인도해주는 좋은 안내자가 되는 것은 사실이다. 그러나 그러한 율법의 인도를 받는 삶은 율법주의적 삶과는 거리가 멀다. 그리스도 안에서 율법이 완성되었으므로 이제 우리는 구원받기 위해서 율법을 지켜야 하는 의무감을 가질 필요는 없는 것이다. 오히려 우리는 그리스도 안에서 구원받은 사실에 감사하여 우리 하나님의 율법을 사랑하며 그 뜻대로 살아가려는 것이다. 즉 이제는 자유함 속에서 율법의 삶을 살아가는 것이다.

## 속죄의 범위

예수님께서 십자가에서 속죄사역을 이루실 때 누구를 위해서 죽으셨는가? 온 인류의 모든 사람들을 구속하려 하셨는가? 아니면 택함을 입은 그의 백성들만을 위해서 죽으셨는가? 성경은 분명히 그의 백성들만을 위해서 죽으셨다고 말하고 있다(제한속죄설). 만인속죄설을 주장하는 이들도 있으나 그 이론은 신학적으로나 성경적으로 잘못된 설명이다.

사실 성경에는 '모든'이나 '다'(all every)와 같은 단어가 사용되고 있는 것이 사실이다. 그러나 그러한 단어들을 통해서 표현된 구절들이 반드시 '전 인류'를 가리키는 만인구원설을 의미한다고는 할 수 없다.

신학적으로 볼 때 최종적으로 만인의 구원을 말하지 않는 한 만인속죄설은 문제를 야기시킨다. 만일 만인구원설을 수용할 수 없다면 전 인류를 구원하시기 위해서 죽으셨던 예수님의 의도가 좌절되는 결과를 가져오게 될 것이기 때문이다. 또한 만일 만인구원설이 맞다고 하면 예수님의 의도대로 우리 주변의 모든 사람들이 구원을 받아야 하는데 성경이나 현실은 분명히 구원에 이르지 못하는 이들도 있음을 증거하고 있다. 그러므로 만인속죄설이 일관성을 회복하려면 만인구원설까지 말해야 하나 역사적으로나 현실적으로 그것은 불가능한 이론인 것이다.

사실 성경의 많은 구절들(마 1:21; 요 10:11, 15; 행 20:28; 엡 5:25~27)은 예수님의 구속의 효과는 그의 택한 백성들에게만 주어진다고 말하고 있다. 로마서 8:30 이하에도 보면 예수님의 희생 제물로 인한 속죄 사역의 대상들과 그 구속의 열매의 수혜자들은 서로 동일한 자들임을 말해준다. 즉 오늘 구원의 은총을 누리는 자들만이 예수님께서 십자가상에서 의도하셨던 이들이라는 설명이 가능해지는 것이다. 로마서 6:3~11에서도 예수님의 죽음에 참여한 자들이 곧 예수님의 부활의 능력에 참여케 된다고 같은 방향에서 말하고 있다.

### 생각해 볼 문제

1. 속죄언약과 은혜언약은 어떻게 다른가?

2. 구약의 성도들은 어떻게 구원을 받았는가?

3. 예수님의 참 하나님이심을 오해했던 이단 몇 사람 들어보라.

4. 예수님의 참 신성에 대한 성경의 증거구절들을 제시해 보라.

5. 예수님을 단순히 성자라고만 부를 수 없는 이유는 무엇인가?

6. 예수님을 참 인간이라고 해야 하는 이유는 무엇인가?

7. 가현설은 어떠한 오해를 했는가?

8. 예수님의 비하의 신분에 해당하는 것들은 무엇인가?

9. 구약의 선지자직과 예수님의 선지자직의 차이점은 무엇인가?

10. 예수님의 속죄가 제한적으로 그 효과가 미치게 되는 이유는 무엇인가?

# 제6장

# 구원론

구원론이란 예수 그리스도께서 역사 속에서 이룩하신 구속사역을 개인적으로 적용하는 문제를 취급하는 분야이다. 이 사역을 맡으신 분이 바로 성령 하나님이시다. 그래서 구원론을 성령론이라고도 부른다. 이에 먼저 성령 하나님에 대해 고찰해 보고 구원론의 내용을 살펴 보기로 한다.

# 제6장 | 구원론

## 성령 하나님은 누구신가?

### ▌성령론 연구의 중요성과 어려운 점

성령론 연구의 중요성은 첫째, 성령님은 삼위의 하나님 중에서 우리에게 가장 가깝게 느껴질 수 있는 분이시기 때문이다. 일반적으로 성부 하나님은 초월자로서 하늘 멀리 보좌에 앉아 계시는 분으로 인식되기 쉽고, 성자 예수님은 과거의 역사 속에서 인류의 구원사역을 성취하시고 부활하신 후 승천하셔서 성부 하나님 앞으로 떠나가신 분으로 이해되고 있다. 그러나 성령님은 오늘날 신자의 삶 속에 내주하시고 활동하셔서 위로하시며 권고하시고 우리들의 구원을 함께 이루어 가시는 분으로 이해되기 때문이다. 따라서 오늘 신자들의 삶 가장 가까이에서 역사하시는 성령 하나님에 대한 올바른 이해는 그들의 신앙생활에 중

대한 영향을 주게 되는 중요한 영역이 된다.

둘째, 우리가 사는 이 시대는 삼위의 하나님 중에서 성령 하나님의 역사가 가장 두드러진 시대이기 때문이다. 물론 삼위의 하나님은 같은 본체를 소유하신 하나님으로서 항상 같이 역사하시며 구약시대나 신약시대에도 성부나 성자 하나님만 단독적으로 역사하지는 않으셨다. 그럼에도 구약시대에는 성부 하나님의 사역이 두드러졌고, 신약시대의 오순절 사건 이전까지는 성자 예수님의 삶과 구원사역이 두드러지게 나타났으며, 오순절 사건 이후에는 성령 하나님이 주로 교회의 전면에서 역사하고 계신 것을 볼 수 있다.

물론 오늘도 성자 예수님은 하나님의 보좌 우편에서 우리를 위한 간구사역을 계속하고 계시므로 성령님만의 시대라고 할 수는 없다. 그러나 초대교회 이후로 전 교회의 역사가 성령 하나님의 활동의 역사였다는 점에서 성령 하나님에 대한 올바른 이해의 중요성을 더욱 강조할 수 있는 것이다.

셋째, 오늘의 문화는 경험을 강조하는 특징이 있다. 기독교인의 신앙생활도 경험적인 측면이 중요시되는 경향을 띠게 됨을 부인할 수 없다. 그런데 신자가 삶에서 하나님을 만나고 경험하며 감정적인 확신을 얻게 되는 것은 성령의 역사를 통해서이다. 따라서 이러한 점들을 고려해 볼 때 오늘을 사는 성도들에게 성령님에 대한 올바른 이해가 요청된다고 할 수 있다.

성령론 연구의 어려운 점은 첫째, 성령론은 다른 교리들보다 더 많은 혼선과 문제들이 야기될 수 있는 조건을 갖고 있다는 것이다. 왜냐하면 성경은 성부나 성자에 대하여 설명해주는 만큼 성령 하나님에 대해서 충분하게 자료들을 제공해주지 않기 때문이다. 요한복음 14~16장의 내용을 제외하면 성경 안에서 우리는 성령 하나님에 대한 체계적인 진술을 찾아내기가 어렵다. 성령님에 대한 진술들은 대개 다른 주제와의 관계 속에서 주어지고 있을 뿐이다. 따라서 성령에 대한 설명들은 대개 자신의 개인적인 경험에 기초하여 제시되기 쉽고 나름대로의 주관적인 해석과 주장이 많이 있게 되어 성경에서 분명한 가르침이 제공되는 다른 주제들보다 더 많은 혼선이 발생할 가능성이 있는 것이다.

둘째, 성령 하나님에 대해 분명하지 못하거나 혹은 잘못된 이미지를 지니기 쉽기 때문이다. 성부 하나님에 대한 이미지는 우리들이 대개 아버지에 대한 기본적인 개념을 가지고 있으므로 쉽게 그 이미지를 그려볼 수 있다. 또한 성자 예수님에 대해서도 인간의 몸을 입고 오신 나사렛 예수의 모습을 쉽게 복음서의 내용들을 통해서 그려볼 수 있다. 그러나 성령님은 우리의 눈으로는 확인되지 않는 영이시며 만져볼 수도 없는 대상이다. 따라서 어떤 유령과 같은 이미지를 가지고 성령님의 존재를 생각하거나 혹은 다소 분명하지 못한 이미지를 가지고 접근하게 될 가능성이 있다. 그래서 잘못된 오해들이 발생할 위험성이 많이 있다.

셋째, 삼위 하나님에 대한 일반적인 오해들 중의 하나는 성자 예수님은 성부 하나님보다 열등한 신이시고 성령 하나님은 성자나 성부보다 열등한 신이라는 착각이다. 사실 성자 예수님은 이 땅에 오셔서 죽기까지 하나님 아버지의 뜻에 복종하셨으며 그의 생애 전체가 성부의 뜻을 이루기 위함이었다. 또한 성령님도 성자 예수님의 보냄을 입고 이 땅에 오신 것으로 설명되며 예수님의 가르치심을 다시 제자들에게 생각나게 하는 일들을 감당하셨던 것이 사실이다. 성령님의 사역은 예수님의 복음을 더 선포하며 그의 영광을 나타내는 것이라고 예수님은 설명하셨다(요 16:14).

그러나 이러한 삼위 간의 관계는 기능상의 역할 차이를 의미할 뿐이지 결코 존재론적으로나 본체상에서 성령님이 성부나 성자 하나님보다 열등한 것을 의미하지 않는다고 보는 것이 역사적 기독교회의 신앙이다. 그럼에도 현실적으로는 무의식적으로라도 성령님이 열등하다고 생각하기 쉬운 것이 사실이다. 그리고 그러한 인식상의 오해가 성령님에 대한 연구에 부정적인 영향을 끼치게 한다.

넷째, 20세기에 와서는 성령님에 대한 활발한 논쟁들이 있었는데 오순절 운동과 은사 운동들로 인한 교회 안의 성령론 논쟁들은 일반 성도들로 하여금 우려를 자아내게 했다고 볼 수 있다. 그러한 논쟁에 휘말림으로써 교회가 분열될 수 있다는 우려 때문에 이 문제에 대해서 거론하기를 꺼려하는 분위기가 있었던 것이다.

## 성령론의 교회사적 고찰

기독교의 모든 교리들은 어느 날 갑자기 만들어진 것이 아니다. 각각의 교리들은 교회의 역사 속에서 적절한 시기에 서로 다른 속도로 형성되어 왔다. 초대교회에서 논의되었던 주제는 삼위일체론과 같은 신론의 영역이었고, 4~5세기경에는 어거스틴과 펠라기우스의 인죄론에 관한 논의가 활발히 진행되었다. 그리고 중세를 지나 종교개혁 시대에는 구원론에 대한 논의가 있었으며, 그 이후 현대에 와서는 교회론 혹은 성령론에 대한 논의가 활발히 전개되었다. 이처럼 성령님에 대한 논의는 비교적 최근의 일이지만, 초대교회로부터 그 부분에 대해 전혀 언급이 없었던 것은 아니다. 그 몇 가지의 주요한 흐름을 다음과 같이 요약해 본다.

### 초대교회

초대교부들은 성령님의 역사를 주로 성경 기록과 연관하여 설명하며 성경이 기록될 때 성령님께서 인간 저자를 감동시키는 역사를 감당하신 것으로 말했다. 오리겐이나 아테나고라스와 같은 이들은 인간 저자들이 단순히 수동적으로 남아 있는 채로 성령님께서 역사하신 것이라고 설명하였으나 어거스틴은 인간 저자들 스스로의 회상과 기억을 사용하여 기록하도록 역사하셨다고 보았다. 성령님의 역사란 인간 저자들이 그러한 기억들을 기록할 때 망각이나 오류의 가능성을 극복하도록 하신 것이라고 본 것이다.

그러나 초대교회 안에서 성령님에 대한 오해는 종속론적인 성령관과 관련된 것이다. 성령님을 하나님의 속성들 중의 하나를 표현한 것이라는 방식의 이해도 있었고(이레네우스) 혹은 그는 말씀을 통해 창조된 모든 피조물들 중에서 가장 영예로운 존재라고만 이해하기도 했으며(오리겐), 성령님을 성부나 성자의 본체와는 다른 본질을 지니고 있는 것으로 보기도 했다(아리우스). 즉 열등한 성령님의 존재를 말했던 것이다.

정통적인 성령 이해는 4세기의 정통신학자 아타나시우스에 의해서 제시되었다. 성령님을 단순히 무로부터 창조된 피조물 혹은 모든 천사들 중에서 가장 우등한 천사 정도로밖에 보지 않았던 당시의 트로피시라는 이단의 주장에 대해 강력하게 반박하면서 그는 다음과 같은 이유에서 성령님의 온전한 신성을 성경적으로 주장했다.

첫째, 성경은 분명히 삼위의 하나님께서 영원하시며 동질의 본체를 지니고 계신다고 말하므로 그중의 한 분이신 성령님도 성부, 성자와 동질의 본체를 소유하신다고 했다.

둘째, 성령님의 신성은 또한 그와 성자 예수님과의 밀접한 관계성 속에서 이해될 수 있다고 했다. 요한복음 14:26과 16:7, 13~15의 구절들을 보면 성령님께서 오셔서 하나님께서 말씀하신 것과 예수님께서 말씀하신 모든 것을 가르치시고 생각나게 하시며 그의 영광을 나타내신다고 했으므로 그러한 신적 사역과 가르침을 할 수 있는 자는 당연히 그러한 신적 존재와 같은 차원의 존재일 수밖에 없다고 했다.

**중세와 종교개혁 시대**

중세에는 성령님에 대한 논의가 활발하게 진행되지는 않았다. 관련된 논의로는 "필리케"(Filique, and from the son)에 관한 내용이었다. 이 문구는 원래 아리우스주의자들이 예수님에 대한 열등한 신관을 가지고 있는 것을 반박하기 위하여 성령님은 오직 성부에게서만 나오시는 것이 아니라 성자로부터도 나오시는 것임을 말하려 했던 것이다.

그러나 후에 요한복음 15:26과 16:7 등의 말씀을 통하여 성령님은 성부와 성자에게서 나오시는 것으로 보는 것이 성경적인 입장임을 교회 회의에서 확인하게 되었다. 그래서 서방교회는 A.D. 589년에 톨레도 회의에서 그러한 가르침을 공식적으로 채택하였으나 동방교회에서 반론을 제기하고 나섰으며 결국 11세기에 동, 서방교회로의 분열을 가져왔던 것이다.

종교개혁 시대에 이르러서도 성령론에 관한 논의에서 어떤 새로운 내용들이 많이 추가되지는 않았다. 칼빈의 경우를 보면 그는 성경과 연관하여 성령의 역사를 말했던 것을 보게 된다. 두 가지 내용으로 요약할 수 있는데, 첫째는 성경의 권위에 있어서 성령의 역사의 중요성에 관한 것이다.

칼빈은 중세 가톨릭에서 성경의 권위를 교회가 부여하는 것으로 이해하는 방식을 거부하고 성경의 권위란 성령의 내적 증거로 확신케 되는 것이라고 했다. 성령 하나님만이 성경에 대한 확신을 주실 수 있는 자격자가 되시므로 그 성령의 증거가 이성의 증거나 교회 회의의 결정보다 우월한 것임을 강조했다. 이처럼 성령님의 사역의 첫 번째 부분이 성경이 기록될 당시에 인간 저자들을 감동시키셔서 하나님의 말씀으로 기록되도록 하신 것이라면, 두 번째 부분은 오늘 성경을 읽는 이들의 마음속에서 그 글들이 하나님의 말씀임을 확신하게 하시는 사역이라 보았다. 성경의 인간 저자들을 감동시키셨던 성령님께서는 오늘도 그 글을 읽는 하나님의 자녀들의 마음을 감동시키셔서 그 글이 하나님의 말씀임을 확신하도록 역사하신다는 것이다.

다음으로 칼빈이 성경과 연관하여 언급하는 성령의 사역은 성령과 말씀의 연합성에 관한 내용이다. 성령님은 이미 기록되어 주어진 하나님의 말씀과 무관하게 역사하시는 것이 아니라 이미 주어진 말씀과 일치되게 역사하심을 강조했다. 즉 어떤 새로운 진리를 추가적으로 가져다주시는 것이 아니라 이미 그리스도를 통해서 주어진 복음의 의미를 다시 조명하시며 더 밝게 깨닫도록 하신다는 것이다. 이는 개인적으로 경험한 신비한 체험들을 성경 말씀보다 중요시하며 말씀의 권위를 무시하는 신비주의적 신앙을 경계하게 하는 가르침이라고 할 수 있다.

**종교개혁 시대 이후**

종교개혁 시대 이후에 성령의 역사에 관심을 끌게 한 사람이 있다면 감리교의 창시자인 요한 웨슬레(John Wesley)를 빼놓을 수 없다. 그가 제시했던 완전성화 교리(Doctrine of Entire Sanctification)는 그의 올더스게이트 성령 체험을 근거로 세워진 교리인 것으로 평가되는데, 신자가 중생할 때의 성령의 역사와는 구별되게 중생한 이후에 또 다른 성령의 역사가 있어야 한다는 주장이다. 그 두 번째의 성령의 역사로 말미암아 신자는 온전한 성화를 성취하게 된다고 보는 이 주장은 후에 오순절교회에서는 '성령세례'라는 이름으로 주장되었고, 그 후에는 은사주의로 연결되는 '제2의 축복의 신학'의 기원이 되었다.

17세기 이후로 역사 속에는 성령의 역사에 부정적인 영향을 끼쳐왔던 운동들이 있었다. 개신교 스콜라주의, 합리주의 사상 그리고 낭만주의 사상이 바로 그것이다.

개신교 스콜라주의는 특히 멜란히톤 계열의 루터파에서 두드러지게 나타났는데 신앙을 정확한 교리 이해의 측면에서만 이해하려다 보니 성경을 하나의 기계적인 방식으로만 이해하게 되고 경험적인 측면보다는 교리에 대한 믿음만을 강조하는 방향으로 나아가게 되었다. 따라서 성령의 내적 증거의 중요성과 같은 성령의 사역에 대해서 소홀하게 되는 결과를 가져오게 되었다.

합리주의 사상도 인간의 이성을 절대시하고 그것을 최고의 기준으로 삼게 되므로 합리주의적인 방향에서 기독교를 접근하게 되었다. 그리하여 성령의 역사는 발붙일 자리를 얻지 못하게 되었다. 합리주의의 영향 아래서 처음에는 이성으로 기독교의 모든 진리를 설명하려는 방향으로 나아갔으나 나중에는 어떠한 신앙의 항목도 이성으로 정당화되어야 수납될 수 있다고 주장하기까지 했다. 그 결과 인간과의 관계에서의 특수 통로라고 할 수 있는 성령님의 역사나 특별계시와 같은 부분은 자연히 무시되게 되었던 것이다.

낭만주의는 사실상 지적인 영역보다는 감정의 영역을 강조하는 운동이므로 성령론에 긍정적인 영향을 주었을 것으로 보기 쉽다. 그러나 여기에서 말하는 낭만주의란 세속적 개념에서의 일반적인 인간의 감정을 말하는 것이므로 성경에 기초한 중생자의 영적 열정과 같은 개념과는 거리가 있는 것이다. 따라서 성령님의 역사로 말미암는 성경적인 신앙의 감정은 약화되는 결과를 가져오게 되었다.

19세기 이후로는 성령론 논의에 박차를 가하게 했던 운동들이 있어 왔다. 그것들은 19세기 미국에서의 성결부흥운동, 20세기 초의 오순절운동 그리고 은사운동들이 포함된다.

19세기 미국에서의 성결운동은 부흥운동의 성격을 띠고 있어서 회심과 즉각적인 성령의 역사와 같은 것들을 강조했다. 부흥회에서는 흔히 신앙의 결단을 강조하게 되는데, 회심과 결단이란 성령의 사역이므로 당연히 성령의 역사에 초점이 모아지게 되었던 것이다. 사도행전에서와 같이 성령의 특별한 사역들이 그렇게 일반적으로 나타나지는 않았으나 비교적 감정적인 색채가 짙었던 복음적 부흥운동이었다.

20세기로 들어와서 성령의 역사를 강조한 운동으로는 오순절운동을 들 수 있다. 이 운동은 1896년 미국의 토페카(Topeka) 지역에서 발생했던 방언의 역사를 출발로 하여 스칸디나비아 반도 국가들과 라틴 아메리카의 저급 계층의 사람들에게로 급속히 번져 갔다. 그리고 이는 20세기 중반에 이르러서 신오순절운동으로 연결되었는데, 전자는 하나의 독립적인 교단으로 발전된 반면에 후자는 기존의 교단 안에 남아서 활동하고 있다. 또 전자는 사회의 저급 계층에 주로 뿌리를 내렸던 반면에 후자는 중·상류 계층에서 더 호응을 얻었으며 초교파적으로 그 운동이 전개되고 있다.

교리적으로도 전자는 분명한 교리적 차별성을 드러내고 있으나 후자는 기존의 교단 안에서 활동하므로 모(母) 교단의 교리적 전통 안에서 서로 조화될 수 있는 방식으로 성령운동을 전개하고 있다.

## ▌성령의 사역

### 구약에서의 성령의 사역

구약성경 속에서 성령에 관하여 주목할 사실은 '성령'(Holy Spirit)이라는 용어보다는 '하나님의 영'(Spirit of God)이라는 용어가 자주 사용되고 있다는 점(욜 2:28)이다. 또한 성령님의 사역은 그렇게 풍부하게 나타나고 있지 않다는 사실이다. 그러나 물론 성령님의 사역이 전혀 없었던 것은 아니며 오순절 이후에만 성령님께서 활동하신 것으로 생각하는 것은 오해이다.

첫째, 성령님은 천지창조 때에도 성부와 함께 역사하셨다(창 1:2; 욥

26:13).

둘째, 구약시대에 주로 나타나는 성령의 사역은 구약의 선지자들이 성경을 기록할 때 그들을 감동하신 영감의 사역이다(겔 2:2; 8:3; 11:1, 24; 삼상 10:6, 10; 벧후 1:21).

셋째, 또한 주의 사역자들에게 여러 임무에 필요한 기술들을 부여하는 일을 감당하셨다. 출애굽기 31:3~5에 보면 브살렐에게 회막을 짓기 위한 '재주'가 부여될 때 여호와의 신이 임함으로 그렇게 되는 것을 보게 되며, 스가랴 4:6에서 성전 건축 때에도 같은 성령의 역사를 보게 된다.

넷째, 그 밖에도 행정적인 능력을 제공해 주시기도 했다. 창세기 41:38은 애굽의 총리로서의 행정적인 능력을 요셉에게 주신 성령님을 말하고 있으며, 민수기 11:25에는 모세에게 임했던 여호와의 신이 칠십 장로들에게도 임하여 백성들을 관리하는 임무를 감당할 수 있도록 해 주시는 것을 보게 된다.

다섯째, 카리스마적인 능력도 수여되는 것을 보게 되는데, 그것은 주로 사사기에 나오는 옷니엘(삿 3:10), 기드온(삿 6:34), 삼손(삿 14:19)과 같은 사사들의 활동 가운데서 찾아볼 수 있다.

여섯째, 외적인 이적의 역사 외에도 성령님은 구약시대의 이스라엘 백성들의 도덕적, 영적 성품을 만들어 주시는 역사를 하셨다. 그들의 거룩함, 선함, 의, 평화 그리고 경외심이나 헌신의 마음과 같은 영적 성질들을 만들어 내시는 사역을 감당하셨던 것이다(느 9:20; 시 143:10; 사 32:15~20; 44:3~5). 특히 에스겔 37:26~28에 보면 에스겔 골짜기의 사건을 통하여 신약에서의 중생과 같은 영적 축복의 역사를 이루시는 성령님을 볼 수 있다.

일곱째, 구약에서의 다양한 성령의 사역들은 결국 앞으로 다가올 그 사역의 온전한 성취를 바라보고 있음을 알게 된다. 즉 앞으로 성령의 사역이 온전히 성취될 그날을 고대하고 있는 것을 보게 되는데(욜 2:28~29; 사 61:1~3), 그것은 결국 예수님의 구속사역 안에서 성취되고 (눅 4:18~21), 오순절 사건을 통하여 신약의 하나님의 백성들에게 적용되는 것을 볼 수 있다.

### 예수님의 생애에서의 성령의 사역

예수님의 생애는 한마디로 성령의 충만한 임재의 생애였다고 할 수 있다. 그는 출생 때부터 성령으로 출생하셨으며(눅 1:35; 마 1:20), 세례 요한으로부터 세례를 받으실 때에도 성령으로 받으셨다(막 1:8; 마 3:11).

그리고 세례 받으신 이후 공생애의 시작에서부터 그 모든 사역과 생활이 성령의 인도하심 속에서 진행된 것을 보게 된다. 누가복음 4:1~2에 보면 광야로 시험을 받으러 나가시는데 마가복음 1:12에 의하면 성령에 이끌리어 나가셨다고 했다. 광야에서 시험받으신 후에 갈릴리로 오실 때에도 성령에 이끌리어 오신 것으로 설명된다. 또 누가복음 4:18~21에 보면 갈릴리 회당에 오셔서 가르치실 때에도 이사야 61:1~3을 인용하시면서 자신의 사역은 성령님이 임하심의 결과로서 이루어지는 것임을 말씀하셨다.

그의 공생애의 모든 과정 속에서도 성령님의 인도로 역사하신 것을 보게 되는데 귀신을 쫓아내는 이적도 성령으로 하셨으며(마 12:25~27), 제자들이 전도여행 후에 돌아와 보고하는 것을 들으시고 기뻐하실 때에도 성령으로 기뻐하셨다고 성경은 말한다(눅 10:17, 21).

### 신자의 삶에서의 성령의 사역

예수님의 생애 속에서 온전히 사역하신 성령님은 예수님을 믿고 모시고 사는 그의 자녀들의 영적 생활 속에도 충만히 임하셔서 역사하고 계신다.

• 삶의 시작에서 역사하시는 성령님

자연인이 예수님을 믿고 신자로서의 삶을 시작하는 순간에서부터 그는 성령님의 역사를 경험하기 시작한다. 하나님의 자녀로서의 삶을 시작하는 순간을 우리는 두 가지 방식으로 명명할 수 있는데, 중생과 회심이 바로 그것이다. 전자는 하나님의 관점에서 말할 수 있는 성격의 것이고, 후자는 인간의 관점에서 말하게 되는 것이다. 왜냐하면 중생이란 인간의 의식에서 확인되는 사건이 아니며, 단지 중생의 결과로서 야기되는 회심의 사건만이 인간에 의해 인식될 수 있기 때문이다. 그런데 그것이 중생이든 회심의 경험이든 그것은 성령의 역사로 말미암는 것이다. 회심이란 일반적으로 회개와 믿음을 가리키는데, 자신의 죄를 깨닫고 죄를 고백하는 일은 인간 스스로는 불가능하며 오직 성령의 깨닫게 하시는 역사를 통해서만 가능하기 때문이다(요 16:8~11). 또한 믿음이라는 것도 에베소서 2:8에 의하면 하나님께서 주시는 선물로서 성령의 역사로 말미암아 소유하게 되는 것이다.

중생의 사건이 성령의 역사라는 사실은 성경에서 더욱 분명히 제시되고 있다. 요한복음 3장에서 니고데모와의 대화 가운데 예수님은 거듭난다는 것이 물과 성령으로 이루어지는 것임을 가르쳐 주셨다. 중생이란 인간의 노력으로 되는 것이 아니며 성령의 초자연적인 역사로 말미암는 사건인 것이다.

• 삶의 과정에서 역사하시는 성령님

신자가 영적인 눈을 뜨고 하나님의 자녀로서의 삶을 시작하는 첫출발의 사건에서도 성령님의 역사가 절대적이었으나, 하나님의 자녀가 된 이후에도 성령님은 여전히 신자의 삶의 여러 부분들을 관리하시며 도우시고 인도해 주신다.

첫째, 능력을 입히신다. 예수님께서는 구속사역을 완성하신 후에 아버지께로 돌아가심으로써 그의 제자들에게 성령님을 보내주실 것이며(요 16:7), 그들이 그 성령님의 능력을 힘입어서 "예수님께서 행하셨던 일보다 더 큰 일도 행하게 될 것"이라고 약속하셨다(요 14:12). 실제로 오순절 성령강림 후 제자들은 위대한 사도행전의 역사를 이루어냈는데 그것은 성령님의 능력을 힘입은 결과였다. 예를 들어 오순절에 임한 성령으로 충만하였던 베드로는 하루에 3천 명이나 전도하는 역사를 이루어냈다.

둘째, 신자들 안에 내주하시며 조명하신다. 구약시대와 신약시대 사이에 성령님의 역사에 변화가 있다면 그것은 구약시대에는 성령님께서 한 사람에게 임하셨다가 또 떠나기도 하셨던 임시적인 임재였으나, 신약시대에는 한 번 임재하시면 영원토록 그 성도 안에 내주하여 계시게 되는 항속성을 띠게 되었다는 점이다(요 14:16~17).

이렇게 성령님이 내주하심으로 주어지는 유익은 예수님께서 이 땅에 계실 때에는 그의 교훈과 모범 등으로 그의 제자들에게 외적인 영향력을 끼쳤으나 이제 보냄을 받은 성령님은 성도들 안에 내주하셔서 역사하심으로써 더욱 효과적으로 또 강력하게 성도들의 생각과 감정 그리고 성품을 변화시키고 통치하실 수 있게 되었다는 점이다.

셋째, 선지자적 가르치심의 사역을 감당하신다. 예수님께서는 성령을 보내시겠다는 약속을 하실 때 그가 오시면 주의 백성들을 "모든 진리 가운데로 인도하실 것"이라고 말씀하셨다(요 16:13, 14). 또한 요한복음 14:26에 보면 예수님의 말씀들을 생각나게 하시며 또 명백하게 해주실 것이라고 하셨다.

실제로 성령님께서는 성부와 성자로부터 보냄을 받으신 후에 제자들이 성경을 기록하는 과정에서 그들로 하여금 예수님의 교훈과 삶의 내용을 올바르게 기억하여 기술할 수 있도록 역사하셨다. 그리고 더 나아가 1세기 때만이 아니라 그 이후 오고 오는 세대 속에서 하나님의 말씀을 접하는 모든 주의 백성들에게 그 말씀을 밝혀주시고 깨닫게 하시는 역사를 이루어 오셨던 것이다.

넷째, 성도들의 형편을 아시고 대언하신다. 성경은 성령님을 '보혜사'라고 부른다. 그것은 그분께서 우리 성도들의 대변자 혹은 변호사가 되심을 의미하는 말이다. 로마서 8:26~27에 보면 "우리가 마땅히 빌 바를 알지 못할 때에 우리를 위해 간구해 주시는 성령님"에 대해서 말하고 있다. 이렇게 볼 때 우리의 영적 대변인은 예수님을 포함해서 모두 두 분이 되는 셈이다.

다섯째, 성화의 삶을 이루신다. 성령님께서 성도들을 위해서 하시는 또 다른 중요한 사역은 인간을 거룩하고 선하게 내적으로 변화시키시는 사역이다. 성도 안에서 육신의 소욕과 성령의 소욕이 싸움을 하고 있을 때, 성령을 좇아 행하는 것이 바로 승리하는 길이 되는 것이다(갈 5:16). 성령님의 도우심으로 육신의 행위들을 죽여 나아갈 때 성화의 삶을 이루게 되며(롬 8:13) 성령의 열매를 맺는 삶을 살게 되는 것이다(갈 5:22).

여섯째, 특별한 은사들을 베푸신다. 성령님의 사역 중에서 가장 두드러져 보이는 부분은 은사를 베푸시는 일이다. 성령의 은사에 대한 본문은 성경 안에서 몇 군데 발견되는데(엡 4:11; 롬 12:6~8; 고전 12:4~11; 벧전 4:10~11), 여기에서는 고전 12장과 14장에서의 바울의 은사 교훈을 중심으로 몇 가지 주의할 점들을 살펴보자.

첫째로 성경에서는 여러 가지 본문 속에서 그 은사들의 목록이 나타나는데, 그 본문들 중에서 어느 것도 서로 일치되게 제시되고 있지 않다. 그러므로 우리는 어느 하나의 본문만을 고집하여 성령의 은사에 대한 결론을 내리지 않도록 해야 한다. 왜냐하면 그 어느 본문도 성령의 은사에 대한 포괄적인 진술이 되지 못한다고 보아야 하기 때문이다.

둘째로 은사는 교회를 위한 것이므로 개인의 기쁨이나 만족만을 위해서 사용하지 않도록 해야 한다(고전 12:7; 14:5, 12). 사실 우리에게 주어진 모든 달란트들을 포함한 시간, 물질, 건강 등은 모두 주께서 맡기신 것들이므로 주를 위하여, 그의 영광을 위하여 사용해야 한다. 특히 성령의 은사란 교회의 덕을 세우기 위하여 주어진 것이므로 더욱이 다른 성도들과 교회를 위하여 사용하도록 노력해야 하는 것이다.

셋째로 어느 누구도 성경이 말하는 모든 은사를 다 소유하고 있는 자는 없으며(고전 12:14~21) 또한 어느 은사도 모든 이들에게 다 주어지지는 않는다(고전 12:28~30). 성령님께서 그 기쁘신 뜻대로 적절하게 나누어주시는 것이므로 다 방언하는 자일 수 없으며, 다 병 고치는 은사를 소유하게 되는 것은 아니다.

넷째로 어느 은사도 중요하지 않은 것은 없다(고전 12:22~26). 오히려 작은 지체가 몸 안에서 고귀하고 신체의 모든 부분이 없어서는 안 되는 고귀한 부분들인 것처럼 성령님께서 나누어주신 은사는 모두 주 안에서 고귀한 것들이며 또 모두 중요한 역할을 감당하는 것이다.

다섯째로 은사는 성령님의 기쁘신 뜻대로 주어지는 것이므로 신자들이 어거지로 우겨댄다고 주어지는 것은 아니다. 물론 은사를 얻기 위하여 구하고 사모할 수는 있으나 그것이 우리가 열심히 간구했다고 그대로 주어지는 성격의 것은 아닌 것이다. 성령님의 주권적인 시혜의 결과로 이해해야 한다(고전 12:11).

## 구원의 적용과 성취

서두에서 지적했던 대로 성령님의 사역을 한마디로 요약한다면 예수님께서 성취하신 구속사역을 그의 백성들에게 적용시키시는 것이다. 그리스도 안에서 신자들에게 적용되는 구원의 다양한 복의 내용들이 이 부분에서 취급될 성령님의 사역들인 것이다.

## 구원의 순서

우리가 예수님을 영접하고 구원을 받는다고 할 때 우리에게 주어지는 구원의 다양한 요소들은 어떠한 중요성을 띠고 있으며 또 그것들은 서로 어떠한 관계가 있는지를 살피려는 것이 이 '구원의 순서'에 관련된 논의이다.

첫째, 우선 신자의 구원은 고정된 출발점과 도착점이 있는 것으로 성경은 말한다. 구원의 출발점이란 하나님께서 창세전에 택정하신 예정의 사실을 말하며, 그 종착역은 죽음 후에 예수님께서 재림하실 때 성취될 '영화'(Glorification)의 단계이다. 구원이 최종적으로 완성되는 단계인 것이다.

둘째, 요한복음 3:3, 5에 보면 중생은 믿음과 회개의 영적 삶의 기초로서 주어지는 것이라고 할 수 있다. 물과 성령으로 거듭나지 않으면 하나님 나라를 볼 수 없으므로 중생은 하나님 나라의 영적 삶을 살아갈 수 있는 기초가 놓이게 되는 성령의 사역이 되는 것이다.

셋째, 로마서 3:26에 보면 믿음과 회개는 칭의의 기초가 되는 것을 볼 수 있다. 하나님 앞에서 의롭다 함을 선언받게 되는 '칭의'의 복은 예수님을 '믿는' 자에게만 주어지는 영적인 복이다.

넷째, 로마서 8:30의 성경구절들을 살펴보면 소명은 중생의 전제가 된다. 하나님께서 객관적으로 부르시는 소명은 그 소명의 결과로서 발생되는 중생의 사건보다 앞서게 될 것임에 틀림없다. 물론 시간적으로는 소명의 시점과 중생의 시점이 동시적일 수 있으나 논리적으로는 선후관계가 있게 되는 것이다.

다섯째, 칭의는 양자 됨의 기초이다. 이 사실은 칭의와 양자의 의미를 비교해 보면 이해할 수 있다. 양자 됨이란 단순한 법적 관계의 변화만을 의미하는 칭의의 차원을 넘어서 자녀를 삼으시는 더 높은 단계의 영적 복을 의미하는 것이다. 그러므로 칭의란 그보다 더 높은 단계의 복인 양자 됨보다 앞서게 되는 것이다.

여섯째, 믿음과 회개는 서로 연결된 관계임을 알 수 있다. 일반적으로 이 믿음과 회개를 합해서 '회심'(Conversion)이라고 부르는데 이 회심은 중생이라는 성령의 비밀한 역사의 결과로서 주어지는 것이다. 그러므로 믿음과 회개란 서로 불가분의 관계로서 중생의 역사 다음에 오는 것이 된다.

일곱째, 칭의 받은 성도들은 죄로 인하여 깨어졌던 하나님의 형상을 회복하여 새 사람으로 지어져가는 성화의 과정 속을 일생 동안 달려가게 된다. 그리고 결국 그 모든 구원역사의 완성이라고 할 수 있는 영화의 단계로 들어가게 된다.

이렇게 볼 때 신자의 구원의 순서는 다음과 같이 생각해 볼 수 있다.

"선택(예정)-소명-중생-회심(믿음과 회개)-칭의-양자-성화-영화"

그런데 우리가 구원의 순서를 말함에 있어서 몇 가지 주의해야 할 점이 있다. 우선 이 구원의 순서에 대한 설명은 시간상의 순서를 말하는 것이 아니라는 것이다. 구원의 영적 복들의 각 요소들 사이의 논리적인 순서에 초점을 맞추고 있을 뿐이기 때문이다. 그 여러 가지 영적인 복들 사이의 내적 일관성(통일성)을 확보하려는 시도로 이해해야 한다.

다음으로는 이러한 구원의 순서에 대한 논의가 잘못된 방향으로 이해되면 신자들은 예수님에게 초점을 맞추려 하기보다 단순히 논리적인 순서에 관심을 갖게 되고 그 순서에 따른 영적인 복에만 관심을 쏟게 되기 쉽다는 것이다. 예수님은 단순히 제1 원인자로만 남게 되고, 영적 복들의 각 요소들에 관련된 핵심적인 존재가 되지 않는 것으로 오해하게 될 가능성이 있는 것이다. 따라서 이러한 '구원의 순서'에 대한 논의에서 그 논의가 그리스도 중심적인 구조를 갖고서 이해가 이루어지도록 노력할 필요가 있다.

바로 그러한 문제를 극복하는 방법 중의 하나가 '그리스도와의 연합'을 강조하는 것이다. 신자들에게 주어지는 모든 영적인 복들은 예수님과의 연합을 통한 것이므로 그 어느 요소도 예수님이 없이는 소유될 수 없는 것이다. 그러므로 그 모든 복은 그분으로부터 주어지는 것임을 깨달을 수 있게 된다. 이러한 의미에서 그리스도와의 연합에 대한 논의가 구원의 순서에 대한 가르침 중에서 제일 먼저 주어져야 한다.

## 그리스도와의 연합

신자의 그리스도와의 연합은 그의 구원의 적용에 있어서 핵심적인 사건이다. 바로 이 그리스도와의 연합 안에서 모든 다른 요소들이 서로 연결되는 것이다. 이제 성경에 나타난 '연합'의 개념을 살펴보고, 이 연합의 성격과 그 중요성을 생각해 보자.

### 성경에 나타난 연합의 개념

구약에서 우리는 신자들의 연합의 개념을 뒷받침해주는 개념들을 찾아볼 수 있다. 구약에서 표현되는 언약의 개념은 바로 이 연합의 의미를 말해준다. 하나님과 그의 백성들 사이의 언약적 관계는 그들 사이의 언약적 연합의 관계로 연결된 것을 말해준다. 구약의 대제사장이 모든 백성을 대표해서 제사를 드릴 때 그의 존재도 모든 백성들을 대표하는 연합의 관계를 전제하는 것이다.

예수님의 가르침 속에서도 이 연합의 개념들이 나타나는데 요한복음 15:1~11에서 제시되는 포도나무와 가지의 비유는 그리스도와 그의 제자들의 연합적 관계를 말해주고 있다.

사도 바울의 가르침 속에서는 더욱 분명하게 이 연합의 개념이 지속적으로 나타난다. 에베소서 1:3 이하에서 언급되는 "그리스도 안에서 주어진 신령한 복"에 대한 설명은 하나님의 구원의 모든 복이 '그리스도 안에서' 신자들에게 주어지고 있음을 말한다. 또한 로마서 6:4~8, 에베소서 2:6, 골로새서 3:1~4 등에서 나타나는 "그리스도와 함께"라는 표현은 하나님의 구원의 모든 국면이 그리스도와 함께 주어지게 되는 것임을 말하고 있다. 그 밖에도 머리와 몸의 비유로서 머릿돌과 집의 비유 그리고 포도나무와 가지의 비유로서 그리스도와의 연합의 의미를 가르치고 있다.

### 그리스도와 성도의 연합의 성격

- 언약적 연합이다 : 그리스도와 성도의 연합은 언약적으로 형성된 연합의 성격을 갖고 있다. 로마서 5:12~21에서 발견되는 바는 아담은 언약적 관계 속에서 인류의 대표로서 범죄한 것이므로 그의 범죄가 그와 언약적으로 연합된 나머지 모든 인류의 범죄로 간주되듯이(원죄) 주의 백성들은 예수 그리스도 안에서 언약적 관계로 맺어지게 되는 것이다. 예수님은 은혜언약의 머리이시고 성도들은 그 언약의 회원들로서 연합되어 있으므로 그분의 의가 그와 언약적으로 연합된 그의 백성들에게로 주어지게 된 것이다.
- 육체적 연합의 성격도 있다 : 예수님은 마리아의 몸에서 인간의 육체를 취하셨다. 그래서 전 인류의 일원으로서의 자격을 지니고서 인류의 죄를 담당하심으로 구원을 이루신 것이다(롬 8:3~4; 히 2:11~17). 지금도 그분은 우리와 같은 육체를 지니신 자로서 우리를 위해 하나님 앞에서 간구하고 계신다.
- 전 포괄적인 성격의 연합이다 : 성도들은 그리스도와의 연합의 결과로서 그리스도의 구원에 참여하게 되는데 그들의 참여는 그의 죽음, 장

사, 부활, 승천, 하늘영광 보좌에 이르는 것까지를 포함하는 전 포괄적인 성격을 띠고 있다(엡 2:6; 롬 6:4~8; 골 3:1~4).
- **영원한 연합이다** : 한 번 예수님을 영접하여 그분과 연합하게 되면 이 세상의 그 어떤 것도 그 연합의 관계를 끊을 수 없다(롬 8:31~39).
- **종말론적 연합이다** : 이 연합은 신약의 종말론적 긴장 관계 속에서 이해되는 연합이다. 그리스도와의 연합은 이미 주어졌지만 또한 종말에 그 연합의 의미가 완전히 성취되는 미래적인 요소도 포함하고 있는 것이다.
- **신비주의적 연합은 아니다** : 그리스도와의 연합의 의미를 개인적인 신비적 연합의 개념으로 이해하기 쉽다. 자기를 잃어버리고 어떠한 무아지경의 상태에 들어가는 것으로 생각하기 쉬우나 이 연합을 통해서 신자는 결코 수동적인 존재로 남게 되지 않으며 다른 존재 속으로 흡수되지도 않는다.

### 연합의 중요성

그리스도와의 연합은 하나님의 백성의 존재에 결정적인 영향을 준다. 그리스도와 연합됨으로 예수님의 죽음, 부활, 승천 등의 사건들이 신자의 삶에 결정적인 요소로 자리 잡게 되기 때문이다. 로마서 6장의 내용처럼 그리스도의 죽음은 곧 그와 연합하여 세례를 받은 그의 백성들의 옛 자아의 죽음을 의미하게 되며, 그리스도의 부활은 그와 연합한 자들이 부활의 새 생명 가운데 행하게 되는 것을 의미한다. 예수님께서 사망권세를 깨뜨리시고 부활하신 사건은 그와 연합된 이들에게 동일한 승리가 주어졌음을 뜻하는 것이다. 신자들은 더 이상 죄의 세력 아래 놓인 자들이 아니요 의의 통치 아래로 옮겨진 자들인 것이다.

이처럼 그리스도와의 연합의 사실은 신자들 삶의 전 영역의 기초가 되며, 그들의 생을 결정하는 중요한 사건이 된다. 그리고 이는 그들의 구원을 이루어가기 위한 근원적인 기초 작업이 됨을 알 수 있다.

## 소명과 중생

### 소명

성경의 많은 곳에서 우리는 하나님의 부르심의 사건들을 접하게 된다. 창세기 12:1에서는 하나님께서 아브라함을 부르셨고, 출애굽기 3장에서는 모세를 부르셨으며, 출애굽의 사건도 하나님께서 그의 백성 이스라엘을 애굽에서 부르신 사건으로 볼 수 있다.

• 보편적 부름과 유효적 부름 : 하나님의 부르심의 사건은 크게 둘로 나누어 볼 수 있다. 유효적 부름은 반드시 구원의 상태로 인도하시는 부름을 뜻하는 반면 보편적 부름이란 그렇지 못한 경우를 가리킨다.

마태복음 28:18~20에서 모든 족속으로 제자를 삼으라는 예수님의 명령 속에 제시된 부름이나 사도행전 17:30에서 어디든지 사람들을 다 명하여 회개하라고 하셨다는 진술 속에서의 부르심 등은 보편적 부름에 해당된다. 반면에 로마서 8:30이나 1:6~7에서 언급되는 부름은 유효적 부름이다.

여기에서 한 가지 주의할 점은 보편적 부름은 자연계시로부터 주어지는 것이고, 유효적 부름은 특별계시로부터 주어지는 것이라고 간주하는 태도이다. 그러나 사실 유효적 부름이나 보편적 부름 모두 특별계시인 하나님의 말씀으로부터 주어지는 것이다.

• 유효적 소명에서 제시되는 성부의 모습 : 성도를 부르시는 유효적 소명에는 삼위의 하나님 모두가 관여하시지만 특히 그것은 성경에서 성부 하나님의 부르심이라는 점이 더욱 강조된다(롬 8:29). 그러한 성부의 모습 속에서 제시되는 특징은 다음과 같다.

첫째, 하나님의 은혜로우심이 드러난다. 하나님의 부르심은 그의 무조건적인 선택의 결과라고 봄으로 하나님의 무조건적인 은혜로 말미암는 것임을 인식하게 된다.

둘째, 하나님의 능력이 드러난다. 유효적 소명의 관점에서 볼 때 하나님께서 부르신 자는 반드시 하나님의 능력을 통하여 그 부르심의 궁극적인 목적지에까지 이르게 되기 때문이다.

### 중생

• **중생에 대한 다양한 견해들** : 하나님의 부르심을 입은 자들은 반드시 성령님의 중생하게 하시는 역사를 경험하게 되는데, 이 중생의 의미에 대해서는 역사적으로 여러 가지 견해가 있었다.

첫째, 중세 가톨릭에서는 성례를 중시하여 성례의식을 통해 중생의 역사가 주어지는 것으로 이해하였다. 이러한 예전주의적인 중생 이해는 중생이 성령님의 비밀한 역사임을 간과하고 인간의 의식적인 (Ceremonial) 행위에 의해서 가능한 것이라는 오해를 낳았다.

둘째, 알미니안은 중생을 인간의 믿음에 대한 하나님의 응답이라는 각도에서 이해했다. 칼빈주의에 비해 인간의 책임을 강조하려는 이 입장은 하나님께서는 가만히 있는 자에게 구원의 역사를 베푸시는 것이 아니라 하나님께 믿음으로 반응하는 자에게 성령님을 통하여 중생의 역사가 일어나도록 하신다고 보았다.

셋째, 칼빈은 어거스틴의 정통신학의 입장에서 인간의 전적 부패 교리를 말하고 그 교리에 근거하여 하나님의 전적인 은혜로 말미암아 중생의 역사가 주어지는 것으로 보았다. 그런데 그는 그 의미가 신자의 구원의 전 과정이라는 의미에서 중생(Regeneration)이라는 용어를 사용했던 것을 볼 수 있다.

넷째, 현 개혁주의에서는 중생이 어두움의 세력 속에 빠져 있는 인간을 주권적으로 이끌어내시는 하나님의 구원역사의 첫 단계의 사건으로 이해된다. 회심이란 인간의 경험적 차원의 사건이나 중생은 성령 하나님의 주권적이고 비밀한 역사인 것이다.

• 중생의 의미 : 성경에서 중생이란 씻김을 받으며(딛 3:5) 또 새롭게 된다는(마 19:28) 의미이다. 다른 말로 하면 중생이란 그리스도께서 그의 구원사역을 통하여 전 우주적으로 새롭게 하시는 종말론적 구원역사에 교회나 그 교회에 속한 자들이 참여하게 되는 것을 의미하는 것이다. 이와 관련하여 성경에서는 중생의 의미를 전달해주는 몇 가지 개념이 제시되고 있다.

첫째, '새로운 피조물'로서 고린도후서 5:17에서 표현된 개념이다. 그리스도께서 죄인들에게 새 생명을 주심으로 그들이 그리스도 안에서 만물의 새롭게 되는 역사에 참여케 되는 것을 말하는데, 바로 중생의 사건을 설명하고 있는 개념인 것이다.

둘째, '부활'로서 에베소서 2:1, 5 등에서 표현된 개념이다. 그리스도의 부활과 함께 죽음의 상태에서 다시 살아나 종말론적 재창조의 역사에 신자들도 동참하게 되는 중생의 의미를 전달해준다.

• 중생의 필요성 : 자연인이 지니고 있는 중생의 필요성은 세 가지 관점에서 지적될 수 있다.

첫째, 자연인은 육적인 존재이므로 영적 생활을 누리는 하나님 나라의 삶을 살아갈 수 없다. 하나님 나라란 영적인 것이므로 물과 성령으로 거듭나지 않고서는 그 나라에 들어갈 수 없기 때문이다(요 3:5~6).

둘째, 자연인은 또한 영적으로 눈먼 상태에 있으므로 그러한 영적 어두움의 상태에서 벗어나야 하나님 나라를 볼 수 있게 되기 때문이다(요 3:3).

셋째, 자연인은 또한 전적으로 부패하여 전적으로 무능력한 상태에 있으므로 스스로의 능력으로는 하나님 나라에 들어갈 수 없기 때문이다. 자연인의 상태에서 자신을 율법의 요구에 온전히 복종케 할 수 없는 것이다(롬 8:3~4). 그러므로 스스로의 능력 안에서는 하나님 앞에서 자격자가 될 수 있는 길을 찾을 수 없는 것이다.

따라서 이러한 상태에 처한 자연인은 먼저 성령님의 초자연적인 변화의 역사가 있어야 하나님과의 영적 관계가 시작될 수 있으므로 중생의 필요성을 말하게 되는 것이다.

• 중생과 회심의 관계 : 중생과 회심은 뗄 수 없는 불가분의 관계이나 그 두 가지의 개념이 올바르게 구별될 필요가 있다.

첫째, 중생의 역사는 하나님의 주권적인 역사도 인간의 의식세계 안에서 발생되는 사건이 아니다. 요한복음 3장에서 예수님의 말씀에 의하면 그 사건은 바람이 부는 것과 같이 성령님의 비밀한 사역인 것이다(요 3:8). 인간의 경험을 초월한 사건으로 인간의 의지나 참여가 전혀 배제되는 사건인 것이다.

둘째, 회심은 성령의 비밀한 역사인 중생의 결과로서 발생되는 것으로 중생에서의 인간의 수동적인 차원과는 달리 인간의 능동적인 참여가 가능한 사건이다. 그러나 물론 그렇게 중생과 회심을 구별하기는 하나 그것은 논리적인 구별일 뿐 시간적으로 분리된 사건이라고 하기는 어렵다.

셋째, 만일 중생과 회심에 시간적인 격차를 두게 되면 현실적으로 하나님의 자녀가 되려는 어떠한 시도나 노력들도 무의미한 것으로 간주되므로 하나님의 주권적인 역사가 발생되기까지 인간은 가만히 기다려야 한다는 결론에 이르게 된다. 그러나 인간 편에서는 성령의 비밀한 역사가 언제 발생될지 모르므로 여러 가지 활동들로 준비하게 되는 것이다. 인간 편에서의 참여가 중생을 야기시키는 요인이 되는 것은 아니지만 하나님께서는 인간의 어떠한 미미한 수단도 함께 사용하시면서 그의 놀라운 역사를 진행시켜 가시기 때문이다.

넷째, 결론적으로 우리는 중생과 회심은 한 사건의 양면임을 깨달아야 한다. 시간적으로 분리된 두 개의 사건이 아니라 인간 편에서 그것은 믿음과 회개의 역사로 이루어지는 사건이며, 하나님 편에서는 성령의 주권적인 역사가 발생되는 사건이다. 물론 이 새롭게 되는 사건이 주어지는 근원에 있어서 인간은 전적으로 수동적이지만 그 사건 속에서 항상 수동적으로 남아 있는 것만은 아니며 믿음과 회개 등의 행위로 반응하며 참여하는 것이다.

• **중생의 결과** : 첫째, 중생자 본인이 변화된다. 중생의 역사는 중생자의 마음을 새롭게 씻어줌으로써 죄의 영향으로 인한 영적 어두움을 씻어내고, 영적 세계를 바라볼 수 있게 하며 영적 이해를 가능하게 한다. 중생의 씻음의 역사는 더러워진 양심이 정결한 양심으로 바뀐다는 표현 속에서도 찾아볼 수 있다. 뿐만 아니라 중생자의 의지는 더 이상 죄의 노예상태에 있지 않고 그로부터 해방되어 자유로이 의의 열매를 맺을 수 있는 의지로 변화된다. 그의 감정과 요구들도 과거의 옛사람이 추구하던 방향에서 돌이켜 새로운 방향을 추구하게 된다.

둘째, 중생자 자신이 변화될 뿐 아니라 외부와의 관계에서도 변화를 가져오게 된다. 중생자는 더 이상 원리적으로 죄를 지속적으로 짓는 삶에 머물러 있지 않으며(요일 5:18) 이제 그리스도와 연합됨으로 교회의 각 지체들과 관계를 맺고 살아간다. 세상과의 관계에서도 이제는 하나님과 대적 관계에 있는 이 세상과 싸워 이길 수 있는 승리자의 위치로 옮겨진 것이다.

• **중생과 말씀의 관계** : 중생의 역사는 성령 하나님의 주권적인 역사로서 인간의 노력이나 참여가 불가능한 사건이다. 그러나 그 성령의 역사는 말씀을 통하여 이루어진다고 성경은 말한다(벧전 1:23; 약 1:18). 자연인이 거듭나게 되는 것은 하나님의 살아 있는 말씀을 통해서만 가능한 것이다.

## 믿음과 회개

믿음과 회개는 어원적으로는 구별되는 개념이나 성경신학적으로는 분리될 수 없는 사건이다. 머레이(J. Murray) 교수의 말처럼 그것은 같은 근원에서 발생되는 사건들이기 때문이다. 성경은 회개와 믿음은 함께 가는 것으로 간주한다.

모든 참 믿음은 회개하는 믿음이요 모든 참 회개는 믿는 자만이 할 수 있는 것이기 때문이다. 먼저 믿음에 대해서 생각해 보자.

### 믿음

• **믿음의 성격** : 첫째, 믿음의 근원은 예수님에게 있다. 우리의 구원의 기초는 나의 믿음으로 말미암는 것이 아니라 근본적으로 우리를 위해 구속사역을 감당하신 예수님에게서만 찾아지는 것이다. 성경에서 우리를 구원해주는 것은 나의 믿음에 대한 믿음이 아니라 예수 그리스도에 대한 믿음이다. 전자는 자신의 의를 의지하는 것이나 후자는 그리스도의 의를 의지하는 것이기 때문이다.

둘째, 믿음 자체도 하나님의 선물이다(엡 2:8). 인간이 믿음의 삶을 살아가는 것도 하나님의 은혜이지만 그가 가지고 있는 믿음도 사실은 하나님의 은혜의 선물이다. 하나님의 은혜가 아니고서는 전적으로 무능력한 자연인이 스스로의 힘으로 믿음의 삶을 시작할 수 없기 때문이다.

• **믿음의 3요소** : 첫째, 지적인 요소가 필요하다. 성경은 믿음이 들음에서 난다고 말한다. 즉 성경적인 믿음은 그 믿음의 내용이 있어야 하는데 막연한 무한자에 대한 믿음이 아니라 성경에서 제시되는 여호와 하나님과 그의 아들 예수 그리스도에 대한 믿음인 것이다. 그러므로 성경이 말하는 믿음이란 그 믿음으로 수납된 복음의 내용이 포함되어

야 하는 것이다.

둘째, 믿음으로 받아들인 복음의 내용에 대하여 마음으로부터 확신이 뒤따라야 한다. 아무리 지적으로 이해하고 납득했다고 할지라도 그 내용을 마음으로 확신해야 참 믿음인 것이다. 물론 이것은 성령님의 감화하시는 역사를 통하여서만 가능한 것이다. 그러므로 믿음이란 성령의 중생의 역사가 없이는 불가능하다.

셋째, 자신이 믿고 확신한 바대로 살아가는 삶이 있어야 진정한 믿음을 소유한 것이라고 할 수 있다. 야고보서에서 지적되었듯이 영혼이 없는 몸이 죽은 것같이 행함이 없는 믿음도 죽은 것이기 때문이다. 복음의 내용을 다 이해하고 확신한다고 해도 그 확신한 바대로 신뢰하고 맡기며 살아가지 않는다면 그는 아직 참 믿음의 소유자가 아닌 것이다.

**회개**

• 회개의 의미 : 성경에서 회개라는 개념은 두 가지의 표현방식으로 구별되어 사용된다. 하나는 단순히 심리적으로 애통하는 감정이나 후회감을 갖는 것을 의미하고, 다른 하나는 실제적으로 하나님께로 돌아가는 것까지를 포함하는 개념이다. 전자의 경우는 누가복음 18:23에 나오는 부자 관원이 예수님의 도전적인 말씀을 듣고 '근심하며 돌아간' 경우에 느꼈을 감정의 상태와 같은 것이다. 후회하고 애통했을지는 모르나 그 자리에서 일어나 하나님께로 돌아가지 않은 경우이다.

회개란 감정적으로 후회감을 갖는 데서부터 시작된다. 그러나 그것만 가지고서는 아직 참된 회개라고 할 수 없다. 참 회개란 언약의 하나님께 대한 자신의 반역을 인정하고, 그 언약의 약속을 신실하게 믿어 그분께로 돌아가는 것을 의미하는 것이다. 즉 이것은 단순히 의식적이거나 외식적인 행동들만으로는 부족한 진정한 내적 돌이킴의 사건을 말하는 것이다. 그러므로 이것은 인간의 능력으로는 불가능한 성령님의 역사로만 가능한 사건이다.

• 회개의 필요성 : 인간이 타락한 성품을 가지고 있다는 사실은 그 성품이 변화되어야 할 것을 요구하게 된다. 회개는 그 변화의 역사를 이룸에 있어서 인간 차원의 반응인 것이다. 그렇게 볼 때 회개란 한 순간에 시작되기는 하나 그 온전한 성취는 전 생애를 통해서 지속되어야 하는 것이다. 이러한 의미에서 우리는 '회개란 일회적인 것이 아니요, 전 생애에 걸쳐서 이루어져야 하는 작업이다'라는 종교개혁자 루터의 말을 이해할 수 있게 된다. 칼빈도 신자의 생애는 회개로 특징지어지는 삶이라고 말했는데 이것 역시 같은 맥락에서 이해될 수 있다.

• 회개의 3요소 : 회개의 사건 속에는 다음과 같은 요소들이 포함된다. 첫째, 지적 요소이다. 죄로 말미암아 주어진 인간의 부패한 성품의 사실과 그로 말미암은 하나님의 심판과 형벌의 사실을 인정하는 지적 깨달음이 있게 된다.

둘째, 정적 요소로 자신의 죄와 부패성에 대해 슬퍼하며 애통하는 차원의 감정적인 변화도 수반된다.

셋째, 의지적 요소로서 죄악된 생활에서 벗어나 거룩하고 성결한 성도의 삶으로 나아가려는 의지적인 결심의 차원도 포함된다.

• 회개의 도구(수단) : 회개를 이루는 것은 하나님의 은혜의 복음을 통해서이다. 회개의 사건은 성령님의 역사인데 그 사건의 과정에서 성령님은 하나님의 말씀을 통하여 역사를 이루어 가시는 것이다. 그런데 여기에서 하나님의 말씀은 단순히 하나님의 율법을 가리키는 것으로 볼 수는 없다. 왜냐하면 율법의 말씀을 듣는 것만으로는 회개의 변화가 일어날 수 없기 때문이다. 율법이란 죄를 깨닫게 해줄 뿐이어서(롬 3:19, 20; 7:7) 초등교사와 같이 그리스도에게로 나아가게 해줄 뿐이다. 진정한 회개의 역사는 예수 그리스도의 은총의 복음을 통해서만이 가

능하다. 죄로부터 참된 돌이킴을 실행할 수 있는 능력이란 그리스도의 복음의 능력뿐이기 때문이다.

• 회개의 결과 : 첫째, 죄에 대해 새로운 태도를 갖게 된다. 단순히 심리적인 차원에서 죄에 대한 후회감을 갖는 것을 넘어서서 구체적으로 죄의 행위로부터 떠나려는 결심을 갖게 되며 그 결심을 실천에 옮기게 된다.

둘째, 자신에 대해 새로운 이해를 하게 된다. 자신은 죄인으로서 하나님의 정죄의 대상이었던 사실과 그럼에도 불구하고 하나님께서 그러한 자신을 그리스도의 의로 말미암아 칭의하셔서 의롭다 함을 받게 된 자가 되었음을 깨닫게 된다.

셋째, 하나님에 대해서도 새로운 이해를 하게 된다. 죄인들을 회개케 하시고 그분의 용서를 누리게 하시는 하나님의 자비로우심과 은혜로우심을 깨닫게 된다.

## 칭의와 양자

칭의와 양자는 모두가 한순간에 주어지는 하나님의 영적인 복이다. 중생의 사건과 더불어 중생자는 하나님 앞에서 의롭다는 선언을 받게 되며 하나님의 자녀로 받아들여지게 되는 것이다. 물론 그 선언은 한 번에 주어졌으나 그리스도의 구속사역의 성취에 근거한 것이므로 영원토록 변함없는 선언이요 평가인 것이다.

### 칭의

• 칭의 교리의 중요성 : 칭의란 기독교 신앙에서 매우 근본적인 항목 중의 하나이다. 기독교와 다른 종교를 구별하는 기본적인 성격들 중의 하나는 다른 종교들이 모두 자력(自力) 종교인 반면에 기독교만인 초자

연적인 하나님의 역사에 의해 구원을 얻게 되는 종교라는 사실이다. 사실 이 부분이 흔들리게 되면 기독교는 기독교로서의 가장 특징적인 부분을 상실하게 되는 것이다. 왜냐하면 하나님의 주권적인 은혜로만 의롭게 된다는 칭의의 교리는 이러한 기독교의 구원의 성격을 가장 분명하게 제시해 주기 때문이다.

성경이 말하는 칭의는 인간의 내적 도덕성의 문제에 초점을 맞추는 주관적인 변화가 아니라 법정적으로 의롭다고 선언되는 성격의 것이다. '어떤 존재가 되는가?'의 관점이 아니라 '어떤 사람으로 선언받느냐?'에 관한 문제인 것이다. 즉 성경이 말하는 성도의 칭의란 그리스도의 의를 근거로 하여 주어지는 것이며 도덕적인 변화와 성화됨은 이 칭의의 결과로서 이루어가게 되는 것이다. 그러므로 칭의란 인간의 어떠한 성취의 문제가 아니며 하나님의 법정적이고 관계적인 선언의 문제인 것으로 보아야 한다.

• 칭의에 대한 오해 : 칭의의 의미에 관한 여러 방식의 오해들이 역사 속에서 제시되어 왔다.

첫째, 펠라기우스적인 오해로 하나님 앞에서 의롭게 되는 것이란 인간이 예수님의 모범적인 생애를 모방함으로써 이루어지는 것이라고 보는 견해이다. 하지만 위에서 지적한 바대로 이는 자력주의적인 성격을 띠게 되는 문제를 갖게 된다. 성경에서 나타나는 신자의 칭의란 인간의 어떠한 도덕적 성취와는 상관없이 주어지는 영적 복인 것이다.

둘째, 신인협력주의적인 입장으로 인간의 선한 행위들과 하나님의 은혜가 합해져서 칭의함을 얻게 된다고 보는 견해이다. 이 견해도 결국은 하나님의 전적인 은혜라는 차원을 타협시키게 되므로 성경적인 개념을 분명히 제시해주지 못한다.

셋째, 칭의의 근거를 하나님의 주권적인 의지에서만 찾으려는 입장이다. 죄에 대한 하나님의 정죄하심이나 심판의 근거를 하나님의 주권적인 의지에 기초하는 것으로 간주하며 칭의 역시 하나님의 독단적(Arbitrary) 의지의 결과로 이해한다. 이 입장은 위의 두 견해는 달리 하나님의 주권을 드러내주는 장점이 있다. 그러나 하나님의 심판과 정죄, 그에 상응하는 칭의의 행위들은 그분의 주권적인 행위일 뿐만 아니라 그분의 거룩하심이나 공의로우심과 같은 성품 내지는 속성들에 근거한 객관성을 띤 행동들이라고 해야 한다.

• 칭의의 근거 : 칭의의 근거는 예수님 자신과 그분의 사역이라고 할 수 있다.

첫째, 칭의의 첫 번째 근거는 언약적 머리가 되시고 대표자가 되신 예수님 자신의 대리적 위치에서 찾을 수 있다. 그는 온전한 인성을 취하셔서 하나님의 백성들의 대표자로서 자격자가 되셨으므로 그들의 칭의를 얻어낼 수 있는 위치를 확보하셨다.

둘째, 예수님의 대리적인 위치는 그의 순종의 생애를 통해서 그 목적이 성취되었다. 즉 성도들을 대표하여 인류의 죄책과 형벌을 감당하신 수동적 순종의 사역과 또한 그의 전 생애를 통해서 율법의 모든 요구를 성취하신 능동적 순종의 사역이 신자들의 칭의의 두 번째 근거가 되는 것이다.

정리하면 신자들은 그들을 위해 감당하신 예수님의 수동적, 능동적 순종의 대표적 사역으로 말미암아 그가 이루신 의의 성취를 자신들의 의로 인정받을 수 있게 된 것이다.

• 칭의의 수단 : 우리에게 칭의를 가져다줄 수 있는 유일한 수단은 믿음뿐이다. 예수님에 대한 믿음 이외의 어떠한 수단으로도 우리를 하나님 앞에서 의롭다 함을 얻게 해 줄 방법은 없다. 그러나 한 가지 주의해야 할 점은 여기에서 믿음이란 하나의 도구적인 수단에 불과하다는 것이다. 달리 표현하면 이것은 비공로적 수단일 뿐이다(Non-contributory means). 믿음 자체에 어떠한 공로가 있어서 칭의를 받아내는 것이 아니

라 이것은 그야말로 그리스도와 그의 의를 의지하는 믿음일 뿐이라는 것이다.

그러한 의미에서 볼 때 인간의 회개하는 행위도 칭의와는 직접적인 관계가 없다고 해야 한다. 사실 회개란 죄에 대한 관계 속에서의 내용이며 믿음만이 칭의의 수단이 된다. 그러나 회개는 믿음과 분리될 수 없는 것으로서 믿음이 작용하는 배경에 해당한다고 할 수 있다.

• 칭의와 선행의 관계 : 신약성경 속에서 우리는 칭의와 관련하여 '믿음'에 대한 지배적인 강조가 있는 것을 보게 된다. 율법의 행위라는 것은 대개 하나님의 은혜나 믿음과 상충되는 것으로서 부정적으로 간주되기 쉽다. 그러나 성경 전체의 가르침을 통해서 볼 때 선행이란 하나님의 은혜의 복음에 대립되는 것이 아니라 구원의 삶에서 빠뜨릴 수 없는 요소가 된다.

칭의란 텅빈 공간 속에서 주어진 영적 복이 아니라 그리스도와의 연합을 통하여 주어진 것이다. 그러므로 칭의받은 자는 그가 진정으로 그리스도와 연합된 관계 속에 있다고 할 때 그의 삶의 주인이신 이의 뜻을 행하려 함에 게으르지 않게 될 것이다. 그리스도와 연합하여 그분으로부터 생명적인 연합의 관계를 누리고 사는 성도라면, 그가 받은 칭의의 복 안에만 안주하려 하지 않고 하나님을 기쁘시게 하는 선행과 성화의 삶으로 나아가게 될 것이기 때문이다.

물론 우리는 어떠한 경우에도 선행을 칭의의 근거나 수단으로 삼을 수는 없다. 칭의의 근거는 예수님이 언약적 대표로서 성취하신 순종의 구속사역뿐이며 그 수단은 그에 대한 믿음일 뿐이다. 그러므로 우리의 선행과 율법의 행위는 하나님께서 은혜로 베푸신 칭의를 포함한 구원의 영적 복을 받은 자들로부터 기대될 수밖에 없는 필수불가결한 증거요 열매로 간주되어야 한다.

## 양자

양자 됨은 대개 칭의에 포함되는 것으로 간주되기 쉽다. 그러나 웨스트민스터 신앙고백은 그 둘을 분명히 구별하고 있다. 그 이유는 양자 됨의 교리도 칭의 사건 속에서의 하나님의 역사를 근거로 하기는 하나 그 같은 하나님의 역사를 다른 관점에서 바라보고 있기 때문이다. 양자 됨과 구별되어야 할 몇 가지의 영적 복을 양자 됨과 비교하면서 살펴볼 필요가 있다.

양자 됨은 중생이나 칭의와 분리될 수 없는 일회적인 성격의 영적 복이다. 구원의 다양한 요소들 중에 성화와 같은 것은 지속적이고 점진적인 성격의 것이나 중생, 칭의, 양자 됨 등은 한순간에 주어지는 것이다. 칭의를 통해서 하나님은 의로우신 재판장으로서 그 모습을 드러내시며 중생의 역사를 통해서는 새 생명의 창조자로서 그리고 양자 됨을 통해서는 영적 아버지로서 나타나시게 된다. 그러나 그 모두는 예수님을 영접하고 그리스도와 연합하는 순간에 주어지는 일회적인 사건들인 것이다.

양자 됨은 중생과는 구별되는 사건이다. 왜냐하면 중생은 하나님의 자녀로서 우리의 내적 변화를 가리키는 사건이지만, 양자 됨은 우리의 외적 신분을 변화하게 하는 사건이기 때문이다.

양자 됨은 칭의와도 구별된다. 칭의란 하나님 앞에서의 관계가 정상적으로 회복되는 것을 의미할 뿐이지만 양자란 그 이상의 관계 회복을 의미하기 때문이다. 즉 자녀로서 아버지 앞으로 나아가는 좀 더 끈끈한 관계로 회복된 것을 의미하기 때문이다.

## 확신과 성화

### 확신

• **확신의 의미** : 신자는 자신의 죄가 용서받고 그리스도 안에서 하나님 앞에 용납되었다는 사실을 분명히 인식하게 되는데 그것을 확신이라고 부른다. 이러한 확신은 현재의 구원에 대한 확신 그리고 미래의 영원한 구원까지 포함한 확신으로 나누어 설명되기도 한다. 일반적으로 알미니안적인 입장에서는 성도의 견인을 부인하므로 신자의 확신이란 현재적인 구원에만 해당되는 것이며 최종적인 영원한 구원은 아직 불확실한 것이라고 본다. 그러나 성도의 구원은 처음부터 끝까지 하나님의 주권적인 은총의 결과이므로 현재적 구원뿐만 아니라 미래적 구원에 대해서도 분명히 확신할 수 있는 것이다.

• **확신의 근거** : 확신의 근거는 칭의와 마찬가지로 예수 그리스도와 그의 구속사역뿐이다. 인간의 의식 안에서의 주관적인 감정적 차원의 확신 여부와는 상관없이 신자의 확신은 그리스도의 구속사역의 성취라는 객관적인 실제에 근거해야 한다. 즉 내가 불신앙적인 마음의 상태에 놓이게 될 때에도 우리가 구원을 확신할 수 있는 객관적인 근거는 여전히 변함없는 그리스도의 구속사역의 성취라는 사실 때문이다.

• **확신의 삶을 위한 수단** : 객관적 사실에 근거한 확신이 가장 중요하지만 감정적인 차원의 확신도 배제할 필요는 없다. 성도들은 개인적인 확신도 소유할 필요가 있다. 그런데 이러한 확신의 삶을 위해서 우리는 신앙의 계속적인 훈련과 하나님의 법도 안에서 살아가려는 노력이 요구된다.

매우 성숙한 확신의 삶은 하나님의 명령에 순종하며(요일 2:3; 5:1), 의를 행하고(요일 2:29), 죄를 짓지 않으며(요일 3:6, 9), 사랑하는 생활(요일 3:14; 4:7) 등을 통하여 주어지게 된다. 말씀과 성례와 같은 은혜의 수단들 그리고 성령의 역사와 증거(롬 8:15, 16)를 통하여 우리는 확신의 신앙생활을 유지할 수 있게 되는 것이다.

• 확신의 열매 : 확신으로 신앙생활을 하는 자들은 평안과 기쁨 그리고 감사와 같은 신앙의 활력소를 공급받게 된다. 순종의 삶도 기쁨으로 감당하게 되며 전도와 기도의 생활에서도 담대함과 능력 있는 모습을 보일 수 있게 된다.

• 확신의 방해 요소 : 확신의 삶에서 넘어지게 되는 이유 중의 하나는 우선 확신의 기초(근거)와 그 수단을 혼동하게 됨으로 야기되는 불신이다. 우리의 확신의 근거는 변치 않는 그리스도의 구속사역의 완성이라는 객관적인 사실이다. 때때로 우리가 확신의 수단들을 바로 사용하지 못함으로써 야기되는 상황들도 사실은 우리의 확신의 객관적인 근거들을 결코 무너뜨릴 수는 없는 것임을 깨달아야 한다.

물론 그 밖에도 일관성이 결여된 신앙태도나 환난과 고통에 대한 오해(예를 들면 하나님의 사랑의 매를 이해하지 못하고, 나에게 주어진 모든 환난을 부정적으로만 간주하는 태도) 그리고 성도와의 교제의 결여나 사탄의 공격 등이 신자의 확신을 무너뜨리는 요인이 되기도 한다.

### 성화

• 성화의 의미 : 성화란 죄로 인하여 부패한 성품을 가진 인간이 성령의 역사로 말미암아 거룩해지며, 깨어진 하나님의 형상을 회복해가는 성령의 역사를 의미한다. 구약에서 그것은 언약의 개념 속에서 표현되었으나 신약에서는 그 개념이 좀 더 구체화되어 언약의 주 되신 예수님 안에서 주어지는 것으로 설명된다.

• 성화와 예수 그리스도 : 다른 영적 복들과 마찬가지로 신자에게 주어지는 성화도 예수 그리스도와의 연합의 개념에 기초하여 이해되어야 한다.

첫째, 신자의 성화는 그것이 그 신자의 것이 되기 전에 예수님 안에 있었다고 성경은 설명한다(요 17:19). 성화(거룩함)란 객관적으로 예수 그리스도 안에서 성취되었으며(고전 1:10), 이제 우리는 그리스도와의 연합과 교제의 삶을 통해서 그분의 거룩함을 우리의 것으로 삼게 되는 것이다.

둘째, 웨스트민스터 신앙고백의 내용과 같이(13:1) 그리스도와 연합한 성도들은 이제 그분 안에서의 삶을 시작하는 것이 그리스도의 죽으심과 부활의 효력으로 말미암아 성령에 의해 실제적으로 또 인격적으로 성화되어 가는 것이다. 그리스도와의 연합을 통하여 신자의 성화는 다음과 같은 결과들을 가져오게 된다.

먼저 죄에 대하여 죽는 죽음을 소유하게 된다. 예수님을 영접하여 세례를 받고 그와 연합한 자는 그와 함께 죄에 대하여 죽은 자가 되는 것이다(롬 6:2 이하). 신자의 옛사람은 그리스도와 함께 십자가에 못 박힌 것이므로 더 이상 죄의 세력 아래에서 활동하는 자가 아니다. 예수님의 구속사역으로 말미암아 죄의 통치는 무너지고 그분 안에 거하는 자에게도 같은 효과가 발행하게 되므로 더 이상 죄의 세력에 의해 영향받는 위치에 남아 있지 않게 되는 것이다.

다음으로 죄로부터 자유함을 소유하게 된다. 죄에 대하여 죽었으므로 이제는 죄로부터 자유한 삶을 누리게 된다. 이 말은 죄책으로부터 자유케 되는 칭의의 의미뿐만 아니라 죄의 통치와 지배로부터 자유케 되는 것을 의미한다. 신자는 이제 자신의 몸을 죄에게 종으로 드리지 않고 의에게 종으로 드릴 수 있는 위치로 옮겨진 것을 의미하는 것이다(노예의지의 회복).

셋째, 긴장 속의 성화의 삶을 살게 된다. 위에서 지적했듯이 그리스도와 연합한 자는 죄에 대하여 죽고 의에 대하여 살아나 부활의 생명을 가지고 살아가는 새로운 피조물이 되었다(고후 5:17). 혹은 성경은 새로운 인류가 되었다고 설명하기도 한다(고전 15:45~49). 그런데 성경은 그러한 근본적인 변화가 신자의 존재에 발생한 사실을 말하는 것으로 그치지 않고 성도가 그러한 변화의 사실을 알고 있다면 그에 합당한 삶을 살아야 할 것을 명하고 있다(롬 6:11~12). 성화의 삶이란 바로 '그리스도 안에서 새로이 주어진 존재'로서의 삶을 살아가는 것이다. 그리고 이러한 성화의 삶은 종말론적인 긴장 속에서 '영적 싸움'과 '영적 훈련'으로 설명된다.

신자는 성령으로 거듭난 자이지만 그리스도의 구원이 아직 완전하게 성취되지 않았으므로 그의 영적 싸움은 계속될 수밖에 없다. 그가 죄책에서 벗어났으며 죄의 세력 아래 놓인 것은 아니지만 그렇다고 죄 없는 저 세상으로 아직 들림 받은 것이 아니므로 긴장과 갈등 속에서 영적 싸움을 계속하게 되는 것이다(롬 7:14~25). 사탄은 그리스도의 승리로 말미암아 무력해졌으며 패배했으나 아직도 그의 잔병들을 통하여 우는 사자와 같이 활동하고 있다.

따라서 신자는 이 땅에 거하는 동안 영적 훈련의 삶을 살아갈 수밖에 없다. 영적 훈련이란 먼저는 옛 자아의 습성을 죽이는 자기부인의 훈련이다. 물론 중세의 수도원적인 고행주의의 관점(고행과 극기의 수련을 통해서 하나님 앞에 인정받고 의인 되려는 율법주의적 태도)은 아니고, 이미 그리스도와 연합된 성도로서 부르심에 합당한 삶을 살기 위한 노력의 표현이어야 한다. 또한 그것은 그리스도와 연합한 자로서 주를 본받는 삶(살전 1:6)으로서의 훈련이다. 하나님의 자녀로서 그리스도의 발자취를 따라 자신 안에 깨어진 하나님의 형상을 회복하는 작업이다(롬 8:29).

넷째, 이러한 성화의 삶은 하나님의 율법, 성도의 교제 그리고 성례와 같은 은혜의 수단들을 통해서 더욱 효과적으로 성취될 수 있다.

## 성도의 견인과 영화

### 성도의 견인

• 견인의 의미 : 하나님의 부름을 입고 중생하여 하나님의 자녀가 된 자는 그러한 은혜의 상태로부터 전적으로나 최종적으로 떨어지지 않으며 지속적으로 인도되어 반드시 최종적인 구원의 복을 소유하게 된다는 의미이다.

물론 신자의 생활이 중생 이후에 언제나 직선적인 그래프를 그리며 나아가게 되는 것은 아니다. 거기에는 반드시 죄의 유혹과 사탄의 도전이 있게 마련이다. 그러나 그와 동시에 성경이 밝히고 있는 바는 그러한 도전들 속에서도 하나님의 자녀는 전적으로나 최종적으로 타락하지 않고 하나님 나라에 이르게 된다는 것이다(빌 1:6; 고전 1:8).

• 견인 교리의 성질 : 성도의 견인 교리는 사실상 다른 교리들과 밀접한 연관성을 갖고 있다. 그러므로 이 가르침을 거부하게 되면 성경의 다른 교리들까지도 부정하게 되는 결과를 가져오게 된다. 견인 교리와 관련된 것들 중에는 다음과 같은 교리들이 있다.

첫째, 믿음으로 의롭게 된다는 칭의의 교리는 예수 그리스도의 의를 근거로 하여 신자에게 종말론적 의(義)가 주어지는 것을 가리킨다. 그리고 그것은 현재 주어지지만, 마지막 심판 때에도 여전히 유효한 의가 된다. 믿는 자를 오늘 의롭다고 선언할 수 있게 한 바로 그 예수님의 의는 마지막 때에도 여전히 하나님 앞에서 우리가 온전히 받아들여지게 되는 근거가 되는 것이다. 그렇다면 오늘의 신자의 구원은 견인의 사실을 함축하는 것이다.

둘째, 근본적으로 선택 교리도 견인의 사실을 함축한다. 선택이란 하나님의 주권적인 뜻에 의한 결정을 의미하므로 인간이나 이 세상의 어떠한 상황에 의해서 변할 수 없다는 사실을 뜻하게 된다. 그리고 그것은 곧 성도의 견인을 말해주는 것이다.

셋째, 그의 백성들을 대속하신 그리스도의 구속사역의 효과는 항속적인 성격을 띠고 있다. 창세전에 택함 입은 하나님의 백성들을 위한 그리스도의 대속의 죽음은 한시적인 효과만을 지닌 것이 아니라 항속적으로 그 유효성을 지니게 되는 것이므로 성도의 견인을 보장하게 된다.

넷째, 성령님은 신자의 구원의 증표이자 보증으로서 주어졌는데 그 성령님의 내주하심은 일시적인 성격의 것이 아니라 항속적인 성격을 띠고 있다. 그러므로 결코 신자를 떠나지 않으시는 성령님의 내주는 바로 그 신자의 견인의 사실을 보장해 주고 있는 것이다.

다섯째, 그리스도와의 연합에 대해서도 성경은 그것이 영원한 성격의 것임을 말한다(롬 8:31~39). 따라서 그리스도와 신자의 연합이 영원한 것이라면 신자의 견인의 사실도 보장되는 것으로 볼 수 있는 것이다.

• 견인 교리에 대한 반론 : 위와 같은 사실에도 불구하고 성도의 견인 교리에 대하여 반론이 제기되는 것도 사실이다. 대체적으로 경험적인 차원에서 그리고 히브리서 3장이나 6장의 성경구절들을 통해서 그 반론이 제기되고 있다.

첫째, 성경에서 신자의 타락을 말하고 있는 것 같은 구절들에 대해서 우리는 다음과 같이 구별을 하고 이해할 필요가 있다. 즉 조직신학적인 객관적이고 종합적인 진술과 목회적 상황에서의 언급들은 구별을 해야 한다는 것이다. 성경의 전체적인 가르침들은 분명히 성도의 견인 사실을 말하고 있으므로 그 가르침을 인정하게 되지만, 목회적 현실 속에서는 좀 더 지혜롭게 접근할 필요가 있기 때문이다. 그러한 가르침을 초신자나 연약한 신자들에게 제시하게 될 때에는 방종의 신앙으로 유도될 수도 있으므로 오히려 반대적인 입장에서 권면을 할 수도 있다는 것이다. 그러므로 그러한 목회적인 진술로 인하여 성경의 객관적인 견인의 가르침은 거부되어야 한다고 말해서는 안 된다. 목회적인 차원에서 권고하는 표현들은 반드시 성도의 견인을 부인하는 것은 아니라는 점을 기억할 필요가 있다.

둘째, 우리는 교회생활을 하다가 신앙을 떠나서 타락의 길로 나서는 이들을 더러 보게 된다. 그러나 그들은 사실상 명목상의 신자들로서 주변 사람들에게는 신자로 보였을지 몰라도 참 하나님의 백성들은 아니었으므로 떠난 것이라고 보아야 한다. 물론 우리는 그들이 죽기 전까지 다시 돌아오게 될 가능성을 배제해서는 안 된다. 하나님의 백성이라면 탕자의 비유에 나오는 탕자같이 일시적인 타락의 길에서 일어나 다시 아버지께로 돌아오게 될 것이기 때문이다.

셋째, 어떤 때에는 신자로서 영적 체험을 했던 것으로 보였던 이들까지도 신앙을 저버리게 되는 것을 보게 된다. 그러나 우리의 눈에 영적인 체험들로 여겨지는 증거들도 때로는 거짓증거들이었을 수 있으며, 예수님의 말씀과 같이(마 7:21~23) 영적 체험들과 역사를 이룬 이들도 그들이 예수님과 진정한 영적 교제의 관계를 소유하지 못한 채 그러한 일들을 수행했을 수도 있는 것이다.

넷째, 또한 우리는 하나님의 관점과 인간의 관점 혹은 이해 정도의 차이를 인정해야 한다. 가룟 유다의 경우 예수님의 다른 제자들은 그의 마음을 읽지 못하였으나 예수님은 처음부터 알고 계셨다. 우리는 하나님이 아니므로 우리의 판단으로 어떤 신자의 구원에 대해서 최종적인 결론을 내릴 수 없다는 것이다.

다섯째, 물론 우리 신자의 차원에서 볼 때 견인의 사실과 타락 사이에 긴장이 놓여 있음을 말할 수 있다. 그러나 그것은 천성을 향하여 가는 신자의 입장에서 보여지는 상황일 뿐 하나님의 관점에서 볼 때 그의 백성들의 견인의 사실은 분명히 확고부동한 사실이다.

**영화**

영화란 죄인 된 인간이 예수님의 구속사역의 적용을 통해 진행되어 온, 성령님의 구원 적용의 역사가 완성되는 최종적인 사건이다. 이는 다음과 같은 성격을 지니고 있다.

이 사건은 선택된 모든 무리에게 동시적으로 발생되는 순간적인 사건이다. 즉 이러한 구속사역의 완성 단계로서 영화란 주께서 다시 오시는 재림의 사건과 함께 단번에 주어지는 사건인 것이다.

또한 이 사건은 전 우주적인 성격을 띠고 있다. 이러한 구원의 최종적인 완성은 신자들의 존재상의 변화만이 아니라 온 우주 만물이 함께 새로워지는 것을 포함하고 있기 때문이다(롬 8:19 이하).

영화의 복이 주어지는 대상에 대해서도 헬라적인 이원론적 구분에 의해서 '영적' 영역의 존재에만 제한해서는 안 되고 영혼과 육체를 포함한 전인적인 구원의 완성으로 보아야 한다. 로마서 8:23에서 언급되는 '몸의 구속'까지도 포함하여 모두 새롭게 되는 전인적인 구원의 완성으로 이해되어야 한다.

따라서 '몸의 부활'까지를 포함한다고 하면 이 사건은 단순히 신자가 죽을 때 이루어지는 것이 아니며, 그리스도의 재림 시에 몸의 부활의 사건이 주어진 후에야 성취되는 신자의 최종적인 구원의 완성을 의미하는 것이라고 해야 한다.

## 생각해 볼 문제

1. 성령론을 연구함에 있어서 어려운 점들은 무엇인가?

2. 19세기 이후로 성령론 논의에 박차를 가했던 운동들은 어떠한 것들인가?

3. 구약에서 성령님은 어떠한 일들로 역사하셨는가?

4. 성령님의 선지자적 가르치심의 사역이란 무엇인가?

5. 은사에 대한 고린도전서 12, 14장의 교훈들을 요약하라.

6. 구원의 순서는 어떻게 나열될 수 있는가?

7. 중생의 의미는 무엇인가?

8. 믿음의 3요소는 무엇인가?

9. 칭의와 양자 됨은 어떻게 다른가?

10. 성도의 견인 사실에 대한 오해들을 설명하라.

**제7장**

# 교회론

본 장에서 우리는 은혜의 삶을 시작한 이들이 모인 모임인 교회에 대해서 살펴보려 한다. 먼저 교회가 지니고 있는 속성과 참 교회와 거짓 교회를 구별하게 해주는 교회의 표식에 대해서 살펴본 후 하나님께서 신자에게 은혜를 베풀어 주시는 은혜의 방편 중 하나인 성례의 의미에 대해서 살펴보기로 하자.

# 제7장 | 교회론

## 교회의 속성과 표지

### 교회의 속성

교회의 속성은 A.D. 325년에 작성된 니케아 신경 속에 나오는 "나는 한 거룩하고 보편적이며 사도적인 교회를 믿는다"는 역사적 기독교회의 고백 속에서 찾아볼 수 있다. "하나이며, 거룩하고, 보편적이고 또 사도적인" 것으로 교회의 속성이 네 가지로 설명되고 있다.

### 통일성

예수 그리스도의 교회는 한 아버지, 한 주님, 한 중보자를 모시고 있으므로(딤전 2:5) 하나의 교회인 것이다. 그러므로 사도 바울도 "성령의 하나 되게 하신 것을 힘써 지켜"야 할 것을 권하며 교회의 통일성(Unity)

을 강조했다(엡 4:3).

로마가톨릭 교회에서는 범세계적으로 조직망을 갖춘 교회체제에서 교회의 통일성을 찾으려 하나 성경은 교회란 내적으로 또 영적으로 한 몸인 사실로부터 교회의 통일성을 설명하고 있다.

그런데 이 속성은 교회가 예수 그리스도의 몸인 사실에서 더욱 분명히 설명될 수 있다. 이는 두 가지 방향에서 이해될 수 있는데 하나는 그리스도께서 언약의 대표자로서 온 교회의 머리가 되신다는 의미에서이고, 또 하나는 생명적 연합의 관점에서 온 교회의 생명적 머리가 되신다는 의미에서이다.

전자가 법적인 의미에서 교회가 그리스도를 언약의 머리로 삼고 있는 하나의 언약 공동체가 됨을 말해준다면, 후자는 단순한 법적인 관계를 넘어서 실제적으로 영적 생명이 오고 가는 유기체적 관계 속에서 한 몸 된 지체임을 말해주고 있다. 전자의 의미에서 교회는 새로운 신분과 지위를 확보하게 되나(롬 6:1~11), 후자의 의미에서 교회는 예수님 안에서 "살고 행하며"(골 2:6~7), "머리 되신 그리스도와의 생명의 연결이" 이루어지며(골 2:19), "그와 함께 살리심을 받고 생명적인 연합의 관계"를 누리게 되는 것이다(골 3:1~4).

이러한 내적 통일성은 이미 그리스도로 말미암아 교회에 확보되었다. 이제 우리 그리스도인들의 사명은 그러한 내적 통일성이 우리의 교회의 모습과 생활 속에서 온전히 표출되도록 하는 것이다. 그러므로 교회 안에 다양한 은사들이 있다는 사실로 인하여 이 하나 됨의 진리가 방해받을 수는 없으며(고전 12:10, 28), 인간 지도자들의 욕심이나 사심 때문에 교회의 하나 됨이 방해받을 수 없는 것이다. 또한 우리는 이러한 교회의 하나 됨에 대한 강조가 사도성의 진리나 교회의 거룩성을 무너뜨리기까지 강조되도록 허용할 수는 없다. 진정한 하나 됨은 진리 안에서의 하나 됨이기 때문이다. 교회의 통일성은 교회의 다른 속성들과의 조화 속에서 제시되어야 하는 것이다.

### 사도성

교회를 하나님의 집이라고 할 때 그 집의 터란 사도들과 선지자들의 터라고 성경은 말한다(엡 2:20). 사도란 그들의 직임을 하나님 혹은 예수 그리스도로부터 직접 부여받은 자들이며(막 3:14; 갈 1:1), 예수님의 부활의 증인이고(고전 9:1), 성경의 영감된 기록에 관여되며(고전 2:13; 살전 4:8), 이적적인 역사들로 그들의 사역과 메시지가 확증된 자들(고후 12:12; 히 2:4)을 가리킨다.

로마가톨릭에서는 인간 베드로에게 초점을 맞추어 사도성의 의미를 설명함으로써 교황이 바로 그 베드로의 사도권을 이어받은 자로 주장한다. 그러나 교회의 사도성(Apostolicity)이란 사도들이 하나님과 예수님으로부터 직접 받아 가르쳤던 계시의 복음으로 이해해야 한다. 주님의 교회는 어떠한 인간 위에 세워지는 것이 아니라 사도들이 전한 예수 그리스도의 복음 위에 서 있다는 의미에서 교회의 사도성을 말해야 한다.

### 거룩성

교회의 거룩성(Holiness)은 교회의 사도성에 기초한다. 사도적 교회로서 교회는 사도적 진리 위에 서 있어야 하기 때문이다. 이 속성은 교회가 바른 정통적 진리 위에 서서 그 진리를 실천하는 삶을 사는 공동체여야 할 것을 말하고 있다.

위에서도 지적했듯이 교회가 예수 그리스도를 머리로 하는 그리스도와의 생명적 연합의 관계 속에 있다면 그분의 거룩성이 온 지체를 통하여 나타날 수 있어야 한다(벧전 1:15~16). 그리스도와 연합된 교회는 그분과의 깊은 교제와 사귐을 추구할 뿐만 아니라 그 결과로 실생활에서 죄로부터 단절되는 삶으로 나아가게 될 것이기 때문이다.

물론 이 거룩성이란 로마가톨릭에서와 같이 의식적인 거룩만을 의미하는 것이 아니라 성령의 내적 역사로 우리의 내부 존재가 실제로 거룩해지는 것까지 포함한다. 또한 이것은 개인적으로 거룩해지는 것뿐만 아니라 집합적으로 공동체적 거룩을 이루어가는 것까지 포함한다. 그리고 또한 이것은 거룩으로 나아갈 것을 요구할 뿐만 아니라 교회의 거룩성을 보존하기 위하여 교회의 권징도 신실히 행할 것까지 요구하고 있다.

**보편성**

가톨릭에서는 로마 교회가 처음부터 지금까지 전 세계적으로 조직되어 있다는 유형적 조직체의 관점에서 교회의 보편성(Catholicity)을 말하려 하나 개신교는 그리스도의 교회가 우주적인 성격(Universality)을 갖고 있음을 통하여 설명한다.

첫째로 주의 교회는 지역적으로 보편성을 지니고 있다. 신약에서 그리스도의 구속적 은총은 각 족속과 만방의 백성들에게로 주어지며(계 5:9; 7:9), 그리스도께서도 그의 제자들을 온 세계만방으로 보내셨다(마 28:19).

둘째로 교회는 사회적으로도 어떠한 방식의 차별성을 거부한다. 헬라인이나 유대인이나 노예나 자유자나 모두에게 교회는 열려 있는 것이다(골 3:11).

이렇게 볼 때 주의 교회는 결코 어느 한 지역이나 어느 특정 계층에만 국한될 수 없고 개교회주의로 남아 있을 수도 없으며 또 세계만방의 백성들을 향한 선교사역을 간과할 수 없는 보편성을 지녀야 하는 것이다(갈 3:27, 28).

## 교회의 표지

교회의 속성이 교회의 내적, 영적 특징이라면 표지란 객관적으로 확인될 수 있는 표식(Mark)을 말한다. 즉 참 교회와 거짓 교회를 구별할 수 있도록 하는 교회만의 표식들을 가리킨다. 이에 대해서는 개혁신학자들 안에서도 다양한 견해들이 있는 것이 사실이나(베자는 순수한 복음적 교리 전파만을 말하나 칼빈은 그것 외에 성례의 바른 시행도 포함시킨다) 일반적으로 말씀, 성례 그리고 권징을 교회의 표지들로 제시한다.

• 순수한 사도적 복음의 선포 : 교회가 참 교회로서의 모습을 확보하기 위해서는 사도적 복음이 순수하게 그대로 전파되어야 한다. 교회가 사도들이 전한 복음의 기초 위에 충실하게 서 있지 못하면 거짓 교회가 될 것이며, 사도들이 전한 것 이외의 다른 복음을 전하면 그리스도의 교회가 아닌 것이다(갈 1:8).

더 나아가 하나님의 말씀이 순수하게 선포되고 고백되는 것뿐만 아니라 그 말씀의 권위에 복종되는 삶이 있어야 참된 교회가 된다. 성경의 궁극적인 권위가 거부되면 그 자리에 교황이 앉게 되거나 교회의 제도적 권위가 자리하게 되거나 다른 신비적인 사상 등이 대신하게 된다. 그러면 그리스도의 교회의 참 모습을 상실하게 된다.

• 성례의 바른 시행 : 성례는 그 자체로서 본래적인 권위를 지니고 있는 것이 아니라 그것이 말씀과 연관하여 시행될 때 의미 있는 것이 된다. 성례를 제정하시고 그것과 관련된 약속의 말씀을 주신 예수님에 의해서만 그 의식의 권위가 세워지는 것이다. 그분과 그의 말씀의 약속이 없다면 그러한 행위 자체만으로는 하나의 텅빈 의식에 불과한 것일 뿐이다.

그러나 성례가 바르게 시행된다면 그것은 은혜언약의 표요 인침으로서의 의의를 지닌다. 성례의 시행을 통하여 성도들은 은혜의 자리에 임하게 되며 영적으로 성숙하게 된다. 또한 그들은 자신들이 그리스도의 이름을 고백하는 가견적 공동체가 됨을 공적으로 선포하는 것이다.

• 권징 : 말씀과 성례의 올바른 시행을 위해서 요구되는 것이 권징이다. 하나님의 말씀이 올바르게 선포되고 순종으로 반응해야 한다는 말은 그러한 올바른 시행이 이루어지지 않는 자들에게는 권징이 시행되어야 함을 함축한다. 하나님의 말씀은 듣고 마는 것이 아니라 바른 행함으로 표출되어야 하므로 실제로 그 말씀을 따르지 않는 자들에게는 권징이 이루어져야 순수한 사도적 복음이 유지될 수 있다. 또한 성례의 시행에서도 성례란 그 제한된 자격자들에게만 시행되어야 하는 것이므로 교회의 순수성을 보존하며 또 확보하기 위해서 신실한 권징이 요구된다.

## 성례론

주의 참된 교회의 모습 속에는 성도들의 영적 성숙을 도모해주는 일들이 있게 마련이다. 그러한 성도들의 영적 성장을 위하여 하나님께서 주신 은혜의 수단 중에는 말씀, 성례, 기도 등이 포함된다. 여기에서는 그러한 은혜의 수단 중의 하나인 성례에 대해서 생각해보려 한다.

### ▎성례 일반

성례란 예수 그리스도에 의해서 제정된 제도들로서 하나님의 은혜의 언약이 감각적으로 인식될 수 있는 표식과 인침으로 그리스도 안에서 신자들에게 제시되고 적용되는 의식이라고 할 수 있다. 성례를 통하여 언약적 약속의 의미가 상징적으로 제시될 뿐만 아니라 그 약속의 내용들을 인침으로써 신자들의 법적인 신분을 확고히 하게 된다.

이 성례에 대하여 로마가톨릭에서는 신자들의 자녀들에게 베푸는 견신례나 교회 직분자들에게 주는 안수례, 종유례 등과 같은 것들을 포함하여 일곱 가지의 성례가 주장되고 있으나, 종교개혁자인 루터는 가톨릭의 7성례를 부인하고 세례와 성찬 그리고 고해성사의 3성례를 주장하기도 했다. 그러나 후에는 칼빈과 함께 고해성사의 신적 제정 근거의 희박성을 들어 세례와 성찬만을 기독교회의 성례로 주장했으며 그 이후 그러한 가르침이 개신교회의 전통적인 이해가 되었다.

**칼빈이 세례와 성찬만을 성례로 삼은 이유**
예수님에 의해서 영구적으로 지켜지도록 공식적으로 제정된 의식은 세례와 성찬뿐이었기 때문에 칼빈은 이들만을 성례로 삼았다.

옛 언약의 행정 아래에서 공식적으로 시행되어온 예식들은 할례 의식과 유월절 예식을 들 수 있다. 옛 언약과 새 언약의 유비관계 속에서 볼 때 할례는 새 언약에서 세례로 연결되고 있으며, 유월절 의식은 성찬식 만찬으로 연결되는 것으로 볼 수 있기 때문이다.

또한 고린도전서 10:1~4과 12:13에 나타난 바울의 사상 속에서도 바울은 세례와 성찬의 두 가지 성례만을 언급하고 있으므로 그 구절들에 근거하여 이 두 가지 성례만을 제시하였다.

**성례의 효능**
성례란 하나님의 말씀과 같은 정도의 은혜의 수단인데 그것은 말씀 속에서 은혜를 주시는 예수님께서는 성례를 통해서도 찾아오셔서 성도들에게 은혜를 베풀어 주시기 때문이다.

또한 로마가톨릭에서 주장하는 것과 같이 성례의 의식 자체의 중요성에 의해서 그 은혜가 임하는 것으로 보아서는 안 된다. 그 예식에 참여하는 인간이나 그 예식 자체에서 의의가 찾아지는 것이 아니라 성례를 제정하시고 그것을 통해서 은혜를 주시기로 하신 그리스도에게서 진정한 성례의 효능이 기원되는 것으로 보아야 한다.

또한 정반대로 성례는 실제적인 내용이 없는 텅빈 표식에 불과하다는 식의 주장도 경계해야 한다. 그것은 단순히 인간 편에서 기념하는 의식인 것으로만 간주하려는 것인데, 성례를 통해서 신자들은 실제로 현재 살아계시고 영광 중에 거하시는 그리스도를 만나게 되기 때문이다.

## 세례

그러면 두 가지 성례 가운데 세례에 대해서 먼저 알아보자. 세례의 근거와 중요성을 살펴본 후 유아세례의 타당성에 관한 논의를 살펴보기로 하자.

### 세례의 근거

세례는 먼저 우리 주님의 지상명령에서 그의 모든 제자들에게 분명히 주어진 내용이다(마 28:18). 그 명령은 또한 사도들의 사역 속에서 그대로 실행되어왔고, 그들의 가르침들 속에서 제시되었으며, 특히 사도 바울의 설명 안에서 확증되었다(고전 10:1~4).

### 세례의 중요성

세례는 복음을 받아들이고 교회의 사귐으로 들어가는 그 출발점에 대한 표이며, 성부와 성자와 성령의 이름으로 세례를 받음으로 삼위의 하나님과 교제를 시작하는 표가 된다. 또한 그것은 은혜언약의 표이며 인침이라고 할 수 있다. 세례는 구약시대에 하나님의 백성들이 행했던 할례가 그들의 하나님과의 관계 속에서 상징적으로 의미했던 내용들을 신약시대의 성도들에게 전달해 준다. 할례가 옛 언약 속에서 의미했던 것들은 예수님의 십자가 사건 속에서 온전히 성취되었다. 이제 세례는 하나님과의 언약의 내용으로서 예수님의 십자가 사건의 의미를 그의 언약백성들에게 인쳐 주는 의식이 되는 것이다.

**유아세례**

역사적 기독교회의 신조들은 모두 유아세례를 명하고 있다. 벨기에 신앙고백은 제34조에서, 웨스트민스터 신앙고백은 28장 4절에서 그리고 하이델베르크 요리문답과 도르트(Dort) 신조도 유아세례를 가르치고 있다. 칼빈도 『기독교강요』 제4권 16:6, 15에서 유아세례를 가르치고 있는데, 믿는 부모의 유아들은 언약의 자손이므로 그들도 앞으로 구원받을 언약의 후사들로 보아 세례를 받아야 한다고 했던 것이다. 그러면 유아세례의 근거를 좀 더 자세히 살펴보자.

첫째, 유아세례의 시행은 언약의 개념에 기초하고 있다. 구약과 신약의 언약들은 모두 단일한 하나의 은혜언약이다. 아브라함의 언약으로부터 신약의 새 언약에 이르기까지 성경의 모든 언약들은 동일한 하나의 언약적 중보자를 가지고 있으며(행 4:12; 10:43; 갈 3:16), 믿음이라는 동일한 조건을 요구한다(창 15:6; 롬 4:3; 시 32:10). 어느 시대를 막론하고 언약의 백성들은 동일한 언약적 행정 아래서 동일한 영적 복들을 받아왔던 것이다(시 32:1; 롬 4:9; 시 51:10).

둘째, 옛 언약 속에서 유아들은 언약적 공동체의 일원으로서 취급되었고 그 특권과 유익을 공유했다. 그것은 언약이 갱신되는 민족적인 의식에서 어린아이들도 동석했던 것을 보아 알 수 있다(대하 20:13). 여호수아 8:35에 보면 여호수아는 여인과 아이들을 포함한 전 회중 앞에서 율법을 낭독했다. 그리고 옛 언약 속에서 어린아이들에게 인정되었던 그러한 언약적 특권들이 신약적 행정 속에서 감소된 것으로 말하는 구절은 발견되지 않는다. 오히려 예수님과 사도들이 아이들을 물리치지 않고 용납했던 사실(마 19:14; 행 2:39)을 통해서 우리는 유아들도 언약적 회원으로서의 자격을 인정받았던 것으로 볼 수 있다.

셋째, 옛 언약 속에서 은혜언약의 상징과 인침으로 시행되었던 할례의식은 새 언약 아래서 주님에 의해 세례로 대체되었으며(마 28:19, 20; 막 16:15, 16), 제자들에 의해서도 그렇게 가르쳐졌고 또 시행되어 왔다. 따라서 옛 언약에서 유아들이 할례를 받아야 했다면, 새 언약에서도 동일한 방식으로 언약적 예식이 시행되어야 하는 것이다.

결론적으로 모든 하나님의 자녀들이 세례 받는 근거는 하나님과의 언약적 관계이다. 성인들은 하나님과의 언약의 교제 안으로 들어가기 위하여 회심하고 세례 받는 것이며, 유아들은 언약적 관계 속으로 들어온 부모 안에서 태어났으므로 언약의 표로 세례를 받는 것이다.

**유아세례에 대한 반론과 답변**

위와 같은 성경적인 근거가 있음에도 불구하고 여전히 유아세례를 반대하는 무리들과 이론이 있어 왔다. 역사적으로는 종교개혁 시대에 나타났던 재세례파가 유아세례를 반대했던 대표적인 무리들이었다.

반대자들의 주장은 유아들은 아직 믿음을 가질 수 없으며, 따라서 육신에 속한 이들을 하나님의 자녀라고 할 위험성이 있기 때문이라는 것이다. 그러나 사실 능동적인 믿음이란 유아들에게는 구원의 조건으로 제시될 수 없는 사안으로서 만일 그렇지 않다면 모든 유아들은 구원에서 제외될 수밖에 없기 때문이다. 세례를 받는 근거는 유아에게나 성인들에게나 하나님의 주권적인 언약이다. 근본적으로 성인들도 그들의 회개나 믿음에 근거하여 세례를 받는 것이 아니라 하나님의 은혜언약의 약속을 의지하여 세례 받는 것이다. 세례란 바로 그 은혜언약의 약속들에 대한 표증이며 상징이고 인침이기 때문이다.

그러나 정확히 말하면 세례와 구원은 구별되어야 한다. 세례와 구원(신앙)이 연관되어 있는 것은 사실이지만 극단적으로 말해서 세례 없이도 신앙은 가능하며 구원도 가능하다. 신앙은 인간의 외적인 의식으로 결정되는 것이 아니기 때문이다. 그러나 또한 유아세례자도 믿음과 회개로 반응하기까지는 구원받은 것이라고 할 수 없다. 유아세례자들이 장성한 후에까지 그들의 부모가 행했던 서약들에 신실하게 머물러 있을 것을 전제로 하여 그 세례와 관련된 유익들을 베푸시기로 약속받은 것이기 때문이다.

즉 하나님과의 언약적 관계에 근거하여 유아세례가 베풀어지는 것은 사실이나 그들이 성장하는 동안 그들이 의식적으로 하나님을 거부하지 않을 때 하나님의 언약 백성으로 간주되는 것이다.

## ▎성찬

세례 이외에 성경에서 분명히 제정된 성례로는 성찬이 있다. 이 성례는 새 언약 아래에서 제정된 것이나 구약시대의 유월절 예식과 분리되어 이해될 수 없는 예식이다. 구약시대에 유월절 예식에서 의미하던 내용의 실체가 예수 그리스도의 구속사역에서 성취되었으며, 그 '피를 보고 넘어갔던' 구원역사의 의미가 그리스도 안에서 온전히 성취되었다. 그러므로 이제 그분의 언약의 피와 언약의 살을 통하여 온전한 구원의 은총을 경험하게 됨을 의미하는 예식이 성찬인 것이다.

### 성찬의 중요성

첫째, 성찬에서의 잔은 축복의 잔이다(고전 10:16). 성찬은 그리스도의 피와 몸에 참여함으로써 그분과의 연합이 이루어지는 복된 사건이기 때문이다.

둘째, 성찬은 또한 중보자이신 그리스도와 함께 먹고 마시는 교제가 이루어지는 즐거운 영적 교제의 장소가 된다.

셋째, 주의 죽으심이 선포되는 예식이다(고전 11:26). 주의 죽으심을 통해서 성취된 복음의 내용이 선포되며, 또한 그의 죽으심이 곧 그의 자녀들의 옛사람의 죽음으로 적용됨을 확인하는 예식인 것이다.

넷째, 기다림의 요소도 있다. 고린도전서 11:26에 의하면 이러한 선포는 그리스도께서 다시 오실 때까지 계속되는 것이므로 이 예식은 그리스도와 함께 요한계시록 19장의 어린 양의 혼인잔치에 참예할 때를 기다리는 행위로서의 의미도 지니게 된다.

### 성찬에서 그리스도의 임재

성찬식에서 그리스도의 임재에 대하여 다양한 견해들이 존재한다. 중세 로마가톨릭에서는 성찬식에서 포도주와 떡이 실제로 예수님의 피와 살로 변화된다는 화체설(Transubstantiationism)을 주장했다. 그리고 그러한 각도에서 미사 때마다 그리스도의 희생제사가 반복되는 것이라고 말했다. 이에 대해서 개혁자들은 반박하며 그리스도의 제사가 '한 영원한 제사'(히 10:10~12)임을 지적하고 일회적인 성격을 강조했다. 그러나 성찬의 의미에 대한 성경적 대안에 있어서 개신교회가 서로 일치하지는 못했다.

- **츠빙글리의 기념설(Memorial view)** : 빵과 포도주는 그리스도의 살과 피와 실제적인 관계는 없으며 단순히 표식일 뿐이라고 보았다. 성찬은 단순히 그리스도의 죽으심을 기념하는 것일 뿐이라는 것이다(고전 11:25). 성찬식에서 중요한 것은 그 예식을 진행하고 있는 인간 자신의 행위일 뿐이다. 성찬식에서 '우리'의 행위에 강조를 두고, 우리의 행위로부터 그 예식의 중요성과 의미가 발생하는 것으로 보는 것이다.

- 루터의 공재설(Consubstantiationism) : 성찬예식에서 신자는 정말로 그리스도의 피와 살을 먹고 마시는 것으로 본다. 즉 외형적으로 떡과 포도즙은 그대로 남아 있으나 그 물질적인 요소들과 함께(in, under, with) 그리스도의 살과 피가 임재 한다는 것이다. 즉 성찬에서 떡, 포도주와 함께 그리스도의 살과 피는 함께 존재하게 된다고 본 것이다.
- 칼빈의 영적 임재설(Spiritual-real presence) : 칼빈은 성찬식에서 우리가 빵과 포도주 안에만 임재하시는 그리스도를 만나게 되는 것이 아니라 성만찬 예식 중에 함께하시는 참 인격적인 그리스도와 만나게 되는 것이라고 했다. 그리스도와의 교제란 먹고 마심을 통해서 주어지는 것이 아니라 그리스도에 대한 믿음을 통해서 주어지는 것이기 때문이다.

빵과 포도주라는 물질적인 요소들과 관련한 장소적 임재의 차원에서 승귀하신 그리스도가 우리와 함께하시게 되는 것이 아니라 성령님의 역사로 말미암아 인격적으로 우리와 만나게 되는 것이다. 즉 성도들은 성찬을 통해 하나님의 우편에 앉아 계신 승귀하신 그리스도와 인격적인 교제를 나누게 되는 것이다.

**성찬의 유익**

성찬이 하나님의 백성들에게 가져다주는 유익들은 다음과 같다.

첫째, 예수님과의 교제가 이루어진다(고전 10:16). 예수님께서는 성도들이 떡을 떼고 잔을 마심과 같은 감각적 수단들을 사용하시어 그들에게 베푸신 하나님의 은혜를 깨닫게 하시며, 우리가 그 안에 거하고 그가 우리 안에 거하시게 된다는 사실을 알리신다.

둘째, 승귀하신 그리스도와 그의 백성들 사이의 종말론적 격차가 성령님의 신비한 역사 안에서 해결된다. 신자들은 성령님의 신비한 역사 안에서 부활, 승천하신 그리스도와 교제를 누리게 되는 것이다.

셋째, 구원에 대한 우리의 확신은 영적 혹은 정신적인 것일 뿐만 아니라 또한 심리적(감각적)인 것이기도 하다. 따라서 신자들은 성찬의 감각적인 요소들을 통하여 확신을 갖도록 도움을 입게 된다.

**성찬식 참여의 자격**

고린도전서 11:27에 의하면 아무든지 합당치 않게 성찬을 먹고 마시면 심판을 받게 된다. 그러므로 자기를 살피고 그것이 주의 몸임을 깨닫고 온전한 정신과 준비된 마음으로 참여해야 한다.

그러한 의미에서 유아세례자들의 참여문제가 논의되어야 한다. 고린도전서 11:28에서 자기를 살피고 나서 먹어야 한다고 했으므로 그러한 요건을 충족시키기 어려운 유아들은 성찬에서 제외되는 것이다. 즉 세례예식과 비교해 볼 때 두 성례는 모두 같은 그리스도를 가리키는 것이나 성만찬에서는 그 예식이 그리스도와의 교제인 사실을 의식적으로 또 지적인 방식으로 깨닫고서 참여해야 할 것을 요구하고 있기 때문에 유아들의 참여가 금지되는 것이다. 세례에서는 신자가 수동적으로 남아 있지만 성찬에서는 능동적으로 그리스도와의 교제에 참여하게 되므로 유아들은 입교 예식 후에야 성찬에 참여하도록 허락받게 된다.

## 생각해 볼 문제

1. 교회의 속성들을 나열하라.

2. 교회의 사도성에 대한 로마가톨릭의 오해는 무엇인가?

3. 교회의 표지와 속성은 어떻게 다른가?

4. 교회의 표지들에는 어떠한 것들이 있는가?

5. 칼빈이 두 가지 성례만을 주장한 이유는 무엇인가?

6. 세례의 중요성에 대해 설명하라.

7. 유아세례의 근거는 무엇인가?

8. 유아세례에 대한 반론들은 무엇이며, 그에 대해 성경적으로 답변해 보라.

9. 성찬의 의미는 무엇인가?

10. 성찬 참여자의 자격을 제한하는 이유는 무엇인가?

제8장

# 종말에 대한 가르침

이제 우리는 성경이 종말에 대해서 어떻게 말하는지 살펴볼 차례이다. 이 종말에 관한 논의는 크게 두 가지로 나뉘는데 하나는 인간 개개인의 개인적인 종말이며, 또 하나는 우주와 인류를 포함한 모든 피조물 최후의 모습에 관한 것이다. 전자는 사람이 죽을 때 일어나는 일을 다루는 것이고 후자는 그리스도의 재림 시에 발생할 사건에 대해서 논하는 것이라고 할 수 있다.

# 제8장 | 종말에 대한 가르침

## 개인적인 종말

### 죽음

**죽음의 필연성**

성경은 누구나 인간은 죽음을 겪을 수밖에 없는 존재라고 한다. 히브리서 9:27이 가장 대표적인 구절로서 "한 번 죽는 것은 사람에게 정해진 것이요 그 후에는 심판이 있으리니"라고 말한다. 이것은 사실상 불신자들도 인정하는 점이다. 일상생활 속에서는 대개 그 사실을 잊으려 하고 또 잊고 지내기 마련이나 죽음을 피해갈 용사는 이 세상에 아무도 없다. 지구 위에서 숨을 쉬고 살아갔던 인간들은 모두 늙어갈 수밖에 없었으며 결국 죽어서 무덤에 묻힐 수밖에 없었다.

**죽음의 의미**

성경에서 말하는 죽음이란 육체적 죽음, 영적 죽음 그리고 영원한 죽음으로 나누어 볼 수 있는데 일반적인 의미에서 말하는 육체적 죽음은 육체와 영혼의 분리로 설명된다(전 12:7). 그리고 영적 죽음은 하나님으로부터 분리된 것을 의미하고(엡 2:1; 롬 7:24; 사 59:2), 영원한 죽음은 영혼과 육체가 하나님으로부터 영원히 분리되는 최후의 영원한 하나님의 심판의 결과를 가리킨다(계 1:18; 20:14; 21:8).

여기에서는 첫 번째 의미로서 육체적 죽음을 가리키는데 그것은 결코 존재의 끝이라고 이해될 수 없다. 그것은 단지 존재의 두 가지 다른 상태 중의 하나일 뿐이다. 즉 죽음이란 단지 또 다른 존재로서의 삶의 시작인 것이다. 죽음 후에 인간의 존재가 소멸되는 것으로 여기는 것은 성경의 가르침에 대한 무지의 소산일 뿐이다.

**죄의 결과로서 주어진 죽음**

죽음이란 원래 하나님께서 창조하신 인간의 본래적인 요소는 아니었을 것이다. 왜냐하면 죽음이란 아담이 범죄하여 그 결과로서 인류의 생애 속으로 들어온 것이기 때문이다(롬 5:12~21). 그러나 그렇다고 인간이 하나님과 같이 불멸의 존재였다고 할 수는 없다. 인간은 피조물로서 본래적으로 영원하신 하나님과는 다른 차원의 존재이기 때문이다. 단지 인간은 아담이 범죄하지 않았다면 생명나무의 열매를 먹고 영원한 생명을 얻을 수 있는 가능성을 지닌 존재였음은 생각해 볼 수 있다. 그러므로 인간은 조건적으로 불멸성을 지니고서 창조되었다고 할 수 있을 것이다. 그런데 결국 인간은 범죄의 길로 들어섰고 죽을 수밖에 없는 존재로 전락하고 말았다.

**신자에게 있어서 죽음의 의미**

죄의 결과로 죽음이 주어진 것이므로 일반적으로 죽음은 인간에게 원수이며(고전 15:26), 형벌의 내용이고, 하나님의 저주의 표현으로 간주된다. 그러나 하나님의 백성들에게 그것은 전혀 다른 의미를 지니게 된다. 그들은 그리스도 안에서 이미 죄책에서 벗어났으며 죄인에 대한 하나님의 심판에서 벗어났으므로 그것은 더 이상 저주의 죽음은 아닌 것이다. 신자들에게 죽음이란 정복된 원수인 것이다(롬 5:17; 고전 15:45; 딤후 1:10). 그래서 사도 바울은 죽음을 통하여 자신이 주님 앞으로 이르게 될 것을 바라보며 기뻐하였다(빌 1:20~23).

그러므로 신자들은 죽음이 그들의 존재의 끝이 아니라는 분명한 사실을 깨달아야 한다. 더 나아가 사망이 없고 애통하는 것이나 곡하는 것이나 아픈 것이 더 이상 없는 곳으로 이주하는 것이라는 사실을 확신하고(계 21:3~4) 죽음에 직면할 수 있어야 한다. 어떤 신학자에 의하면 죽음이란 하나님께서 자기 백성들을 성화시키기 위해서 사용하시는 징계의 절정이라고 한다. 신자들은 그리스도 안에서 모두 칭의되었으므로 어떠한 형태의 형벌도 남아 있지 않으며 단지 자녀들에 대한 하나님 아버지의 사랑의 매라는 것이다. 이제 그 죽음을 지나가면 더 이상 고통과 아픔은 주어지지 않게 될 것이기 때문이다.

## 중간 상태

죽음에 관한 논의 다음에 오는 주제는 중간 상태에 관한 논의이다. 죽음 이후 주의 재림 시에 부활하기까지 인간의 상태는 어떠하게 되는가? 가까운 성도나 친척이 죽음에 직면하게 됐을 때 이러한 문제에 대한 실제적인 답변이 요청된다. 사람이란 육체 없이는 완전하지 못한 것이므로 부활하기까지 단순히 그의 존재는 멈춰지는 것인가? 아니면 무의식 상태로 존재하는가? 아니면 일종의 중간적인 몸의 상태로 있다가 부활하게 되는가? 이 문제에 대해서 우리는 다음과 같은 몇 가지 내용들을 지적해 볼 수 있다.

**중간 상태 논의의 어려운 점**
첫째, 사실 중간 상태에 관한 진술이 성경에서는 대체적으로 드물게 나타난다. 그 주제는 다른 논의에 부수적으로 취급될 뿐 직접적으로 자세하게 설명되는 본문이 적다는 사실이 이 문제 취급에 어려움을 더해준다. 성경의 저자들이 이 문제를 구체적으로 취급하지 않은 이유는 초대교회가 예수님의 임박한 재림을 믿고 있었다는 사실에서 찾아볼 수 있다. 그래서 자기들의 죽음과 부활 사이의 기간에 관한 문제는 그다지 중요하지 않게 여겼을 것이라고 추측해 볼 수 있다. 또한 그 기간은 천국과 지옥에서의 기간에 비해 상대적으로 짧다고 여겨졌으므로 천국과 지옥에 대해서보다는 적은 관심이 기울여졌을 것이라고 생각할 수도 있다.

둘째, 또한 이 부분에 관한 가르침은 어떤 의미에서는 필수적인 교리는 아니다. 왜냐하면 우리의 구원이 중간 상태에 관한 분명한 이해와 확신의 여부에 의해서 좌우되는 것은 아니기 때문이다. 그럼에도 이 내용이 신자의 삶의 한 영역에서 상당히 실제적인 중요성을 띠고 있는 가르침인 것은 사실이다.

**중간 상태에 대한 다양한 견해들**
• 영혼수면설(Soul-sleep) : 이것은 인간의 영혼은 죽음과 부활 사이의 기간 동안에 무의식 상태로 잠들어 있게 된다고 본다. 이러한 견해는 성경에서 죽음이 자주 잠이라는 단어로 묘사되고 있는 사실에 기초한다. 성경은 스데반의 죽음을 잔다고 표현했고(행 7:60), 다윗도 잠들

었다고 말한다(행 13:36). 또한 예수님도 나사로가 잔다고 표현하셨다(요 11:11).

또한 신학적으로는 인간의 본질이 여러 요소들로 구성된 존재가 아니라 하나의 통일체로 이해되고 있으므로 죽음을 통해 육체가 사라지게 되면 자연히 그의 전 존재(영혼을 포함)는 존재하지 않게 되는 것으로 간주하는 것이다.

그러나 성경은 또한 인간이 죽은 후 부활하기 전에도 인격적이고 의식적인 존재로서 활동하는 것을 묘사하는 구절이 많이 있다는 점에서 이 이론의 문제점이 있다. 나사로의 비유가 중간 상태에 대해 설명하는 본문은 아니지만 예수님께서 이 문제에 대해 오해를 가져오도록 말씀하셨을 것 같지는 않다(눅 16:19~31). 또한 예수님은 십자가상의 강도에게 "오늘 네가 나와 함께 낙원에 있을 것이라"고 말씀하셨고(눅 23:43), 스데반도 "주 예수여 나의 영혼을 받으시옵소서"라고 했다(행 7:59). 즉 이런 성구들을 통하여 볼 때 인간은 죽음 후에 무의식적인 잠의 상태로 들어가는 것은 아니라고 해야 한다.

• 연옥설(Purgatory) : 중간 상태에 관한 또 다른 중요한 전통은 가톨릭의 가르침에서 찾을 수 있다. 인간이 죽을 때 은혜와 회개의 완전한 상태로 죽은 자들은 천국에 가고 악한 상태로 죽은 자들은 지옥으로 가지만, 은혜의 상태에 있으면서도 아직 영적으로 완전하지 못한 채로 죽은 자들은 연옥으로 가게 된다고 본다. 그래서 아직도 가벼운 죄들을 여전히 가지고 있는 그들은 그곳에서 잠정적인 형벌의 상태로 살아가면서 그 죄들을 정화하게 된다고 보는 것이다. 그리고 그 동안에는 지상에 남아 있는 신실한 사람들의 미사, 기도 그리고 선행 등을 통하여 그들의 고통은 경감될 수 있고 도움을 받을 수 있다고 주장한다.

그러나 이 연옥설은 대개 정경으로 인정되지 않는 외경을 근거로 제시된 교리일 뿐 아니라 행위에 의한 구원의 가르침을 말하게 되는 근본적인 문제점을 갖고 있다.

지금까지 우리는 죽음 이후의 일들에 관해 여러 가지를 살펴 보았다. 우리는 의인들이 죽은 후에 낙원에 이르게 된다는 성경의 가르침과 (눅 16:19~31; 23:43), 사도 바울도 육체로부터 떠나는 것은 곧 주님과 함께 있게 되는 것이라고 간주한 표현들(고후 5:1~10, 빌 1:19~26)을 근거로 신자들은 죽은 후에 복된 상태로 가게 된다고 말할 수 있다. 그곳은 분명히 현재보다는 '훨씬 더 좋은' 상태인 것이다(빌 1:23). 따라서 그 상태는 결코 무존재나 무의식의 상태일 수는 없다.

그러나 사실 성경은 이 중간 상태에 대해서 어떠한 인간론적인 체계적 분석을 제시하지는 않는다. 따라서 죽음과 부활 사이의 인간의 존재에 대하여 어떠한 분명한 그림을 그릴 수는 없다. 그럼에도 분명한 점은 부활 때에는 인간이 영육 통일체로서 온전한 회복이 주어질 것이요 그 전까지 신자는 현재의 상태를 떠나 잠정적인 행복의 상태에 머물게 된다는 사실이다.

## 일반적인 종말론

이제까지 우리는 개인적인 종말에 관하여 살펴보았다. 그런데 성경은 개인적인 죽음과 아울러 우주적인 종말도 주어지게 됨을 분명히 말하고 있다. 그 우주적인 종말은 예수 그리스도의 재림 사건과 함께 발생되며 그때에 죽은 자들의 부활이 있게 되고 최후의 심판으로 이어지게 된다.

## 예수 그리스도의 재림

성경은 예수님의 재림 사실을 여러 부분에서 분명히 약속하고 있다(마 24:30; 25:19, 31; 요 14:3). 이 재림의 사건을 통하여 신자의 영광스러운 부활이 주어지며 영원한 하나님 나라의 삶이 시작되게 된다. 그러므로 이것은 신자들에게는 매우 고대되는 사건들 중의 하나이다.

이 재림의 사건 전에 있게 될 중대한 사건들 중에는 모든 이방인에게 복음이 전파되어 그들이 모두 하나님의 부르심을 받게 되는 일(마 24:14; 막 13:10)과 이스라엘의 회심(슥 12:10; 13:1; 고후 3:15, 16; 롬 11:25~29)이 포함된다. 후자의 경우 이스라엘 민족 전체가 돌아온다기 보다는 유대인 중에서도 하나님의 선택된 언약 백성들의 회심이라고 해야 한다. 그리고 성경은 적그리스도의 출현이 있을 것이며(살후 2:3~10; 요일 2:18), 전쟁, 기근, 지진, 대환난과 같은 표적과 기사가 있게 될 것을 말하고 있다(마 24:29, 30; 막 13:24, 25; 눅 21:25, 26).

### 재림이 발생되는 양식

첫째, 우리는 이 재림을 단순히 예수님의 가르침의 원리들이 이 사회 속에 실현된다는 정도로만 이해해서는 안 된다. 실제로 인격적인 주님이 다시 오시는 것을 의미하는 것으로 보아야 한다(행 1:11; 3:20, 21; 마 24:44; 고전 15:23).

둘째, 육체적으로 온전한 부활체를 입으신 예수님의 재림을 가리킨다. 단순히 영적으로 강림하시는 것으로 보는 것이 아니라 형태를 입고 오시는 재림을 성경은 말하고 있다(행 1:11; 히 9:28; 계 1:7).

셋째, 그리스도의 재림이 육체를 입고 오시는 것이라면 그것은 또한 당연히 인간의 눈으로도 확인될 수 있는 가견적 재림일 것이다(히 9:28; 눅 21:27; 행 1:11; 골 3:4).

넷째, 또한 이것은 예측할 수 없어 돌발적으로 불시에 임하는 사건이다. 물론 몇 가지 전조들이 재림 전에 있을 것은 사실이나 재림의 사건 자체는 불시에 임하게 된다(마 24:37~44; 25:1~12; 막 13:33~37).

다섯째, 그리스도가 영광된 몸으로 천사장의 나팔과 수많은 천사들의 호위를 받으며 만왕의 왕으로 오시는 것이므로 이것은 또한 '영광스러운 재림'이라 불리게 된다(살후 1:7; 히 9:28; 계 19:11~16).

끝으로 이 사건은 들을 수 있게 그리스도가 임하시는 사건이라고 할 수 있다. 천사장의 소리와 호령과 나팔소리와 함께(살전 4:16) 주어지는 사건으로 묘사되고 있기 때문이다.

## 죽은 자의 부활

주님의 재림 시에 죽은 자들은 부활의 사건을 경험하게 된다. 그런데 이와 맞물려 있는 사건이 천년 왕국에 관한 주제이다. 그러므로 천년 왕국설에 대한 설명을 먼저 간단히 하고 부활에 대해 생각해 보기로 하자.

### 천년 왕국 이해

천년 왕국설은 일반적으로 천년 왕국 후에 재림이 있게 된다고 보는 후천년설, 천년 왕국 전에 재림의 사건이 있는 것으로 보는 전천년설 그리고 천년 왕국이 이미 시작되어 실현된 것으로 보는 무천년설로 나누어진다. 그 외에 세대주의적 전천년설도 있으나 그것은 성경의 전체적인 가르침과는 거리가 먼 이론으로 평가되며 나머지 세 가지의 설명들은 개혁주의 입장에서 서로 수용되는 견해들로 이해되고 있다.

• 역사적 전천년설 : 세대주의적 전천년설과 구별하기 위하여 '역사적'이라는 수식어를 붙여서 부르고 있다. 천년 왕국 전에 예수님께서 재

림하신다고 보는 견해로서 재림 후에 성도들이 그리스도와 함께 일천년 동안 지상에서 왕 노릇하게 된다고 본다. 그 후에 제2의 부활이 오며 최후의 심판이 따르게 된다고 주장한다.

이 견해의 특징은 천년 왕국을 문자적으로 해석한다는 사실과 두 번의 재림을 말하며 두 번의 부활을 말하게 된다는 점에서 찾아볼 수 있다. 어떤 이들은 세대주의적인 방향에서 교회와 이스라엘을 구분하여 구약에서의 하나님 나라에 대한 예언들이 신약시대의 교회와는 상관이 없는 것으로 주장하기도 함으로써 문제점을 드러내기도 한다.

• 세대주의적 전천년설 : 역사적 전천년설과 같이 '천년'을 문자적으로 받되 세대주의의 신학적 구조를 분명히 드러내는 입장이다. 즉 교회와 이스라엘의 2중적인 행정원리 아래서 이스라엘은 주도적 역할을 담당하나 교회란 '괄호시대'로서 단지 중간에 개입되는 것으로만 이해한다. 하나님의 구원역사는 주로 이스라엘 백성과의 관계 속에서 진행되는 것으로 구약에서 제시된 하나님 나라에 대한 예언들은 신약시대의 교회에 적용된 것이 아니라 천년 왕국에서 적용되는 것으로 보는 것이다.

그러나 성경 전체의 가르침을 종합해보면 구약에서 예언된 하나님 나라는 예수님의 삶과 사역으로 인하여 신약의 교회 속에서 이미 시작되고 있으며 그 예언이 종말까지 연기되어야 할 이유에 대한 성경적인 근거는 없다.

• 후천년설 : 천년 왕국이 후에 그리스도의 재림 전에 있게 된다고 보는 견해로서 예수님의 지상명령을 단순한 명령일 뿐만 아니라 후에 이루어질 약속으로 간주한다(마 28:19~20). 그래서 결국 세계의 땅 끝까지 복음이 전파되고 기독교화될 날이 주님의 재림 전에 성취될 것으로 보는 것이다. 죄의 세력이 최소한으로 축소되는 시대가 오게 되는데 그때가 바로 천년 왕국 시대라고 하는 것이다.

그러나 점점 이 세상이 선한 모습으로 변화될 것이라는 주장은 성경이 설명하는 세상의 종말에 대한 묘사와는 다르다. 마태복음 13장의 가라지 비유도 말세까지 알곡과 가라지가 함께 남아 있게 될 것을 말하고 있으며, 마태복음 24:37~39에서도 말세는 노아의 때와 같다고 설명하고 있다. 또한 이러한 후천년설이 세속적인 개념 속에서 제시될 때 그것은 인간의 노력으로 이 세상이 변화될 것으로 기대하는 '지상의 유토피아 건설'을 말하는 자유주의적 사회복음주의와 같은 세속적 역사관과 연결될 수도 있는 문제점을 갖게 된다.

• **무천년설** : 이 견해는 천년 왕국을 부인하는 입장이 아니라 천년이라는 의미를 문자적으로 이해하지 않고 구속의 전 과정을 뜻하는 것으로 보는 것이다. 요한계시록의 사건들은 앞으로 발생될 사건들만을 의미하지 않고 현재에 발생되고 있는 사실들도 가리키고 있다고 본다. 요한계시록 20:2에서 언급되는 '사탄이 천년 동안 결박된다'는 내용은 이미 그리스도의 십자가 죽음에서의 부활로 말미암아 사탄의 권세가 깨뜨려짐으로써 성취된 것으로 본다. 그리고 보좌는 이미 하늘에 세워졌고 (계 20:4) 천년 왕국은 이미 시작되었으며 성도들은 이미 사탄의 지배에서 벗어난 그의 나라의 영역 속에서 살고 있다는 것이다.

그러나 요한계시록 20:4~5은 육체적 부활을 말하고 있으며 그 문맥 자체만으로는 그것을 단순히 영적 부활로 간주하기 어렵다는 점이 지적될 수 있다.

### 부활의 사건

성경이 약속하는 부활의 사건은 영적 부활만을 의미하지 않고 육체적 부활까지를 포함하고 있다. 그리스도의 부활이 신자들의 부활에 대한 첫 열매라고 할 때(롬 8:23; 고전 6:13~20) 성도들에게도 주님의 부활체와 같은 육신을 포함한 부활이 주어질 것을 바라볼 수 있다.

여기에서 주의할 점은 의인의 부활은 그것이 하나님의 구원의 완성인 영화로 이어지는 사건인 반면에 악인의 부활은 하나님의 심판 아래서 영원한 형벌로 이어지는 부활이 된다는 점이다. 또한 의인의 부활과 악인의 부활 사이에 천년 동안의 간격이 있는 것으로 나누어 이중부활설을 주장하는 세대주의적 전천년설자들의 견해도 의인과 악인의 부활을 함께 주어지는 것으로 설명하고 있는 성경의 가르침(요 6:39, 40, 44, 54; 11:24)으로부터 멀어진 해석이 되고 있다는 점이다.

## ▌최후의 심판과 최후 상태

죽음 후에 심판이 있다는 사실과 그 심판 후에 영원한 형벌과 축복의 상태로 갈라지게 된다는 사실은 성경의 분명한 가르침 중의 하나이다. 오늘날 지옥의 의미에 대해서 성경의 가르침을 간과하려는 무리들도 있기는 하나 천국이 신자들에게 분명한 사실이요 실체인 것처럼 지옥의 존재도 분명하게 불신자들에게 사실과 실체로 다가오게 될 것이다. 사실 오늘의 신자들의 삶은 많은 부분에서 만물이 새롭게 되어 임하는 '새 하늘과 새 땅'(계 21:1)의 실제성으로부터 그 힘과 동력을 얻게 되는 것이 사실이다. 동시에 '꺼지지 않는 불'로 표현되며 또 죽지도 못하는 상태로 설명되는(막 9:43, 48) 지옥의 실재성은 오늘날 죽어가는 영혼들에 대한 전도의 사명을 더욱 강화시켜주는 성경적 진리가 된다.

## 생각해 볼 문제

1. 육체적 죽음과 영원한 죽음은 어떻게 다른가?

2. 신자에게 죽음이란 불신자의 죽음과 어떤 점에서 다른가?

3. 중간 상태의 주제에 대한 논의에서 어려운 점은 무엇인가?

4. 영혼수면설은 무엇인가?

5. 연옥설은 왜 비성경적인가?

6. 중간 상태에 대한 성경적인 답변은 무엇인가?

7. 주의 재림이 있기 전에는 어떤 일들이 있을 것이라고 말하는가?

8. 주의 재림은 어떠한 성격의 사건인가?

9. 세대주의적 전천년설은 무엇이 문제인가?

10. 무천년설이란 무엇인가?

현대인을 위한 신학총서 5

# 장로교 기본교리

초 판 인쇄 1998년 7월 20일
개정판 인쇄 2017년 9월 28일
개정판 2쇄 2021년 12월 10일

지은이 김광열

편집 대한예수교장로회총회 교육부
제작 대한예수교장로회총회 출판부
발행 대한예수교장로회총회

주소 서울시 강남구 영동대로 330
전화 02-559-5655~6
팩스 02-564-0782
인터넷서점 www.holyonebook.com

출판등록 제1977-000003호. 1977. 7. 18
ISBN 978-89-8490-809-3  03230

ⓒ 1998, 대한예수교장로회총회

※ 이 출판물은 저작권법에 의해 보호를 받는 저작물이므로
    무단 전재와 복제, 내용 및 형식을 변형하여 사용하는 것을 금합니다.